中国人民大学研究报告系列

中国发展报告

2020

STUDIES ON CHINA'S
DEVELOPMENT INDEX

主　编　彭　非
副主编　吴翌琳
中国调查与数据中心

中国人民大学出版社
· 北京 ·

总　序

陈雨露

当前中国的各类研究报告层出不穷，种类繁多，写法各异，成百舸争流、各领风骚之势。中国人民大学经过精心组织、整合设计，隆重推出由人大学者协同编撰的"研究报告系列"。这一系列主要是应用对策型研究报告，集中推出的本意在于，直面重大社会现实问题，开展动态分析和评估预测，建言献策于咨政与学术。

"学术领先，内容原创，关注时事，咨政助企"是中国人民大学"研究报告系列"的基本定位与功能。研究报告是一种科研成果载体，它承载了人大学者立足创新，致力于建设学术高地和咨询智库的学术责任和社会关怀；研究报告是一种研究模式，它以相关领域指标和统计数据为基础，评估现状，预测未来，推动人文社会科学研究成果的转化应用；研究报告还是一种学术品牌，它持续聚焦经济社会发展中的热点、焦点和重大战略问题，以扎实有力的研究成果服务于党和政府以及企业的计划、决策，服务于专门领域的研究，并以其专题性、周期性和翔实性赢得读者的识别与关注。

中国人民大学推出"研究报告系列"，有自己的学术积淀和学术思考。我校素以人文社会科学见长，注重学术研究咨政育人、服务社会的作用，曾陆续推出若干有影响力的研究报告。譬如自 2002 年始，我们组织跨学科课题组研究编写的《中国经济发展研究报告》《中国社会发展研究报告》《中国人文社会科学发展研究报告》，紧密联系和真实反映我国经济、社会和人文社会科学发展领域的重大现实问题，十年不辍，近年又推出《中国法律发展报告》等，与前三种合称为"四大报告"。此外还有一些散在的不同学科的专题研究报告，也连续多年在学界和社会上形成了一定的影响。这些研究报告都是观察分析、评估预测政治经济、社会文化等领域重大问题的专题研究，其中既有客观数据和事例，又有深度分析和战略预测，兼具实证性、前瞻性和学术性。我们把这些研究报告整合起来，与人民大学出版资源相结合，再做新的策划、征集、遴选，形成了这个"研究报告系列"，以期放大规模效应，扩展社会服务功能。这个系列是开放的，未来会依情势有所增减，使其动态成长。

中国人民大学推出"研究报告系列"，还具有关注学科建设、强化育人功能、推进协同创新等多重意义。作为连续性出版物，研究报告可以成为本学科学者展示、交流学术成果的平台。编写一部好的研究报告，通常需要集结力量，精诚携手，合作者随报告之连续而成为稳定团队，亦可增益学科实力。研究报告立足于丰厚素材，常常动员学生参与，可使他们在系统研究中得到学术训练，增长才干。此外，面向社会实践的研究报告必然要与政府、企业保持密切联系，关注社会的状况与需要，从而带动高校与行业企业、政府、学界以及国外科研机构之间的深度合作，收协同创新之效。

为适应信息化、数字化、网络化的发展趋势，中国人民大学的"研究报告系列"在出版纸质版本的同时将开发相应的文献数据库，形成丰富的数字资源，借助知识管理工具实现信息关联和知识挖掘，方便网络查询和跨专题检索，为广大读者提供方便适用的增值服务。

中国人民大学的"研究报告系列"是我们在整合科研力量，促进成果转化方面的新探索，我们将紧扣时代脉搏，敏锐捕捉经济社会发展的重点、热点、焦点问题，力争使每一种研究报告和整个系列都成为精品，都适应读者需要，从而铸造高质量的学术品牌、形成核心学术价值，更好地担当学术服务社会的职责。

目录 ▶

稳增长重民生是当前中国发展的主旋律

——中国发展指数（2019）分析报告

彭 非　张延松　吴翌琳

中国人民大学中国调查与数据中心在 2020 年 1 月第 14 次向社会公开发布《中国发展指数年度报告（2019）》，该报告测量了我国发展主、客观两方面的内容，全面地展现了中国在发展过程中呈现的新特点、反映的新问题。

如图 1 所示，中国发展指数由 4 个分指数（健康指数、教育指数、生活水平指数、社会环境指数）、总计 15 个指标组成。指标包括正向指标和逆向指标，正向指标的原始数据值越大越好（如出生预期寿命），逆向指标的原始数据值越小越好（如婴儿死亡率），中国发展指数通过功效函数对原始指标数据进行标准化，正向与逆向指标均通过功效函数转换为正向指标值，便于指数计算。

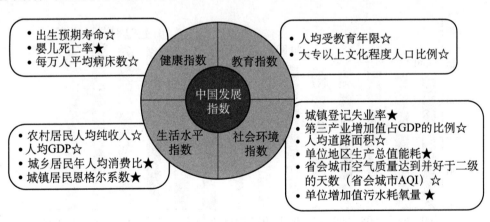

图 1　中国发展指数结构

注：☆表示正向指标，★表示逆向指标。

中国发展指数（2019）的数据主要来源于中国国家统计局出版的《中国统计年鉴 2019》，数据反映的是 2018 年度我国分地区的社会经济等方面的基本状况，对我国除港澳台之外的 31 个省区市进行量化分析。

2019 年中国发展指数（RCDI 2019）还报告了最新的中国发展信心调查的结果，该调查采用计算机辅助电话调查的方式，于 2019 年底对中国民众（不包括港澳台）实施；问卷由健康、教育、生活水平（经济）和社会环境 4 个维度的分指数共 32 个问题组成，访问了民众对环境保护、反腐倡廉、房价调控、经济形势、就业形势等方面的看法和信心，并针对 2019 年发生的若干时政问题了解调查民众的看法，反映了民众对我国社会经济的主观态度与评价。调查按照概率抽样原理进行抽样设计。以中国（不包括港澳台）334 个地级行政区为抽样的基础层次，总样本量达到 3 100 人，样本实现对中国（不包括港澳台）31 个省区市的 334 个地级市的全面覆盖。样本覆盖中国（不包括港澳台）31 个省区市的不同职业、不同年龄、不同收入的人群，具有全国代表性。

RCDI 2019 反映了我国社会经济发展的趋势、特征，以及民众的发展信心和所关注的热点问题，主要研究成果如下。

一、发展的主旋律不再是单一的经济增长，而是持续民生水平的提升

如图 2 所示，根据《中国统计年鉴 2019》数据编制的 RCDI 2019 总指数保持稳定增长，较 2018 年中国发展指数（RCDI 2018）增加了 1.9。

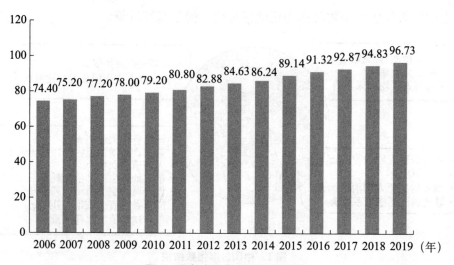

图 2 历年中国发展指数总指数

如图 3 所示，健康、教育、生活水平和社会环境 4 个分指数均保持持续增长，其中生活水平（经济）指数增幅最高，较 RCDI 2018 增加了 5.62，成为拉动中国发展总指数增长的主要因素。

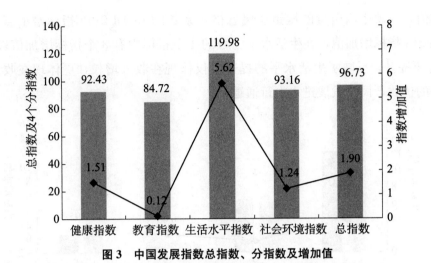

图3 中国发展指数总指数、分指数及增加值

如图4所示，RCDI 2019 的 15 个监测指标中有 14 个指标增加值为正值，表现出稳定增长的特征，其中农村居民人均纯收入、人均 GDP、每万人平均病床数、人均道路面积、城镇居民恩格尔系数 5 个指标增加值超过 RCDI 2019 总指数增加值 1.9。

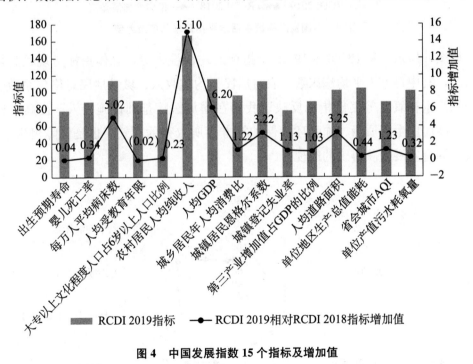

图4 中国发展指数 15 个指标及增加值

如图5的 RCDI 2019 指标显示，虽然我国经济增长速度放缓，RCDI 2019 人均 GDP 指标增加值低于 RCDI 2018 人均 GDP 指标增加值，但反映农民收入水平的 RCDI 2019 农村居民人均纯收入指标增加值高于 RCDI 2018 农村居民人均纯收入指标增加值，反映生活质量的城镇居民恩格尔系数的 RCDI 2019 指标增加值也高于 RCDI 2018 指标增加值，在生活水平指数的 4 个指标中有 3 个指标增加值较 RCDI 2018 有所提升，反映了生活水平的提升不仅体现在收入增长，更体现在收入与消费结构的优化，民生发展进入上行通道。

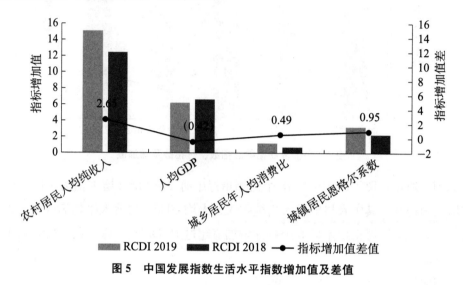

图5 中国发展指数生活水平指数增加值及差值

如图 6 所示，从 RCDI 2019 15 个指标的均衡性来看，总体指标呈现较为均衡的状态，其中每万人平均病床数、农村居民人均纯收入、城镇居民恩格尔系数、单位产值污水耗氧量等突出指标反映了我国在增加医疗基础设施投入、提高农民收入、提高居民生活质量、加强环境保护等方面所取得的成效，也是保障民生工程、使人民拥有发展的获得感的体现。

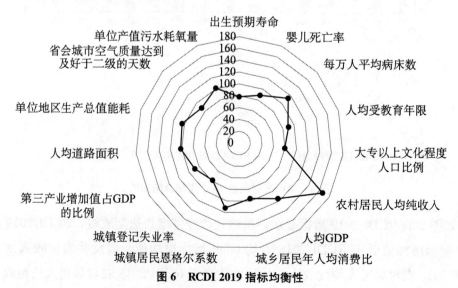

图6 RCDI 2019 指标均衡性

如图 7 所示，RCDI 2019 总指数中北京、上海位居前两位，天津、浙江、江苏位于第二梯队，西藏、云南、甘肃、贵州等西部省区市总指数分值较为明显低于其他省区。有 15 个省区市总指数超过全国总指数，31 个省区市的总指数分布较为均衡。

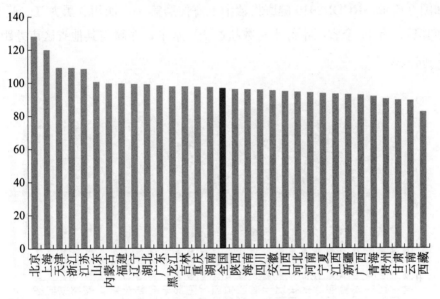

图 7　分地区 RCDI 2019 总指数

如图 8 所示，在 RCDI 2019 的 4 个分指数中，生活水平指数分值最高，社会环境指数次之，健康指数位居第三，教育指数分值最低。

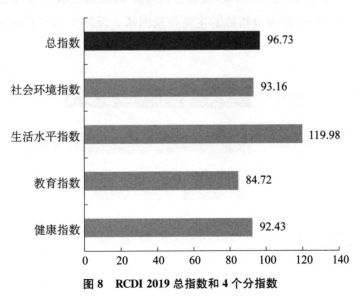

图 8　RCDI 2019 总指数和 4 个分指数

二、健康、教育、生活水平、社会环境指数持续提升，民生与基础建设投入效果显现

如图 9 所示，RCDI 2019 健康指数中上海位居第一，四川、黑龙江、辽宁、北京紧随其后；有 17 个省区市健康指数超过全国水平，西藏与其他省区市差距较大。

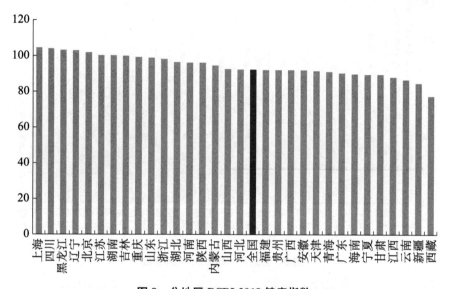

图 9　分地区 RCDI 2019 健康指数

如图 10 所示，在健康指数中，代表着医疗基础设施建设水平的每万人平均病床数指标分值最高，是健康分指数的主要拉动因素，反映了我国在提高全民医疗水平上的持续投入。

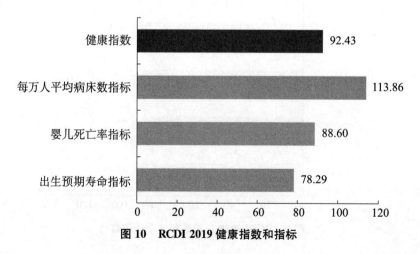

图 10　RCDI 2019 健康指数和指标

如图 11 所示，RCDI 2019 教育指数北京、上海、天津位居前三，并且和其他省区市形成显著的差距；总体来看，有 15 个省区市教育指数超过全国水平，各省区市分布较为均衡。

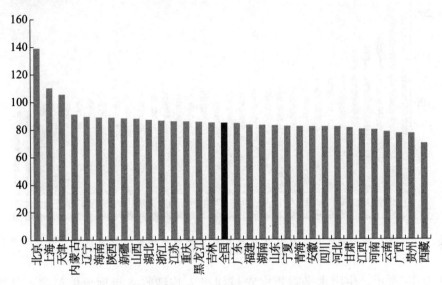

图 11　分地区 RCDI 2019 教育指数

如图 12 所示，教育指数中的人均受教育年限指标值较高，是拉动教育指数的主要因素，反映了我国持续增加教育投入在提高国民教育水平和国民素质方面取得的成果。

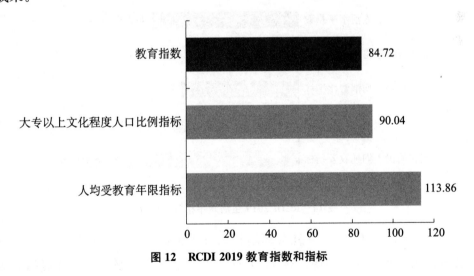

图 12　RCDI 2019 教育指数和指标

如图 13 所示，RCDI 2019 生活水平指数上海、北京位居前两位并且显著超过其他省区市，浙江、天津、江苏位于第二梯队；生活水平指数分布相对不均衡，仅有 10 个省区市超过全国水平，经济发展的地区性差异仍然较大。

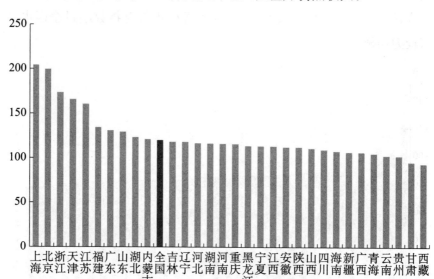

图 13　分地区 RCDI 2019 生活水平指数

如图 14 所示，生活水平指数中农村居民人均纯收入指标分值最高，其次为人均 GDP 指标，再次为城镇居民恩格尔系数指标，城乡居民人均消费比指标相对较低。指标显示，我国居民收入和生活质量都达到较高的水平，城乡差距在持续缩小，但还需要进一步降低。

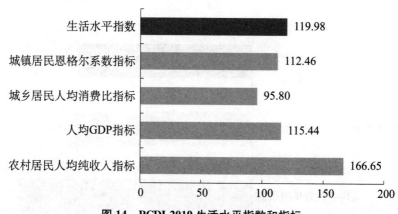

图 14　RCDI 2019 生活水平指数和指标

如图 15 所示，RCDI 2019 社会环境指数江苏最高，海南位居第二；社会环境指数各省区市分布较为不均衡，有 13 个省区市超过全国水平，社会环境指数分值从高到低排列后呈现较为陡峭的下降趋势。值得注意的是，经济较发达的上海、天津社会环境指数值较低。

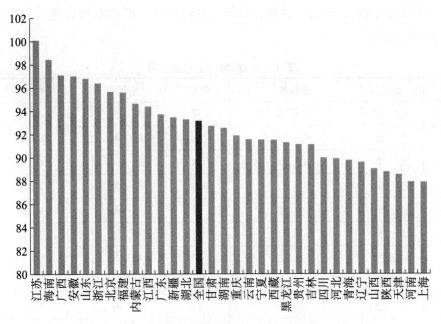

图 15　分地区 RCDI 2019 社会环境指数

如图 16 所示，社会环境分指数中单位地区生产总值能耗指标、人均道路面积指标、单位产值污水耗氧量指标超过分指数值，反映了我国在保护环境、降低能耗、改善交通方面所取得的显著成就。

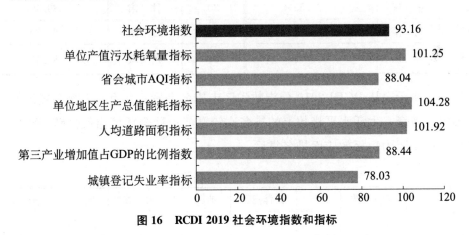

图 16　RCDI 2019 社会环境指数和指标

三、RCDI 2019 显示：我国城乡差距总体缩小，不发达地区仍需改善；城镇居民消费结构变化，莫让刚需推动消费降级

如表 1 所示，从 RCDI 2019 总指数省区市排名来看，北京、上海、天津、浙

江、江苏居前，西藏、云南、甘肃、贵州、青海居后，西部不发达地区与东部发达地区差距仍然较大。

表1　RCDI 2019 总指数排名

序位	地区	总指数	序位	地区	总指数
1	北　京	128.25	17	陕　西	96.03
2	上　海	119.94	18	海　南	95.95
3	天　津	109.22	19	四　川	95.71
4	浙　江	109.15	20	安　徽	95.23
5	江　苏	108.51	21	山　西	94.72
6	山　东	100.64	22	河　北	94.38
7	内蒙古	99.73	23	河　南	94.03
8	福　建	99.69	24	宁　夏	93.53
9	辽　宁	99.35	25	江　西	93.15
10	湖　北	99.14	26	新　疆	92.89
11	广　东	98.36	27	广　西	92.56
12	黑龙江	97.82	28	青　海	91.66
13	吉　林	97.78	29	贵　州	90.18
14	重　庆	97.55	30	甘　肃	89.49
15	湖　南	97.30	31	云　南	89.30
16	全　国	96.73	32	西　藏	82.47

如表2所示，从 RCDI 2019 分指数省区市排名来看，北京、上海等经济发达地区在健康、教育、生活水平指数上的排名比较靠前；社会环境指数打破 GDP 垄断，发达地区可能因为短板效应而排名靠后。

表2　RCDI 2019 分指数排名

序位	地区	健康指数	地区	教育指数	地区	生活水平指数	地区	社会环境指数
1	上　海	104.52	北　京	139.11	上　海	204.24	江　苏	100.09
2	四　川	104.04	上　海	110.31	北　京	199.54	海　南	98.44
3	黑龙江	103.29	天　津	105.66	浙　江	173.63	广　西	97.10
4	辽　宁	103.02	内蒙古	91.16	天　津	165.88	安　徽	97.00
5	北　京	101.89	辽　宁	89.40	江　苏	160.76	山　东	96.78
6	江　苏	100.29	海　南	88.92	福　建	134.61	浙　江	96.38

续表

序位	地区	健康指数	地区	教育指数	地区	生活水平指数	地区	社会环境指数
7	湖 南	100.26	陕 西	88.77	广 东	130.82	北 京	95.66
8	吉 林	99.98	新 疆	88.18	山 东	129.34	福 建	95.60
9	重 庆	99.33	山 西	87.98	湖 北	123.39	内蒙古	94.65
10	山 东	98.96	湖 北	87.01	内蒙古	121.12	江 西	94.39
11	浙 江	98.24	浙 江	86.35	全 国	119.98	广 东	93.72
12	湖 北	96.47	江 苏	85.90	吉 林	118.12	新 疆	93.46
13	河 南	96.21	重 庆	85.79	辽 宁	118.08	湖 北	93.28
14	陕 西	96.14	黑龙江	85.47	河 北	116.61	全 国	93.16
15	内蒙古	94.65	吉 林	84.92	湖 南	116.24	甘 肃	92.72
16	山 西	92.70	全 国	84.72	河 南	115.98	湖 南	92.54
17	河 北	92.49	广 东	84.39	重 庆	115.65	重 庆	91.89
18	全 国	92.43	福 建	83.20	黑龙江	113.63	云 南	91.57
19	福 建	92.24	湖 南	83.11	宁 夏	113.41	宁 夏	91.53
20	贵 州	92.17	山 东	82.81	江 西	113.20	西 藏	91.51
21	广 西	92.12	宁 夏	82.31	安 徽	112.38	黑龙江	91.29
22	安 徽	92.06	青 海	82.08	陕 西	112.27	贵 州	91.13
23	天 津	91.69	安 徽	81.94	山 西	110.86	吉 林	91.13
24	青 海	91.21	四 川	81.91	四 川	109.45	四 川	89.97
25	广 东	90.45	河 北	81.83	海 南	107.76	河 北	89.89
26	海 南	89.84	甘 肃	81.00	新 疆	106.66	青 海	89.75
27	宁 夏	89.56	江 西	80.05	广 西	106.43	辽 宁	89.59
28	甘 肃	89.53	河 南	79.72	青 海	105.05	山 西	89.02
29	江 西	88.03	云 南	78.12	云 南	102.66	陕 西	88.76
30	云 南	86.61	广 西	77.10	贵 州	102.15	天 津	88.53
31	新 疆	84.70	贵 州	77.07	甘 肃	95.36	河 南	87.90
32	西 藏	77.45	西 藏	69.78	西 藏	93.52	上 海	87.88

如表 3 所示，从中国发展指数总指数、分指数和指标全国排名第一的省区市的分布情况来看，北京、上海优势显著。北京获得 10 个单项最高指数，上海获得 4 个单项最高指数，江苏获得 2 个单项最高指数，辽宁、安徽、山东、云南各获得 1 个单项最高指数。

表3 中国发展总指数、分指数及指标排名第一的省区市

指数	省区市	分指数	省区市	指标	省区市
总指数	北京	健康指数	上海	出生预期寿命	上海
				婴儿死亡率	江苏
				每万人平均病床数	辽宁
		教育指数	北京	人均受教育年限	北京
				大专以上文化程度人口比例	北京
		生活水平指数	上海	农村居民人均纯收入	上海
				人均GDP	北京
				城乡居民年人均消费比	安徽
				城镇居民恩格尔系数	北京
		社会环境指数	江苏	城镇登记失业率	北京
				第三产业增加值占GDP的比例	北京
				人均道路面积	山东
				单位地区生产总值能耗	北京
				省会城市空气质量达到及好于二级的天数	云南
				单位产值污水耗氧量	北京

如图17所示，从 RCDI 2019 总指数省区市排名较 RCDI 2018 序位变化来看，有16个省区市 RCDI 2019 总指数排名较 RCDI 2018 没有变化；安徽总指数序位上升4位（23→19），宁夏总指数序位下降4位（19→23）；江西、四川总指数序位上升2位，山西总指数序位下降2位；黑龙江、浙江、湖北、贵州总指数序位上升1位；吉林、江苏、广东、广西、甘肃、新疆总指数序位下降1位。

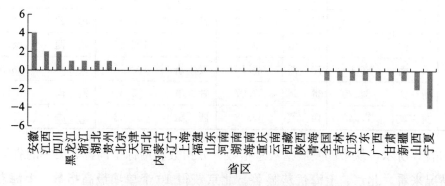

图17 RCDI 2019 较 RCDI 2018 总指数序位变化情况

北京、上海、天津为发达地区，在 RCDI 总指数、健康指数、教育指数、生活

水平指数均排名居前,但在社会环境指数排名相对靠后(北京排名第 7、上海排名第 31、天津排名第 29)。从 3 个城市的社会环境指标均衡图中可以看到,人均道路面积、省会城市 AQI 等指标反映了大都市的负面效应,大都市效应催生社会环境短板,具体见图 18~图 20。

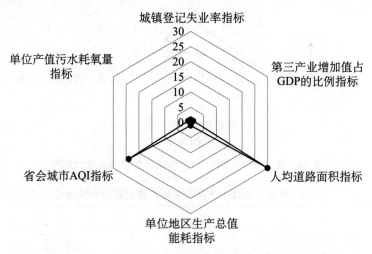

图 18　北京 RCDI 2019 社会环境指数指标序位均衡图

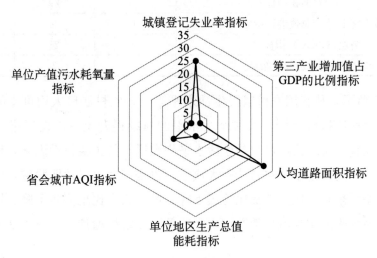

图 19　上海 RCDI 2019 社会环境指数指标序位均衡图

如表 4 所示,北京、天津、上海 3 个大都市的人均道路面积指标排位居后列,反映了大都市人口集中、交通拥堵的现实情况,尤其是上海的人均道路面积指标值较低,是导致上海社会环境指数排名最后的主影响因素。

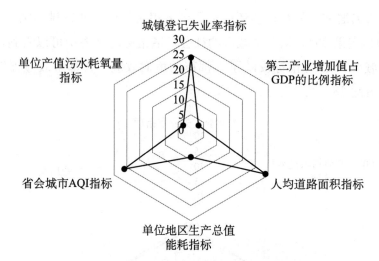

图 20　天津 RCDI 2019 社会环境指数指标序位均衡图

表 4　北京、天津、上海社会环境指数指标全国排名

指标	北　京	天　津	上　海
城镇登记失业率指标	1	24	25
第三产业增加值占 GDP 的比例指标	1	3	2
人均道路面积指标	30	29	31
单位地区生产总值能耗指标	1	9	4
省会城市 AQI 指标	24	26	10
单位产值污水耗氧量指标	1	3	2

　　如图 21 所示，从我国农村居民生活水平来看，农村居民人均可支配收入持续增长，城乡消费比持续下降，农村生活水平的持续提升是中国发展指数的显著特征。农村居民收入持续快速增长是生活水平指数增长的主要拉动因素，反映了切实提高农民收入，建设富裕新农村的巨大成就，也是广大农村地区脱贫攻坚的直接体现。从城乡差距来看，城乡消费比持续下降，城乡收入比也同步下降，城乡差距持续缩小，但城乡收入比与城乡消费比之间的差距在缓慢增加，城乡生活水平差距仍然需要改善。

　　如图 22 所示，农村居民人均可支配收入的地区性差异较大，上海、浙江、北京显著高于其他省区市，西部地区的甘肃、贵州、青海、云南、陕西、西藏、宁夏、山西、新疆、广西等地区不仅农村居民人均可支配收入水平较低，而且除山西、宁夏以外各省区市城乡居民消费比均超过全国水平，城乡差距超过全国水平。对西部不发达地区农村脱贫建设持续投入，缩小不发达地区城乡差距是提高我国农村整体发展水平的重要保障条件之一。

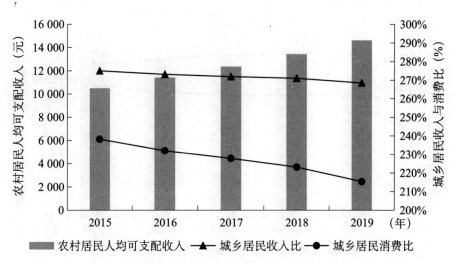

图 21 农村居民可支配收入与城乡居民收入与消费比

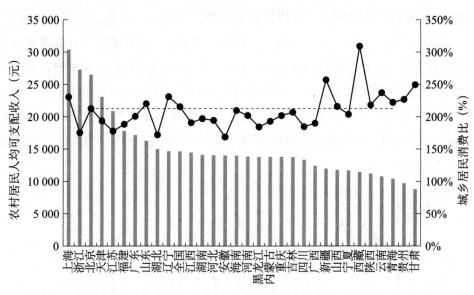

图 22 分地区农村居民可支配收入与城乡居民消费比

如图 23 所示，从城镇居民生活水平来看，城镇居民人均消费支出持续增长，消费升级趋势凸显，消费结构变化显著。城镇居民人均消费支出持续增长，反映了我国城镇居民消费水平不断提高，拉动内需，促进经济发展。反映生活质量的城镇居民恩格尔系数持续下降，反映了城镇居民生活中刚性的食品消费占比不断降低，面向提高生活质量的弹性消费占比提升，也标志着城镇居民生活质量的持续提升。除此之外，城镇居民居住支出占比呈现上升趋势，反映了城镇化快速发展进程中居民的住房消费占比持续提高，刚性的居住生活成本攀升。

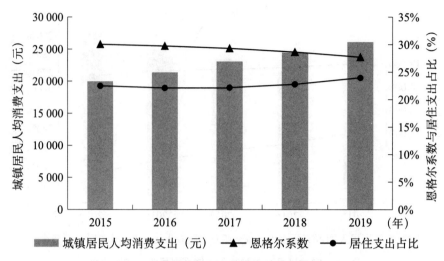

图23 城镇居民人均消费支出与支出占比

如图24所示，在城镇居民人均消费支出中，上海、北京显著高于其他省区市，浙江、天津、广东、江苏消费支出较高。值得注意的是，京津冀以及江苏等经济发达地区的居住支出占比高于恩格尔系数，反映了一线城市及发达地区快速增长的居住支出成为生活成本的主要影响因素。全国有17个省区市食品消费与居住消费占消费支出的总比例超过50%，较大的刚性支出占比不仅增加了地区经济发展的成本，挤占了经济发展的红利，还可能迫使弹性消费降级，不利于拉动内需的经济发展策略。

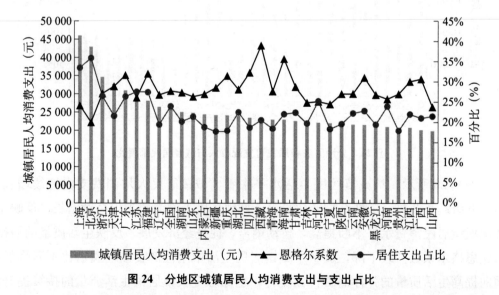

图24 分地区城镇居民人均消费支出与支出占比

图25为省会城市空气质量情况统计图。反映蓝天指数的省会城市空气质量达到及好于二级（即空气质量良好）的天数指标反映了空气质量情况，可以看作是生活环

境质量的晴雨表。在 RCDI 2019 中，昆明、拉萨、贵阳、海口 4 个城市空气质量良好的天数超过 350 天，石家庄、郑州、太原、西安、济南 5 个城市全年空气质量良好的天数低于 200 天。有 9 个城市全年空气质量良好天数超过 300 天，有 15 个城市全年空气质量良好天数低于全国平均水平（270 天）。在相邻年空气质量改善天数的汇总统计中，31 个城市中有 28 个为正值，表明空气质量近 5 年内在全国范围内得到改善。

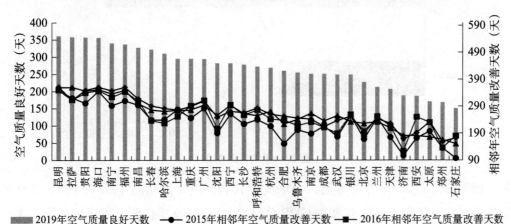

图 25　省会城市空气质量情况

自 1949 年中华人民共和国成立以来，我国发生了翻天覆地的变化。2018 年总人口数量达到 13.95 亿，而 1949 年总人口数为 5.42 亿，新中国成立 70 年间增长了 1.57 倍。2018 年城镇人口总数为新中国成立初期城镇人口总数的 14.42 倍，乡村人口数为新中国成立初期的 1.17 倍。如图 26 所示，城镇乡村人口数比率由 1949 年的 12% 增长到 2018 年的 147%，城镇人口大幅度增加，城镇化水平显著提高，我国从一个典型的农业国转变为现代化国家。

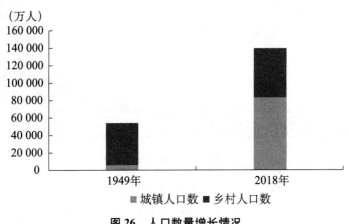

图 26　人口数量增长情况

如图 27 所示，新中国成立初期我国居民平均预期寿命仅为 35 岁，2018 年达到了 77 岁，增长了 1 倍以上，居民健康水平显著提升。

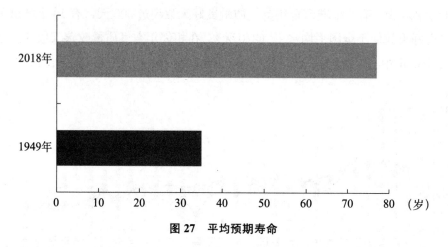

图 27　平均预期寿命

如图 28 所示，在经济方面，中华人民共和国成立之初的 1952 年我国 GDP 总量仅为 679.1 亿元，2018 年我国 GDP 总量达到 900 309.5 亿元，稳居世界第二大经济体，GDP 总值为 1952 年的 1 325.7 倍，经济的飞速增长提高了居民生活水平，提升了国家综合实力。

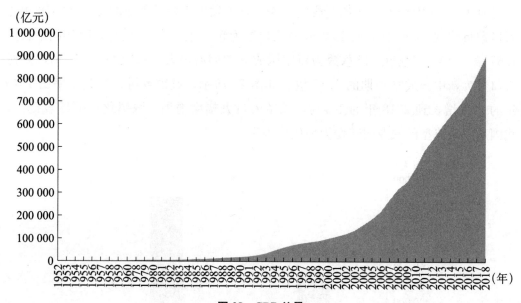

图 28　GDP 总量

如图 29 所示，2018 年就业人口为 7.76 亿人，是中华人民共和国成立之初的 1952 年就业人口的 3.74 倍，就业人口增速超过人口数量增速。从就业人口的产业分布情况来看，1952 年第一、二、三产业的就业构成分别为 83.5％、7.4％、9.1％，2018 年第一、二、三产业的就业构成分别为 26.1％、27.6％、46.3％，第一产业就业人口占比大幅下降，第二产业就业人口占比提升，而第三产业就业人口增长最为显著，成为解决就业问题的主要渠道。

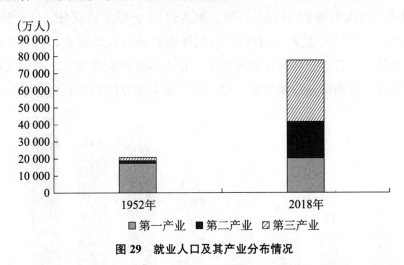

图 29　就业人口及其产业分布情况

四、2019 年中国发展信心调查：年度增幅加大，民生信心质变

人民是共和国的根基，民心是最大的政治。民意调查具有下情上达的重要作用，察民情、汇民声、体民情、聚民智是民意调查的重要职责，关系到宏观政策制定的科学性和有效性。2019 年中国发展信心调查是采用计算机辅助电话调查（CATI）的方式，于 2019 年底对中国（不包括港澳台）民众开展的主观调查，具体由健康、教育、生活水平（经济）和社会环境四方面组成；同时，调查还访问了民众对环境保护、反腐倡廉、房价调控、经济形势、就业形势等方面的看法和信心，并针对 2019 年发生的与百姓生活密切相关的时政开展专门调查。样本主体性别分布均匀，男女比例协调，年龄结构合理，城乡分布均衡，实现对中国（不包括港澳台）31 个省区市 334 个地级市的全覆盖，总样本量达到 3 100 人，涵盖不同职业、不同年龄、不同收入的人群，具有全国代表性。调查显示，2019 年中国发展信心增幅较 2018 年进一步扩大，达到调查开展 8 年来的最高值 88.6 分，4 项分指数由 2018 年"两升两降"转变为 2019 年全部上升。其中，教育、生活、住房、贫富差距、社会信任等民生信心出现质的转变，需要趁热打铁，进一步巩固，锲而不舍，久久为功。2019 年的发展信心调查呈现出的特点如下文所述。

（一）信心增幅扩大，信心达调查开展 8 年来最高值

如图 30 所示，2019 年受访民众对中国未来发展信心给出 88.6 的高分，比 2018 年提升 1.9 分，高于 2018 年的增幅（0.9 分），增长速度显著提升。这是继 2017 年该指数首次突破 85 分以来，第三次达到 85 分以上的高分，也是调查开展 8 年来的最高值。2019 年是新中国成立 70 周年和改革开放新起点，也是决胜全面建成小康社会第一个百年奋斗目标关键之年，在中国共产党领导下，全国人民众志成城、砥砺奋进，各项事业稳步发展，民众对中国未来发展的信心显著提升。

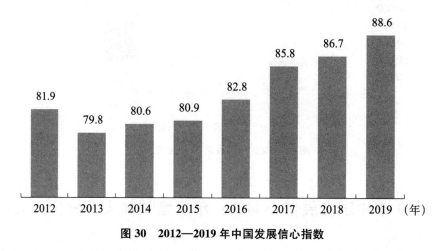

图 30　2012—2019 年中国发展信心指数

（二）分指数由"两升两降"转为"全面上升"

如图 31 所示，从中国发展信心的 4 个分指数来看，2018 年 4 个分指数呈现分化特征，与 2017 年相比呈现"两升两降"的局面，而 2019 年均有不同程度的上升。其中，2019 年的健康信心、教育信心、生活水平信心、社会环境信心分别为 78.3 分、73.3 分、67.1 分和 71.6 分，分别比 2018 年提升 4.7 分、3.7 分、1.7 分和 3 分。可见，健康信心指数上升的幅度最大，教育信心和社会环境信心是开展此项调查 8 年来首次突破 70 分大关，达到 70 分以上的水平。需要关注的是，教育信心和生活水平信心出现逆转，由 2018 年的下降转为 2019 年的上升，发展成果需要进一步巩固。

（三）交通便利、社会环境改善、高等教育对就业的促进三方面信心十足

从具体领域来看，交通便利、社会环境改善、高等教育对就业的促进这三方面得到了民众的充分肯定，位列 32 项调查细分领域的前三位。一是民众对交通便利

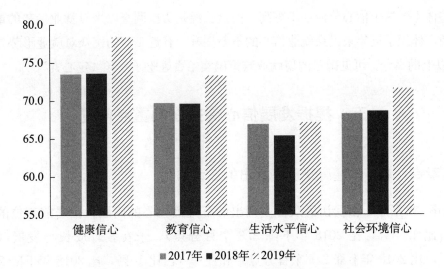

图31 2017—2019 中国发展信心分指数变化情况

的满意度较高，2019 年满意度达到 88.7 分，这也是历年该指标的最高分，比 2018 年提升了 2.2 分，其中 55.7% 的受访者为交通便利打了满分。二是社会环境改善信心创新高，达到 89.7 分，接近 90 分，民众对整体社会环境的满意度持续提高，2017 年社会环境改善信心突破 80 分，达到 86 分，2018 年达到 87.3 分，2019 年为 89.7 分，比 2018 年增加了 2.4 分，增幅进一步扩大。三是高等教育对就业的促进作用得到受访者的高度肯定，信心得分高达 85.3 分，比 2018 年上升了 3.8 分，47.9% 的受访者为该项打出满分 100 分。

（四）民众高度评价生活改善，对未来生活充满信心

2019 年民众对生活成本（逆指标）再次打出 81.9 的高分，普遍认为衣食住行等生活成本较高。在生活成本不断提高的同时，百姓充分认同生活水平的提高，生活水平信心和生活提高信心分别为 73.3 分、82 分，均较 2018 年有较大幅度提升。尤其是百姓对未来生活水平提高的信心首次突破 80 分大关，达到 82 分，表明百姓对未来生活向好的方向发展非常有信心，其中 42.2% 的受访者打出了满分 100 分。民众生活水平信心和生活信心提高与党和政府高度重视就业民生密切相关。就业是民生之本，中央将"稳就业"置于"六稳"之首并上升为首要目标，2019 年国务院政府工作报告将就业政策上升到与货币政策、财政政策并列的层面，进一步强调稳增长首要是为保就业。各地、各部门把稳就业作为重大政治任务，摆在各项工作的首要位置，有效促进劳动者稳岗增速，提升了民众的就业信心。2019 年度的调查显示，民众对未来一年的就业形势判断平均信心为 70.4 分，较 2018 年上升了 5 分，

虽然整体上看这个信心分值还不算高，但这已经是历次调查以来对就业形势的最高分的判断，体现了近年来民众就业信心的不断提升，有近1/3的民众对就业形势打出了90分以上的高分，可见国家的稳就业政策确实给百姓吃了一颗"定心丸"。

五、提振发展信心需关注的重点问题

（一）看病、教育、住房是反映突出的三大难题

如图32所示，由受访民众自主列出的百姓最担心的问题，位居前三位的是看病（占比12.4%，比2018年下降3.3个百分点）、子女教育成长与发展（占比11.0%，比2018年上涨2.5个百分点）和住房（占比10%，比2018年下降2.5个百分点）。其中，看病和住房两个问题连续六年位居三甲，是长期存在的两大难题，而2019年两者占比均有所下降；教育问题迅速上升，从2018年第三位上升为2019年第二位。

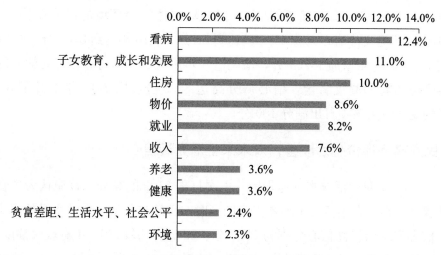

图32 2019年受访民众最担心的问题前十位

近年来子女教育成长和发展问题成为民众担忧的重点。民众对子女教育问题的担忧2018年首次进入三甲名列第三位，2019年进一步升至第二位，应引起重视。除了10%的受访者反映对子女教育成长和发展问题的担忧之外，还有1.6%的受访者反映对孩子上学的担忧。受访者反映，当前很多中小学通过压缩在校时间、减少家庭作业以及保证体育课和课外活动时间等方式为学生减负，但家长"望子成龙"心切，在升学压力和应试教育的背景下，为学生报名参加课外辅导班现象非常普遍，这不仅增加了家庭负担，也影响了教育的公平性（注：教育质量可能是提升的，但教育的公平性失衡，基础教育的普适性下降）。

（二）房价居高不下，民众对房地产调控有信心

一方面，对于房价走势^①的判断高达 69.8 分，这是历次调查以来的最高分，已经逼近 70 分。具体来看，高达 63.3％的受访者认为当地房价仍会上涨，其中大约 1/4 的受访者（26.2％）认为当地房价会持续大幅上涨；三成受访者（29.6％）认为房价持平；仅有 7％的受访者认为当地房价会下降。另一方面，对于房价调控，2013—2018 年民众的信心一直在 60 分以下，均未达到及格水平；2019 年民众对于房价调控的信心大幅提升了 4.9 分，首次突破 60 分及格线，达到 61.1 分，表明民众对 2019 年的房地产调控措施普遍较为满意。根据《国民安居报告》，11 月全国重点监测 67 城二手房挂牌均价 15 410 元/平方米，环比下跌 0.14％。其中，一线城市北京、上海、广州二手房挂牌价环比下跌，仅深圳二手房挂牌价环比上涨；热点二线城市仅沈阳二手房挂牌价环比上涨 0.5％，其他城市价格均有不同程度下行。

（三）贫富差距首现改善，社会信任大幅提升

2019 年调查中，突出的亮点是民众对贫富差距和社会信任两方面的评价出现反转，由降转升。一是民众对当前贫富差距程度^②的打分（79.1 分）较 2018 年下降了 2.1 分，这是该指标自 2016 年连续上升以来的首次改善，也是调查开展 8 年以来的最低值。需要重视的是，仍有近四成受访者（38.6％）认为中国目前的贫富差距非常大（满分为 100 分）。二是民众对社会信任的评价有所改善，调查发现，人与人之间信任程度较低，该指标在历年调查中从未达到及格水平，2018 年更是大幅下降，仅为 51.6 分；尽管 2019 年该指标回升至 58.2 分，大幅上涨了 6.6 分，但仍是本次调查 32 项指标中得分最低的一项。当前各种社会事件时有发生，迫切需要完善信用体系建设，加大信用监督惩戒力度，扩展领域范围，形成威慑力，扭转社会信任恶化的局面。

（四）物价屡创新高，八成民众预期进一步上涨

对于当地的物价水平，民众打分（逆指标）在 2018 年首次突破 70 分大关，

---

① 该指标为逆指标，分数越高，表明受访者认为当地房价上涨的幅度越大。
② 该指标为逆指标，分数越高，表明受访者认为当前的贫富差距越严重。

2019 年又上升了 2.3 分，达到 74.6 分，表明 2019 年物价上涨过快，引起民众的强烈不满。CPI 在 2019 年 9 月达到 3% 的年度通胀控制目标后，持续上涨至 11 月的 4.5%，大幅上涨了 1.5 个百分点，达到自 2012 年 1 月以来的历史高位。2019 年底受天气转冷、需求增加等影响，猪肉、鸡蛋、牛肉、羊肉、鸡肉等肉类及水果、蔬菜价格也出现了普遍上涨。从未来预期看，仅 4.2% 的受访者认为当地物价会有所下降，两成（19.5%）认为物价会保持平稳，不会有大升大降，而近八成（76.3%）认为当地物价仍会有不同程度的上涨。

六、民众对未来中国经济有信心，期待做好民生工作

（一）七成民众对中国经济有信心，六成民众认为能在中美经贸摩擦中战胜困难

一是对于新一年的宏观经济形势，民众平均打分 77.8 分，较 2018 年提升了 3 分，扭转了 2018 年的下降态势。对于经济发展的预期呈现一定的分化特征，26.7% 的受访者打了 60 以下的低分，36% 给出 90 以上的高分；七成以上（73.3%）对中国经济有信心，给出及格以上评分。二是对于中美经贸摩擦，88.8% 的受访者表达了自己的看法，这一比例比 2018 年提升约 15 个百分点，表明民众对中美经贸摩擦的关注度更高，信心也更加充足。如图 33 所示，其中，六成（60.5%）民众认为中国最终将战胜困难，国家能够逐步降低贸易经贸摩擦对国内经济发展的影响，较 2018 年的 57.5% 提升了 3 个百分点；37.7% 认为中美双方互有输赢，1.8% 认为中国会在经贸摩擦中受挫，分别比 2018 年降低 1.6 和 1.4 个百分点。

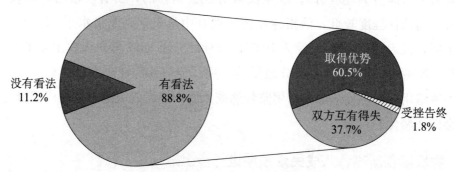

图 33 受访者民众对经贸摩擦的看法

（二）期待做好教育、物价和医疗等民生工作

2019 年中国发展信心调查设置了一道开放性问题，询问受访民众 2020 年亟需

改善的问题是什么。民众回答的词频分析（见图34）显示，教育、物价和医疗是民众最关切问题的前三位，也是被认为问题最多、最需要改善的三大领域，受到11.3％、9.8％和9.5％访者的认同。这3个问题分别代表着受访者对子女未来发展、自己当前生活水平和社会医疗条件的思考和顾虑，也关乎着中国的未来、中国的现在和中国的健康。教育问题位列首位，无论是教育成本高涨还是教育资源不均衡，都是困扰民众的难题。2019年CPI持续上涨，已经影响民众生活质量，需要加强基本民生保障，缓解食品价格上涨对民众基本生活的影响。看病难、看病贵、医患关系紧张等难题，也是当前亟待改善的问题。

图34　民众认为2020年亟需改善问题的词频统计

七、总结与展望

综上所述，RCDI 2019呈现稳定增长趋势，生活水平指数是总指数增长的主要驱动力，其中农村居民人均纯收入指标增幅超过人均GDP而成为总指标最重要的拉动因素。在4个分指数中，社会环境指数地区差异最为显著，反映了多维度视角下社会环境发展的不均衡性，尤其是一线城市容易产生短板效应。农村居民人均可支配收入的提高和城乡消费比的下降显现了我国在发展中缩小城乡差距的趋势，但在一些不发达地区城乡差距仍然较大。城镇居民消费升级，恩格尔系数的下降反映了生活质量的改善，但居住成本正逐渐抬头，尤其在一些发达地区和城市，居住成本已成为消费的最大开销，如何为城镇居民生活减负、正向拉动社会消费需求是一个需要重视的问题。新中国成立70年以来，国民健康水平显著提升，从一个积贫积弱的国家成为世界第二大经济体，产业结构更为均衡，第三产业成为解决就业的主要渠道。

而在发展信心调查方面，2019年中国发展信心增幅较去年进一步扩大，达到调查开展8年来的最高值88.6分。4项分指数由"两升两降"转为"全面上升"，多项民生领域信心发生根本性变化，呈现质的好转。在未来的发展中，围绕人民群众所期盼更好的教育、更稳定的工作、更满意的收入、更可靠的社会保障、更高水平的医疗服务、更舒适的居住条件、更优美的环境等心愿，国家的发展更应以这些方面为抓手，坚持以人为本、以民为本的价值取向，坚持以人民为中心的工作导向，抓住机遇，深化改革，进一步巩固经济发展的成果，维持安定团结的民心民意，只争朝夕，不负韶华！

"数"读中国发展 2019

张延松

2019 年中国发展指数（RCDI 2019）的发布揭示了我国在 2018 年的综合发展水平情况，分别通过总指数和健康、教育、生活水平、社会环境 4 个分指数对我国 31 个省区市的综合发展情况进行测量，通过指数的编制展示了我国在发展中呈现的地区性发展差异特征，为科学评估我国发展的客观情况提供了科学的依据。

本文基于中国发展指数多维分析视角，从健康、教育、生活水平和社会环境 4 个维度对指数背后的数据以及相关统计数据进行分析，通过数据展现我国在发展过程中呈现的特点，分析我国 31 个省区市不同的发展水平和地区性差异。

一、健康水平分析

总体来看，2018 年中国人均预期寿命达到 77 岁，相比 2017 年的 76.7 岁增加了 0.3 岁；婴儿死亡率为 6.1‰，相较 2017 年的 6.8‰减少了 0.7 个千分点，同比下降 10.3％；总诊疗人次达到 83.08 亿人次，相较 2017 年的 81.83 亿人次增加了 1.25 亿人次，同比增长 1.5％；卫生总费用与 GDP 之比从 2017 年的 6.36％增长到 2018 年的 6.57％。人均预期寿命的增长和婴儿死亡率的下降标志着人民健康水平的提升，总诊疗人次的增长反映了居民获得医疗服务能力的提高，卫生总费用与 GDP 之比的增长反映了我国政府持续加大医疗投入的发展策略。

人民健康水平的提升是综合国力提升的一个表现，和平的环境和经济的发展是健康水平的基石，医疗设施的建设和医疗条件的改善是健康水平的保障，而人民健康水平的提升则是多种因素综合作用之果。

（一）医疗设施

自 1978 年以来，医疗卫生机构的统计口径经过几次调整。如图 1 所示，医疗卫生机构数量近年来相对比较稳定，2018 年为 99.7 万个，同比增长 1.09％；卫生人员的数量则呈现持续快速增长趋势。2018 年卫生人员数量达到 1 230 万人，同比增长 4.69％；2018 年医疗卫生机构床位达到 840.41 万张，同比增长 5.84％。卫生人员和医疗卫生机构床位的持续快速增长为人民提供了更好的医疗条件。

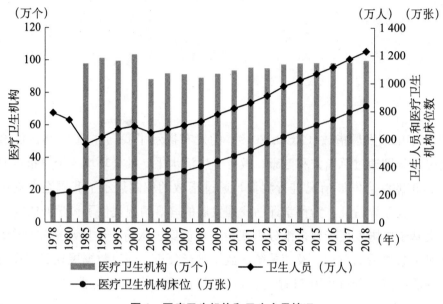

图 1　医疗卫生机构和卫生人员情况

在医疗设施的建设中，我国尤其关注农村医疗设施的建设。自 2009 年以来，我国设卫生室的村数占行政村数的百分比持续超过 90％，2018 年达到 94％。在统计年鉴的 31 个省区市中有 26 个省区市设卫生室的村数占行政村数的百分比达到 100％，覆盖全部西部省区市，仅北京、天津 、上海、浙江、山东 5 个较为发达的省市占比低于 100％。

2018 年各类医疗卫生机构诊疗人次达到 83.08 亿人次，入院人数达到 2.5 亿人，病床使用率达到 78.8％。

（二）医疗条件

如图 2 所示，每千人口医疗卫生机构床位数量持续增长，2018 年合计达到 6.03 张，同比增长 5.36％；城市每千人口医疗卫生机构床位数为 8.7 张，同比下降 0.61％；农村每千人口医疗卫生机构床位数为 4.56 张，同比增长 8.92％。每千人口医疗卫生机构床位增长主要是由于农村医疗条件的改善，这体现了我国重视农村医疗设施建设，提高农村居民医疗条件水平举措带来的成果，也是提高我国农村居民健康水平的保障。

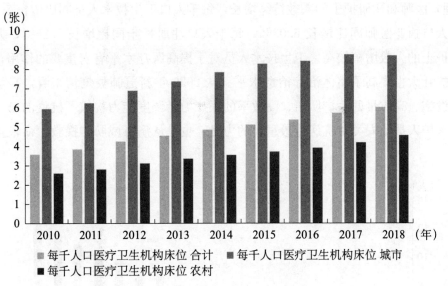

（张）

图例：
- 每千人口医疗卫生机构床位 合计
- 每千人口医疗卫生机构床位 城市
- 每千人口医疗卫生机构床位 农村

图2 每千人口医疗卫生机构床位数

从全国31个省区市每千人口医疗卫生机构床位数据来看，如图3所示，2018年排名前3的是辽宁、新疆和四川，在4个直辖市中，重庆排名最为靠前，位居第4，北京位居第20，上海位居第21，天津则位居最后。西部省区市除西藏位居第28以外，其他省区市排名比较靠前，反映了我国对西部省区市医疗设施建设的重视程度，同时还需要继续加大对西藏医疗条件改善的投入力度。

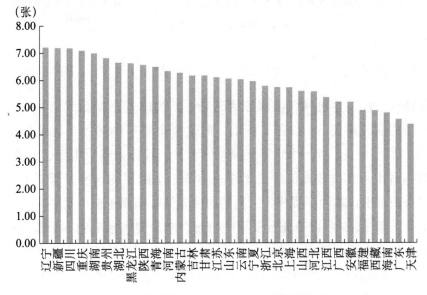

（张）

图3 分地区每千人口医疗卫生机构床位数

从每千人口卫生技术人员数量来看，如图4所示，2018年卫生技术人员、执业（助理）医师和注册护士的人数持续增长，每千人口卫生技术人员同比增长5.57%，每千人口执业医师同比增长6.03%，每千人口注册护士同比增长7.26%，尤其是注册护士的人数增幅较高。卫生技术人员对于提高医疗水平有着重要的作用，护士队伍的壮大也提高了整体治疗治愈水平。从2020年新冠肺炎疫情来看，高水平的医疗设施、高质量的医护队伍、高效率的医疗力量调度能力构筑了抗疫的第一道防线，医护人员是人类对抗病毒最重要的力量，也是从病毒威胁中挽救生命最重要的力量。

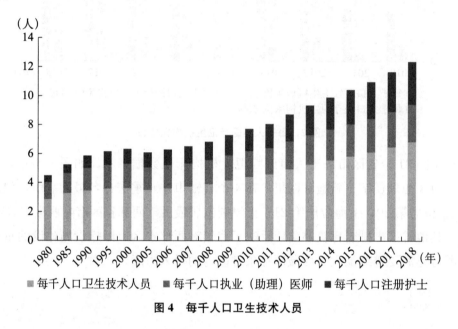

图4　每千人口卫生技术人员

（三）居民健康情况

从分地区医疗卫生机构住院服务情况来看，2018年上海、北京、吉林、黑龙江、辽宁位居病死率前5，如图5所示，而这5个省市的居民年住院率排名分别为18、20、27、24和19，均低于全国总体水平。具体来看，上海、北京、天津、广东等发达省市病死率较高但居民年住院率低于全国平均水平，西部地区的病死率均低于全国水平，陕西、贵州、云南的居民年住院率高于全国水平。

新生儿、婴儿、5岁以下儿童及孕产妇死亡率是健康水平的一个重要标志，也是医疗水平的一个重要体现，图6显示了自1991年以来的死亡率变化情况。从总体趋势来看，4类死亡率均持续下降，表明我国医疗保障水平持续提高。

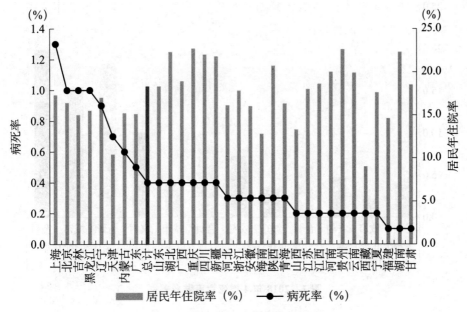

图 5　分地区病死率与居民年住院率

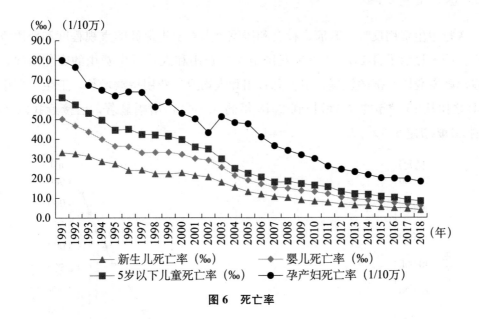

图 6　死亡率

　　图 7 进一步展现了 2018 年 4 类死亡率的城市、农村和合计数据。总体来说，城市死亡率低于农村死亡率，新生儿、婴儿、5 岁以下儿童的农村死亡率为城市死亡率的 2 倍以上；孕产妇死亡率城乡差距较小，农村死亡率为城市死亡率的 1.28 倍。从 1991 年到 2018 年死亡率的变化来看，城乡死亡率差距在持续减小，反映了我国持续改善农村健康水平的成效。

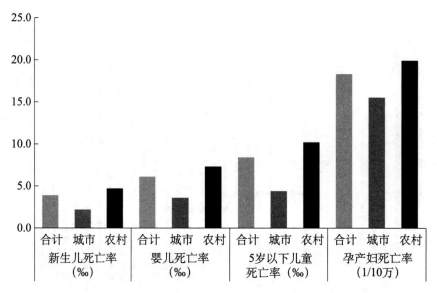

图7　2018 年 4 类死亡率城乡差别

（四）医疗卫生保障

医疗卫生费用反映了政府、社会和居民个人对卫生保健的重视程度和费用负担水平。图 8 显示了自 1978 年以来我国卫生总费用和人均卫生费用的变化情况，可以看出随着我国经济的发展，卫生总费用和人均卫生费用持续增长。卫生总费用与 GDP 之比从 1978 年的 3％增长到 2018 年的 6.57％，增幅显著，已接近我国 2018 年的 GDP 增速 6.6％。

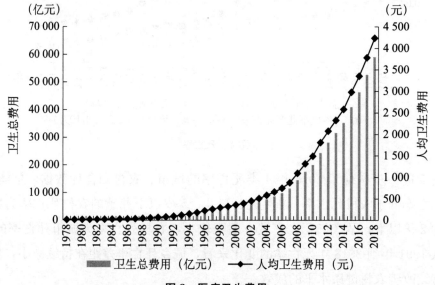

图8　医疗卫生费用

在 2018 年的卫生总费用中，政府卫生支出占卫生总费用比重为 27.74%，用于各级政府医疗卫生服务、卫生和医疗保险行政管理、人口与计划生育事务支出等各项事业经费支出，近年呈现小幅下降趋势。社会卫生支出占卫生总费用比重为 43.66%，是政府卫生支出外的社会各界对卫生事业的资金投入，包括社会医疗保障支出、商业健康保险费、社会办医支出、社会捐赠援助、行政事业性收费收入等支出，近年来占比不断加大，反映了我国医疗保障制度的不断完善与发挥作用。个人现金卫生支出占卫生总费用比重为 28.61%，是城乡居民在接受各类医疗卫生服务时的现金支付，包括享受各种医疗保险制度的居民就医时自付的费用，近年来呈现明显的下降趋势，2001 年最高达到 59.97%，2018 年仅为 2001 年的 47.71%。自 2001 年以来，卫生费用支出的变化特征是政府卫生支出逐渐加大，社会卫生支出持续加大，个人现金卫生支出持续降低。通过不断完善医疗卫生保障制度，不断降低居民医疗负担，建立起良性的医疗保障体系。

2018 年，全国能够提供住宿的民政机构床位数达到 408.1 万张，包括养老、儿童福利和救助等用途，其中每千老年人口养老床位数为 29.15 张，两个数据相较于 2017 年略有下降（2017 年分别为 419.6 万张和 30.92 张），养老机构床位数比重达到 92.97%。我国正逐渐步入老龄化社会阶段，用于养老的机构床位数是提供养老保障能力的重要体现。图 9 显示了 2018 年分地区提供住宿的民政机构床位数和每千老年人口养老床位数。从提供住宿的民政机构床位数来看，江苏、四川、浙江、山东等较高，海南、青海、西藏、宁夏等均低于 2 万张。从每千老年人口养老床

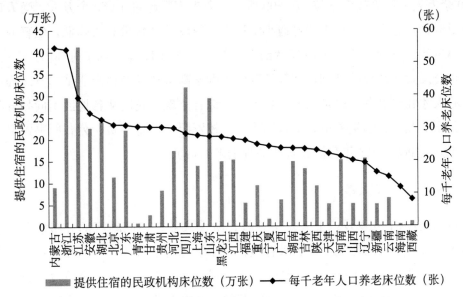

图 9　提供住宿的民政机构床位数和每千老年人口养老床位数

位数来看，内蒙古、浙江、江苏、安徽、湖北位列前 5 名，西藏、海南、云南、新疆等位居后列，有 11 个省区市高于全国平均水平。从整体情况来看，我国基础养老设施还不充足，还需要加大政府与社会投入以应对老年化社会的需求。从 2020 年全球新冠肺炎疫情来看，国外养老院的传染情况尤其严重，专业设施与人员的不足使养老院成为疫情的重灾区。老年人是社会曾经的建设者，尊重老年人代表着尊重社会的昨天和传承，社会养老设施的建设也是社会健康水平的一个重要体现，专业化、普及化的养老设施建设也是保障老年人生命和健康的重要条件。

2018 年，我国资助参加基本医疗保险人数达到 6 692.6 万人，同比 2017 年增长 19.06％，门诊和住院医疗救助人数达到 5 361 万人次，同比 2017 年增长 52.43％；2018 年资助参加基本医疗保险资金数达到 102.7 亿元，同比 2017 年增长 38.76％；门诊和住院医疗救助资金数达到 297 亿元，同比 2017 年增长 11.63％。基本医疗保险覆盖面和医疗求助人数的增长为广大居民提供了坚实的医疗保障，也是提高人民健康水平的坚实基础。

二、教育水平分析

教育水平既是国家综合实力的体现，也代表着国家未来发展的潜力。从总体来看，2018 年我国有普通高等学校 2 663 所，已培养毕业生 750 余万人；中等教育学校（包括高中阶段教育、中等职业教育和初中阶段教育）76 746 所，共培养毕业生 2 650 余万人；初等教育学校 170 209 所，毕业生人数超过 1 680 余万人。受人口结构的影响，普通高中、初中和普通小学招生人数较最高数量有所降低，但普通高等学校招生数量持续增长，2018 年达到 791 万人，较 2017 年增加了近 30 万人。义务教育是公民素质教育的基础，高等教育则为国家高科技发展和产业结构升级提供高素质的人才和建设者，也是国家教育水平的综合体现。我们从各地区不同教育阶段人数分布情况、大学生数量、文盲比重、高校资源、教育经费、公共图书馆资源及专利等方面剖析 2018 年我国教育所呈现出来的特征。

（一）各教育阶段人数

图 10 显示了 6 岁及以上人口中各教育阶段人数在不同地区的分布情况，以及大学本科人数所占的比重。义务教育包括实小学与初中阶段，中等教育包含高中与中职阶段，高等教育包括大学专科、大学本科和研究生。全国 4 个阶段人数比重分别为 5.28％、63.29％、17.55％和 13.87％，其中大学本科人数比重为 5.89％。大

学本科教育是我国高等教育水平的一个重要标志，图 10 以大学本科人数比重为基准对各省区市进行排序。

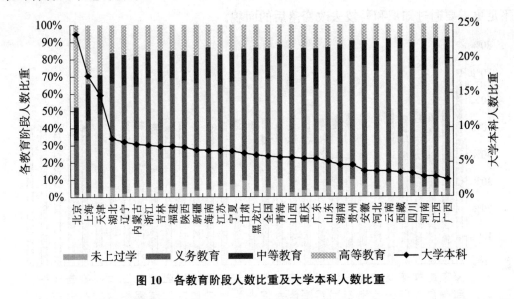

图 10　各教育阶段人数比重及大学本科人数比重

北京、上海、天津位居大学本科人数比重的前 3，而且显著高于其他省区市，表明 3 个直辖市在高等教育上的优势。其他省区市，包括重庆，大学本科人数比重的差距相对较小，湖北、辽宁、内蒙古、浙江、吉林、福建、陕西分列 4～10 名。广西、江西、河南位居后 3，西部地区的新疆、宁夏、甘肃、青海位居中游。从各教育阶段人数分布情况来看，西藏地区未上过学的人数比重最高，达到 34.45％；北京最低，为 1.51％；全国平均水平为 5.28％。义务教育阶段人数比重最高的是广西，达到了 72.64％；最低的是北京，为 31.6％；全国平均水平为 63.29％。中等教育阶段人数比重最高的是广东，达到 23.51％；最低的是西藏，仅为 5.9％；全国平均水平为 17.55％。高等教育阶段人数比重最高的是北京，达到 47.61％；最低的是广西，为 7.65％；全国平均水平为 13.87％。高等教育中研究生人数比重最高的是北京，达到 10.05％；最低的是贵州，仅为 0.07％；全国平均水平为 0.6％。从各教育阶段人数比重来看，北京的高等教育水平最高，上海次之，天津位列第 3，显著高于其他省区市和全国平均水平。研究生人数比重也仅有北京、上海、天津超过 1％，显示了北京、上海、天津 3 个直辖市在高等教育上的优势。

文盲率体现教育的短板效应。图 11 显示了 31 个省区市文盲人口占 15 岁及以上人口比重的排序情况。从全国情况来看，文盲比重为 4.85％，有 15 个省区市文盲比重高于全国平均水平；西部地区的西藏、贵州、青海、甘肃、云南、宁夏位居前列，西藏文盲人口比重达到 34.96％；北京、辽宁、山西、天津、上海、广东文盲比重较低，北京文盲人口比重仅为 1.23%，表现出良好的教育基础。西部地区文盲率较高既是经济落后的结果，也是制约经济进一步发展的重要因素，自然资源的不足更需要通过知识和科技去改变落后的面貌。

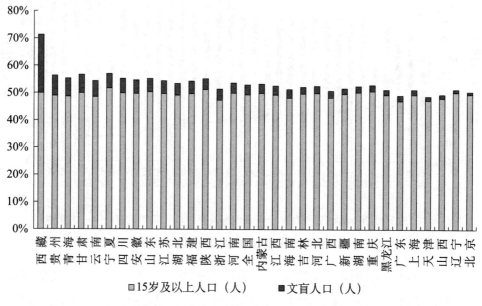

图11 文盲人口占 15 岁及以上人口比重

从文盲人口的性别比重来看，15 岁以上人口中男女比例几乎相等，但男女文盲比重分别为 2.42% 和 7.34%，文盲人口中女性比重是男性比重的 3.03 倍。这种情况表明长期以来男女在受教育权利上的不平等，从 6 岁以上各教育阶段男女人数来看，未上过学的人中女性人数为男性人数的 2.48 倍，而其他教育阶段则男女人数相对平衡，说明新中国成立之后性别平等在各教育阶段得到了贯彻。

(二) 高等教育学校资源

从地区高等教育资源来看，普通高等学校数量和每高校对应的人口数量是高校覆盖人口情况的体现，也是高等教育覆盖密度的指示。从普通高等学校（简称"高校"）数量来看，江苏省以 167 所名列第一，而西藏以 7 所位居最后，西部地区的青海（17 所）、宁夏（19 所）高校数量相对较少，海南省的高校数量为 20 所，也处于较低水平。从高校数量与各省区市对应的每高校对应的人口数量数据来看，北京每 23 万人拥有一所高校，而广东每 75 万人拥有一所高校，高校人口覆盖密度差别较大。图 12 的曲线表明了各省区市高校人口覆盖密度的差异，其中北京、天津、宁夏、上海位居前列，而广东、四川、山东、河南等人口大省则位居后列，高校资源相对不足，高考竞争压力较大。

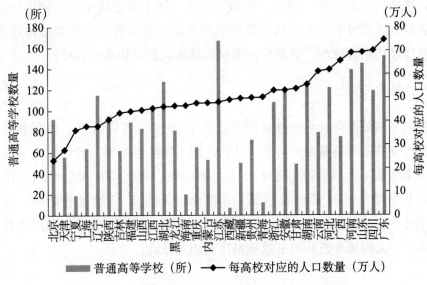

图 12　普通高等学校数量及每高校对应的人口数量

图 13 显示了每十万人口高等教育学校在校生数量和人均教育经费的分地区情况。其中，每十万人口高等教育学校在校生数量最高的是北京，为 5 268 人，最低的是青海，为 1 426 人，二者差距达到 3.7 倍。整体来看，北京、天津、陕西、上海、江苏位居前 5，青海、西藏、新疆、内蒙古、云南位居后 5，西部省区在校生数量相对较少，西部建设需要教育先行。

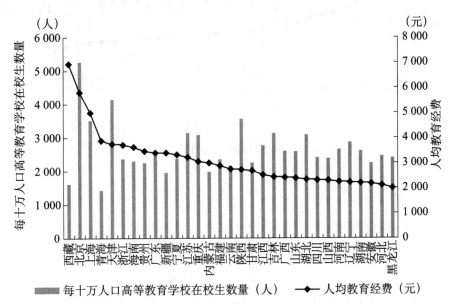

图 13　每十万人口高等教育学校在校生数量和人均教育经费

从人均教育经费来看，西藏以 6 941 元位居第一，北京、上海、青海、天津、浙江等位居前列，黑龙江、河北、安徽、湖南、辽宁等位居末列。值得注意的是，西藏、青海、虽然每十万人口高等教育学校在校生数量较少，教育总体水平较低，但人均教育经费相对较高，表现出国家对西部地区教育的重视程度。

（三）公共教育资源

公共图书馆是面向社会的教育资源，图 14 显示了各省区市公共图书馆数量以及人均拥有公共图书馆藏量的情况。从公共图书馆数量来看，四川以 204 个公共图书馆位居全国第一，北京和上海以 23 个并列最后。从人均拥有公共图书馆藏量数据来看，上海以人均 3.26 册位居第一，河南以人均 0.33 册排名最末。上海、北京、天津公共图书馆数量较少，但人均拥有公共图书馆藏量较高；四川公共图书馆数量最多，但人均拥有公共图书馆藏量排名相对靠后。

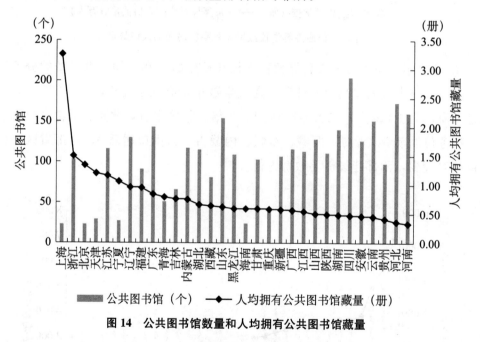

图 14　公共图书馆数量和人均拥有公共图书馆藏量

（四）高科技成果产出

专利代表着创新能力，是科技能力的体现，也是教育的间接产出结果。从国际科技前沿情况来看，世界科技强国也是教育强国，同时也是专利知识产权大国。在经济全球化浪潮中，专利是科技水平的一个重要体现。

图 15 显示了各省区市国内三种专利（发明、实用新型和外观设计）授权数量

以及每万人授权专利数量的情况。从国内三种专利授权数量来看，广东以 478 082 个位居全国第一，江苏和浙江位居第二、三并显著高于其他省区市，西藏以 755 个位居最后。从每万人授权专利数量来看，北京以每万人 57 个位居第一，浙江、广东、上海、江苏、天津、福建紧随其后并显著高于其他省区市，西藏、海南、内蒙古、新疆、山西等相对较低。从整体上看，经济发达地区的专利水平较高，说明了知识产权对科技与经济的促进作用。同时，教育资源较好的地区专利水平也相应较高，说明教育与科技创新之间的正向关系。

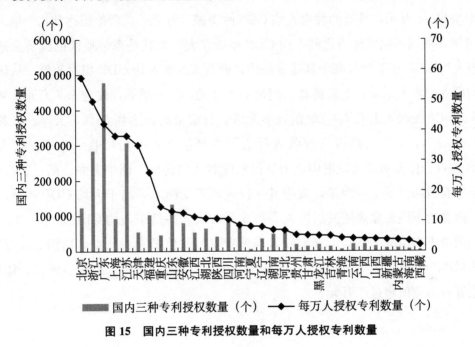

图 15　国内三种专利授权数量和每万人授权专利数量

三、生活水平分析

2018 年中国 GDP 总量超过 90 万亿元，GDP 比上年增长 6.6%，人均 GDP 达到 64 644 元，接近 1 万美元。稳健的经济增长提升了人民生活水平，2018 年全国居民人均可支配收入达到 28 228 元，城镇居民人均可支配收入达到 39 251 元，农村居民人均可支配收入达到 14 617 元，分别较 2017 年增长了 8.7%、7.8% 和 8.8%，居民收入增长速度跑赢了 GDP 增长速度，也标志着我国经济发展的成果更多惠及于民，切实提高了人民生活水平。

人民生活水平的提高体现在多个方面，下面从经济发展水平、居民消费结构、人民生活富裕程度和城乡差距水平四方面分析 2018 年我国居民生活水平情况。

（一）经济发展水平

经济发展水平主要通过人均 GDP 来衡量，图 16 显示了我国 31 个省区市人均 GDP 数据，以及居民人均可支配收入和居民人均消费支出数据，综合比较了经济发展成果与人民生活水平之间的关系。

北京、上海、天津、江苏、浙江、福建、广东、山东、内蒙古、湖北位居全国人均 GDP 前 10，甘肃、云南、贵州、广西、黑龙江、西藏等位居后列。北京人均 GDP 突破 14 万元，最低的甘肃人均 GDP 刚突破 3 万元，二者差距达到 4.7 倍。图 16 显示，我国不同省区市之间人均 GDP 差距较大，尤其是东部地区的经济发达省区市人均 GDP 水平显著高于其他省区市，而西部地区人均 GDP 相对较低。从居民人均可支配收入来看，上海最高，超过 6.4 万元，西藏最低，仅为 1.7 万元；从居民人均可支配收入占人均 GDP 的比重来看，甘肃最高，达到 56%，天津、江苏最低，为 33%。居民人均可支配收入代表了在经济发展中居民收入水平，占人均 GDP 的百分比表示经济发展中成为居民实际收入的比例。图中上海、浙江、广东、辽宁等有较明显的上跳现象，表明其居民人均可支配水平高于人均 GDP 水平，青海、西藏的下跳现象表明其居民人均可支配收入水平低于人均 GDP 水平。从居民人均消费支出情况来看，可支配收入与消费支出差值最大为北京，达到 2.3 万元，差值最小为甘肃，为 0.28 万元，平均值为 0.82 万元，北京、上海、浙江、江苏、山东五省市差值超过 1 万元。

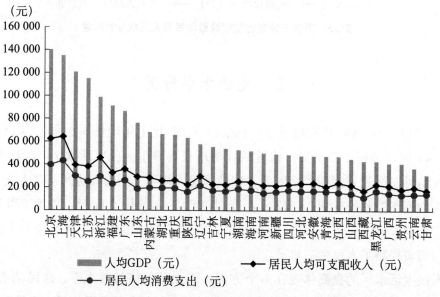

图 16　人均 GDP、居民人均可支配收入和居民人均消费支出

（二）居民消费结构

从居民消费结构来看，图 17 显示了居民人均消费支出、城镇居民人均消费支出和农村居民人均消费支出情况。传统的衣食住行是生活的主要开销，现代社会的医疗保健和教育开销也逐渐增大，在三类消费支出情况中，衣食住行医教五个方面的消费占到总消费额的 90% 以上。在主要的五方面消费中，食品烟酒消费的比重最高，平均值为 29%；居住消费比重次之，平均值达到 23%；交通通信消费比重再次之，平均值达到 14%；教育文化娱乐消费比重平均值为 11%；医疗保健消费比重平均值为 9%；衣着消费的比重最低，平均值为 6%。现代社会按消费权重顺序的消费内容依次是食、住、行、教、医、衣，从城镇与农村消费结构来看，农村食品烟酒消费比重高于城市，城镇居住消费比重高于农村，农村医疗保健消费比重高于城市，城镇衣着消费比重高于农村，在交通通信和教育文化娱乐消费方面城镇与农村消费比重相差不大。从消费总额上看，城镇人均消费总额是农村人均消费总额的 2.15 倍，城镇消费水平高于农村。

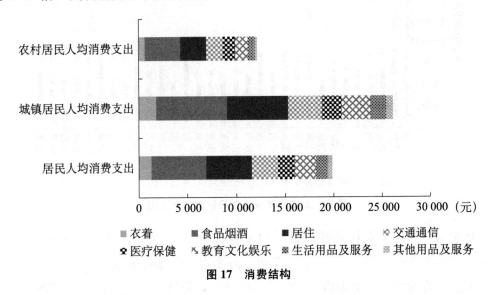

图 17　消费结构

从全国各省区市城镇衣食住行医教五个主要消费结构来看，如图 18 所示，内蒙古在衣着消费上的占比最高，达到 10%，广西、海南衣着消费占比最低，为 4%，全国平均为 7%；从消费金额数据来看，内蒙古以 2 456 元位居全国第一，海南以 938 元位居最后。在食品烟酒消费占比上，西藏以 39% 位居全国第一，北京以 20% 位居最后一位，全国平均为 28%；从食品烟酒消费金额数据来看，上海以 11 104 元位居第一，山西以 4 703 元位居最后。在居住消费占比上，北京以 36% 位居全国第一，重庆、贵州、青海、宁夏、新疆以 18% 并列全国最后，全国平均为 22%；在居住消费金额上，北京以 15 391 元位居全国第一，贵州以 3 718 元位居全国最后。在交通通信消费占比上，贵州以 19% 位居全国第一，上海、海南、甘肃以 11% 并列最后，全国平均为 14%；从交通通信消费金额来看，上海以 5 108 元位居全国第一，甘肃以 2 449 元位居全国最后。在医疗保健消费占比上，黑龙江以 12% 位居全国第一，西藏以 4% 位居全国最后，全国平均为 8%；从医疗保健消费金额上看，北京以 3 476 元位居全国第一，西藏以 871 元位居全国最后。在教育文化娱乐消费占比上，湖南以 16% 位居全国第一，西藏以 5% 位居全国最后，全国平均为 11%；在教育文化娱乐消费金额上，上海以 5 491 元位居全国第一，西藏以 1 176 元位居全国最后。

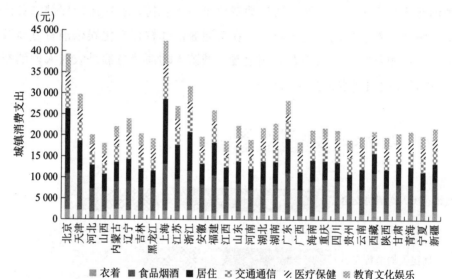

图 18 城镇居民衣食住行医教消费支出

从全国各省区市农村主要消费结构来看，如图 19 所示，在衣着消费占比上，西藏以 13% 位居全国第一，广东、广西、海南以 3% 并列最后，全国平均为 6%；从衣着消费金额来看，上海以 1 136 元位居第一，海南以 315 元位居全国最后。在食品烟酒消费占比上，海南以 42% 位居全国第一，北京以 24% 位居全国最后，全国平均为 30%；从食品烟酒消费金额上看，上海以 7 430 元位居全国第一，山西以 2 540 元位居最后。在居住消费占比上，北京以 29% 位居全国第一，西藏以 16% 位居最后，全国平均为 21%；从居住消费金额来看，北京以 5 951 元位居全国第一，西藏以 1 175 元位居最后。在交通通信消费占比上，西藏以 19% 位居全国第一，海南以 10% 位居最后，全国平均为 14%；从交通通信金额来看，北京以 3 078 元位居全国第一，甘肃以 1 078 元位居最后。在医疗保健消费占比上，黑龙江以 17％位居全国第一，西藏以 4％位居最后，全国平均为 10％；从医疗保健消费金额来看，北京以 1 992 元位居全国第一，西藏以 315 元位居最后。在教育文化娱乐消费占比上，内蒙古以 14％位居第一，西藏以 5％位居全国最后，全国平均为 11％；从教育文化娱乐金额来看，浙江以 1 788 元位居第一，西藏以 409 元位居全国最后。

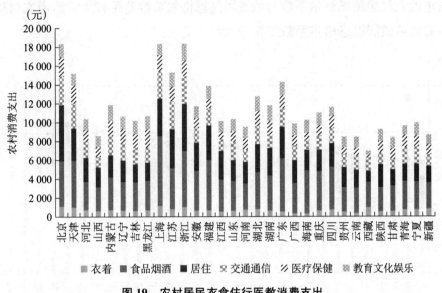

图 19 农村居民衣食住行医教消费支出

从消费结构来看，食品烟酒消费是基础需求，居住消费是刚需，交通通信消费是重要的生活成本开销，同时医疗保健消费负担也有加重的趋势，随着全社会对教育的重视，教育文化娱乐消费也逐渐升温。

(三) 人民生活富裕程度

恩格尔系数是食品支出总额占个人消费支出总额的比重，联合国根据恩格尔系数的大小，对生活水平有一个划分标准：恩格尔系数大于 60％为贫穷，50％～60％为温饱，40％～50％为小康，30％～40％属于相对富裕，20％～30％为富足，20％以下为极其富裕。

图 20 显示了根据居民人均消费支出中食品烟酒占比计算出来的居民恩格尔系数、城镇居民恩格尔系数和农村居民恩格尔系数。在居民恩格尔系数中，北京恩格尔系数为 20.24％，位居全国第一，西藏以 37.59％位居全国最后。在全国 31 个省区市中有 22 个省区市恩格尔系数在 20％～30％之间，达到富足水平；有 9 个省区市恩格尔系数在 30％～40％之间，达到相对富裕水平。在城镇居民恩格尔系数中，

北京以 19.98% 达到极其富裕水平，有 21 个省区市恩格尔系数在 20%～30% 之间，达到富足水平，有 9 个省区市恩格尔系数在 30%～40% 之间，达到相对富裕水平。在农村居民恩格尔系数中，有 20 个省区市恩格尔系数在 20%～30% 之间，达到富足水平，有 10 个省区市恩格尔系数在 30%～40% 之间，达到相对富裕水平，海南恩格尔系数超过 40%，处于小康水平。值得注意的是，上海、广东、海南 3 个经济发达省市的农村居民恩格尔系数与城镇居民恩格尔系数差距较大，海南农村居民恩格尔系数较城镇居民恩格尔系数差距较大。

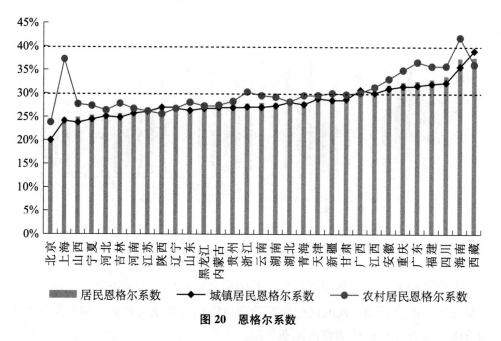

图 20 恩格尔系数

人民生活水平的提高反映在生活质量的提高上，也体现在生活耐用消费品的变化上。彩色电视机、洗衣机、电冰箱、微波炉、空调、移动电话等家用电器逐渐普及化，汽车也从高端消费品成为越来越多家庭的生活用品，提供了出行便利。

图 21 显示了各省区市城镇及农村居民平均每百户年末家用汽车拥有数辆，城镇居民平均每百户年末家用汽车拥有数量中，山东以 58.2 辆位居全国第一，天津、北京、云南、浙江、河北城镇居民平均每百户年末家用汽车超过 50 辆，黑龙江以 18.4 辆位居全国最后。农村居民平均每百户年末家用汽车拥有数量中，北京以 49.8 辆位居全国第一，海南以 9.8 辆位居全国最后。从城镇与农村居民平均每百户年末家用汽车拥有量差值来看，海南省差值最大，达到 29.8 辆，有 11 个省区市城镇与农村居民平均每百户年末家用汽车拥有量差值大于 20 辆；青海省差值最小，

为 3.5 辆，往前依次为北京（3.8 辆）、黑龙江（4.5 辆）、甘肃（9.1 辆）、安徽（9.2 辆）、上海（9.8 辆）。

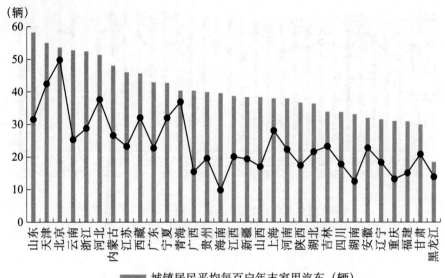

图 21　居民载客汽车拥有情况

（四）城乡差距水平

我国地域广大，城乡人口密度不同，在我国经济发展过程中，既存在区域性发展不平衡，也存在城乡发展不平衡。经济发展不仅要提高人民生活水平，也要缩小城乡差距，城乡差距也是经济健康发展的一个标志。

图 22 显示了城乡人均可支配收入比和城乡人均消费比在不同省区市的对比数据。城乡人均可支配收入比代表了城乡人均可支配收入的差距，最低的是天津，为 1.86，浙江、黑龙江、吉林、上海等 26 个省区市城乡人均收入比在 2~3 之间，甘肃、贵州、云南、青海四省城乡人均收入比超过 3。城乡人均消费比代表了城镇与农村人均消费能力的差距，最低的是安徽，为 1.69，湖北、浙江、江苏、黑龙江、四川、福建、广西、江西、内蒙古、河北、天津、湖南等 13 个省区城乡人均消费比低于 2；西藏城乡人均消费比最高，为 3.09。31 个省区市平均城乡人均收入比为 2.55，高于平均城乡人均消费比 2.09。总体来看，西部不发达地区城乡人均收入比较高，城乡差距比较显著；西藏和新疆城乡人均消费比较高，在消费能力上有也比较显著的城乡差距。

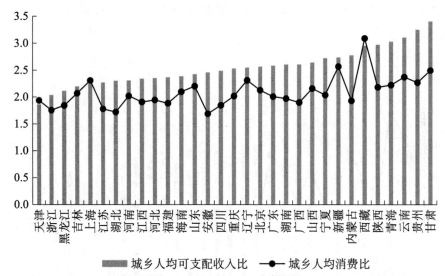

图22　城乡人均可支配收入比与消费比

四、社会环境分析

社会环境分析是中国发展指数的一个特征。社会环境与经济增长互相影响，社会环境中既包含与经济良性发展相关的社会环境因素，也包含经济增长对人民生活环境的影响，以及对产业结构形态监控数据。我们从与社会发展密切相关的经济发展环境、生活环境以及生态环境三方面分析2018年我国社会环境情况。

总体来看，我们经济处于稳增长、调结构的过程，更加注重经济发展的质而不是单纯的量，在经济增长的同时更加关注社会环境的稳定良性发展、人民生活环境和质量的改善，通过优化产业结构提高经济生产的能源效率，在经济增长的同时加强环境保护的力度，既要经济增长的金山银山，也要生态环境的绿水青山。

（一）经济发展环境

人口结构对经济可持续发展具有影响作用。老年人口抚养比和少年儿童抚养比描述了家庭收入的主要开销，较高的抚养比意味着家庭承担着较重的养老和教育方面的经济负担。人口自然增长率描述了人口变动趋势，良性的社会环境需要适当的人口自然增长率以增加新生的人口资源。图23中，我国31个省区市中，少年儿童抚养比最高为贵州，达到33.49%，最低为天津，为13.03%，全国平均值为23.42%。东北三省黑龙江、吉林、辽宁，三大直辖市天津、北京和上海，这些省市的少年儿童抚养比较低，同时，这些省市的人口自然增长率也较低，均低于全国平均水平，其中黑龙江、吉林两省的人口自然增长率还出现了负值，人口增长的放缓对长期经济发展是一个重要的影响因素。老年人口抚养比最高的是山东，达到22.69%，最低的是西藏，仅为 8.04%，全国平均值为 15.69%。在老年人口抚养比中，西藏、新疆、青海是较最低的 3 个省市，山东、四川、重庆是最高的 3 个省市。人口自然增长率最高的是西藏，为 10.64‰，海南、广东、广西、青海也超过了 8‰；最低的是辽宁，为 −1‰，其次是黑龙江，为 −0.69‰，吉林以 0.36‰ 位居倒数第 3。东北三省人口自然增长率显著低于全国平均水平，天津、上海人口自然增长率也低于 2‰。在经济发达的省区市中，广东、福建、浙江人口自然增长率相对较高，高于全国平均水平，而天津、上海、江苏、北京人口自然增长率较低，低于全国平均水平。人口自然增长率受很多因素的影响，经济发达地区通常生活成本、教育成本较高，人口增长的压力较大。从长期发展潜力来看，过低的人口自然增长率会进一步提高老年人口抚养比，难以为经济的可持续发展提供充足的人口红利，对社会的良性发展也有一些不利的影响。

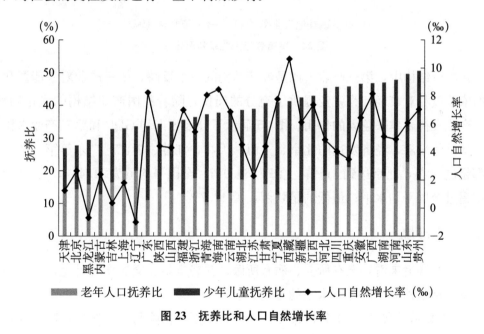

图 23　抚养比和人口自然增长率

社会的发展需要稳定的社会环境，其中失业率与离婚率对社会的稳定发展有一些影响。图 24 显示了我国 2018 年 31 个省区市的城镇登记失业率和离婚率的数据。从城镇登记失业率数据来看，最高的是黑龙江，达到 4%，辽宁、宁夏、福建也相对较高，最低的是北京，仅为 1.4%，全国平均值为 1.4%。从离婚率数据来看，最高的是黑龙江，达到 5.12‰，重庆、吉林、贵州、天津均超过 4‰；最低的为西藏，为 1.37‰，其他省区市均高于 2‰；全国平均值为 3.2‰。其中，辽宁、黑龙江人口自然增长率位居全国后 2 名，离婚率位居全国前 2 名，对人口的增长产生不利的影响。

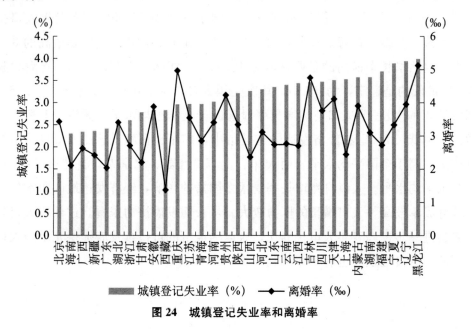

图 24　城镇登记失业率和离婚率

在产业结构中，第三产业占比是经济结构的一个反映，第三产业对于能源和资源的依赖度相对较轻，为就业提供了充分的岗位，随着我国产业结构的优化调整，第三产业发挥着越来越大的作用。图 25 显示了分地区人均 GDP 和第三产业占比数据，从整体来看，经济发达的北京、上海、天津、江苏、浙江、广东等第三产业占比都超过 50%，北京达到 81%，上海为 69.9%；全国平均值为 51.4%，有 12 个省区市超过全国平均水平；最低的是陕西，为 42.7%。

（二）生活环境

从生活环境来看，老有所养、病有所医、钱袋丰足、交通便利是生活质量的反映，也是衡量地区生活环境水平的考量。

图 26 显示了我国 31 个省区市年末参加基本医疗保险与基本医疗保险的人数统计。从整体来看，我国基本医疗保险覆盖率较高，全国平均基本医疗保险人数占年末人口数的比例接近 95%，最大程度保障了人民医疗需求。参加基本养老保险人数占年末人口数百分比最高的是北京，达到 88%，其中城镇职工占比为 78%，城乡居民占比为 10%；百分比最低的是天津，为 54%；全国平均水平为 65.8%。城镇职工参加基本养老保险人数占比较高的是北京、上海、浙江、天津、江苏等经济发

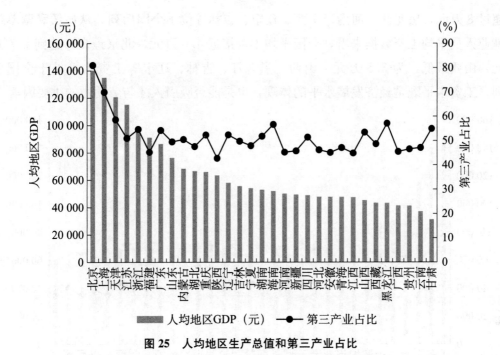

图 25　人均地区生产总值和第三产业占比

达地区，较低的是西藏、云南、甘肃、广西、贵州等西部地区。城乡居民参加基本养老保险占比较高的是安徽、河南、贵州、甘肃等，占比超过 50%，上海、北京、天津占比低于 10%。

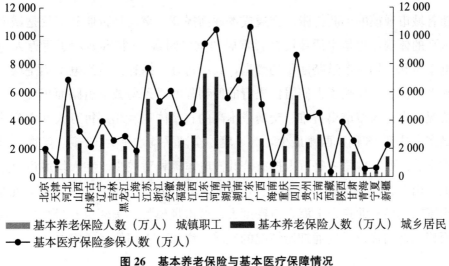

图 26　基本养老保险与基本医疗保障情况

图 27 显示了我国 31 个省区市就业人员平均工资情况。从城镇非私营单位就业人员平均工资来看，北京、上海、西藏、天津四个省区市超过 10 万元，全国平均

超过8万元，黑龙江、河南、山西、辽宁、吉林等位于全国后列。从城镇私营单位就业人员平均工资数据来看，全国平均工资接近4.6万元，北京最高，达到7.7万元，山西最低，为3.5万元。山西、黑龙江、吉林、辽宁等工资水平处于全国后列。工资水平既是经济发展水平的体现，也是能否吸引人才与劳动力的重要因素。

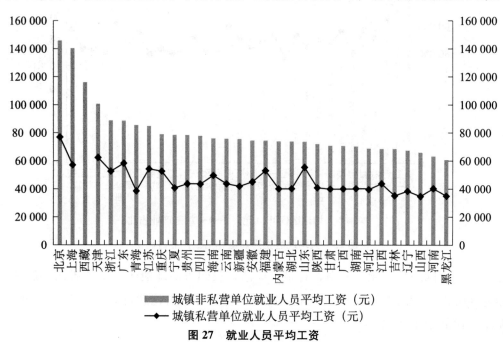

图27　就业人员平均工资

随着城市规模的不断扩张，交通成本逐渐提高，交通是否便利不仅是城市服务设施水平的体现，也是生活环境是否宜居的重要因素。图28显示了每万人拥有公共汽电车辆和人均城市道路面积的数据，其中每万人拥有公共汽电车辆是城市公共交通水平的标志，反映了人们居住出行的便利程度，人均城市道路面积反映了城市拥堵情况，也是大城市出行难、交通成本高的直接体现。北京每万人拥有公共汽电车辆最多，达到18辆，西藏最少，为8辆，全国平均水平为13辆。除西藏外，上海、重庆、江西、内蒙古每万人拥有公共汽电车辆相对较少。在人均城市道路面积指标上，山东、江苏最高，达到25平方米，上海最低，仅为5平方米，北京以8平方米紧随其后。北京、上海人口密度大、城市规模大、车辆保有量高，人均城市道路面积的低指标也是交通拥堵情况的反映，增加了人们的交通成本。

（三）生态环境

经济发展与环境保护的矛盾是一个需要平等对待、科学解决的问题。良好的生态环境是"以人为本"的发展理念的现实体现，是经济发展为了人民、造福人民的

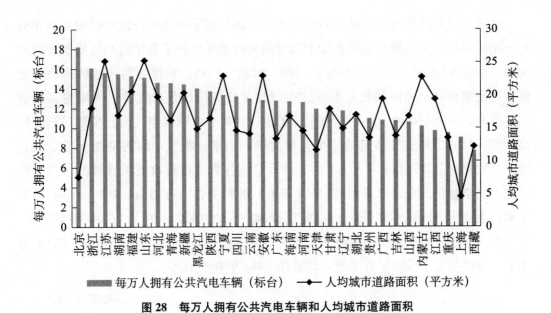

图 28　每万人拥有公共汽电车辆和人均城市道路面积

现实反映。生态环境的评估一方面反映在绿化规划建设成果上，一方面体现在空气质量情况和废气排放水平，以及通过产业结构优化能否有效地降低 GDP 增长所消耗的能源和产生的排放水平上。

图 29 显示了建成区绿化覆盖率与人均公园绿地面积。建成区绿化覆盖率最高的是北京，达到 48%，最低的是甘肃，为 34%，全国平均水平为 40%，达到较高的绿化覆盖率水平。从人均公园绿地面积来看，宁夏、内蒙古、广东、山东等位居前列，上海、西藏、天津位居后列，低于 10 平方米，其中北京以 16 平方米位居第 6。

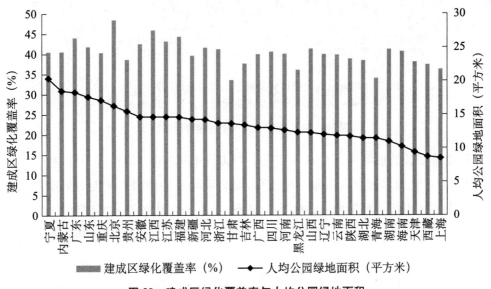

图 29　建成区绿化覆盖率与人均公园绿地面积

空气质量对居民的身心健康影响较大，尤其是对于一些呼吸性疾病的发病率有着一定的影响。空气质量达到及好于二级的天数指标反映了全年内空气质量较高的天数，如图30所示，云南、西藏、贵州、海南、广西、福建等西部地区或沿海地区空气质量较好，经济的相对不发达也减少了废气排放量，反馈了人民更多的蓝天。河北、河南、山西、陕西、山东、天津、甘肃、北京等空气质量位居后列，较高的废气排放量是空气质量的一个重要的影响因素。废气中的污染物包括二氧化硫、氮氧化物、烟（粉）尘等。图30显示了按各省区市行政面积计算的单位面积废气中污染物排放总量（万吨/万平方千米）的结果，上海最高，达到41吨/平方千米，天津为23吨/平方千米，江苏为17吨/平方千米，山东为16吨/平方千米，北京为11吨/平方千米；西藏最低，仅为0.03吨/平方千米，青海为0.41吨/平方千米，新疆为0.79吨/平方千米，均低于1吨/平方千米。

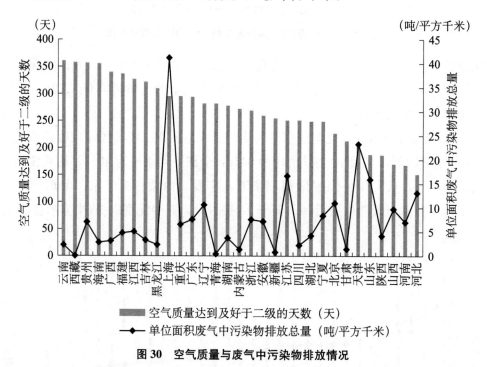

图30　空气质量与废气中污染物排放情况

从经济增长的能源和环境成本来看，每万元GDP电力消费（千瓦时/万元）和每百万元GDP废水化学需氧量（吨/百万元）反映了经济增长的能源效率和经济增长所产生的废水排放环境成本的大小。如图31所示，从每万元GDP电力消费指标来看，北京、天津、西藏、湖南、上海位居全国前列，经济增长的能源效率较高；宁夏、青海、内蒙古、新疆、甘肃等经济增长的能源效率较低，产业结构优化和产业技术升级是亟待解决的问题。从每百万元GDP废水化学需氧量指标来看，北京、上海、天津较低，宁夏最高，超过 0.25，江西和广西也较高，全国有 16 个省区市高于平均水平。

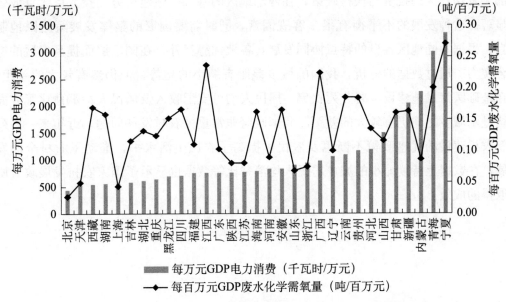

图 31　每万元 GDP 电力消费和每百万元 GDP 废水化学需氧量

五、结束语

本文基于中国发展指数多维指标体系的思想分析了我国在健康、教育、生活水平、社会环境四个方面相关数据的地域性分布特点，以及数据之间的关联关系。从整体上看，我国地域广阔，地区间在地理、人文、资源、能源等方面差异巨大，在各个发展层面呈现出较为显著的地区性差异，这些差异受经济发展水平、人民生活水平、产业结构特点、经济发展模式等多种因素的相互影响，既成为影响经济发展之因，也成为经济发展之果，呈现了我国发展的综合画卷。

从整体上看，经济发展水平是推动我国发展整体水平的重要驱动力，经济发达地区的健康水平、医疗保障水平、教育水平、生活水平和社会环境方面都表现较为突出，并且在人居环境、环境保护、产业结构优化等方面也不断进步；经济欠发达地区在医疗保障水平、收入水平、消费水平、教育水平、社会环境方面相对落后。但部分经济发达地区也表现出一些经济发展的综合征，如空气质量相对不高、出行便利性较低、人口自然增长率低、污染物排放较高、生活成本较高等问题，这些发展后问题对生活质量产生了一定的影响，也是在经济建设过程中需要认真考虑和解决的问题。从发展的地域性特征来看，我国各省区市间还存在较大的发展差异，一些数据变动较为剧烈，地区之间差异巨大。但从数据分析上看，我国不断加大对西部欠发达地区的投资与扶持政策，在西部地区的基础设施建设方面投入巨大且成效显著。这种发展的不平衡有很多客观因素，同时需要国家的整体发展策略因地制宜，根据不同地区各自的特点协同发展，各地优势互补，在国家层面提高发展的综合实力。通过数据的分析，我国的城乡差距有缩小的趋势，但仍然有较大的差距，在基础医疗设施建设、婴儿死亡率、居民人均可支配收入及居民人均消费比等方面均显示城乡之间仍有较大的差距。我国政府非常重视农村发展问题，近年来一系列新农村建设的优惠政策不断惠及农民，提高了农民生活水平，推动了农村全面发展，在数据上持续缩小的城乡居民人均消费比等数据也显示了国家农村发展政策所取得的成效。

生活改善齐进步　凝聚民心增福祉
——2019 年中国发展信心调查分析报告

吴翌琳　牛牧之

　　人民是共和国的根基，民心是最大的政治。民意调查具有下情上达的重要作用，察民情、汇民声、体民情、聚民智是民意调查的重要职责，关系到宏观政策制定的科学性和有效性。中国发展信心调查（2019）是采用计算机辅助电话调查（CATI）的方式，于 2019 年底对中国（不包括港澳台）民众开展的主观调查，具体由健康、教育、生活水平（经济）和社会环境四方面组成。同时，调查还访问了民众对环境保护、反腐倡廉、房价调控、经济形势、就业形势等方面的看法和信心，并针对 2019 年发生的与百姓生活密切相关的时政开展专门调查。样本主体性别分布均匀、男女比例协调，年龄结构合理，城乡分布均衡，实现了对中国（不包括港澳台）31 个省区市 334 个地级市的全覆盖，总样本量达到 3 100 人，涵盖不同职业、不同年龄、不同收入的人群，具有全国代表性。本报告将在与往年调研数据进行对比的基础上对 2019 年度调研数据进行分析，以体现 2019 年度百姓对国家发展信心指数的变化趋势以及其中所体现的一些社会问题。

一、健康水平有所提升，医疗改革稳步前进

　　健康和医疗问题，以及国家正在进行的医疗改革，一直是老百姓所关注的热点问题。图 1 展示了 2018 年与 2019 年健康信心各指标的对比。在本次调查中，多数受访者对于自身的健康状况比较满意。从具体数据看，受访者对于自身健康状况平均评分达 82.7 分，相比 2018 年的 79.6 分有所上升。特别值得指出的是，本年度评分在 90 分以上者占到总人数的 1/3，可见受访者对自己身体状况和健康水平满意度整体较高，这与 2018 年相比有较为明显的进步。

　　健康水平的提升与医疗条件的配套有着直接的关系。在看病便利、医疗保障和

医疗改革方面，受访者的信心指数相较 2018 年也均有提升。在医疗条件的改善方面，认为看病比过去更为便利的受访者占比达 74.4%，而 2019 年该项调查平均评分达 75.6 分，相比 2018 年的 70.0 分有明显提升；医疗保障方面，2019 年的平均评分为 75.8 分，同样比上一年的 71.9 分有明显提升，其中有 74.2% 的受访者认为现在的医疗保障比过去有所改善。伴随着看病便利程度的提高和医疗保障信心指数的提高，受访者对未来几年我国医疗改革的进展呈现出乐观的态度，2019 年医疗保障描标得分 79.2 分，体现了老百姓对于现行医疗改革的认可及对未来改革发展的信心。

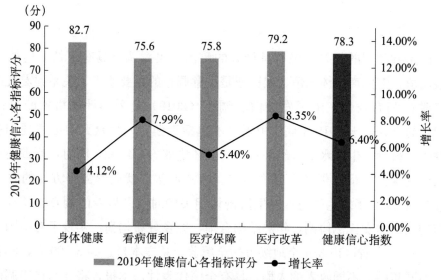

图 1　2018 年与 2019 年健康信心各指标对比图

综合健康与医疗方面的调查数据得出的 2019 年国民健康信心指数，较去年增长 6.4%。以上稳步增长指数的背后是国家一系列政策实施的结果和影响。2019年，国家颁布的《中华人民共和国疫苗管理法》和《中华人民共和国药品管理法》两部重要的法律开始实施，标志着我国新医疗改革的进一步落实与完善。同时，随着国家卫健委、国家医保局、国家药监局分别在医疗、医保、医药方面分工明确、有效配合，我国在简化社会医疗、建立互联网医疗体系、推进 DRG 支付、鼓励药品创新等多方面均有显著进步。国务院总理李克强在 2019 年 3 月 5 日的政府工作报告中明确：为了保障基本医疗卫生服务，居民医保人均财政补助标准增加 30 元，大病保险报销比例由 50% 提升到 60%。这表明政府对百姓健康水平、医疗保障以及医疗卫生服务水平的重视，也直接影响到人们对于健康、医疗的满意程度以及健康信心指数的提升。

与近 3 年的看病便利、医疗保障、医疗改革的调查数据相对比可以发现，本年度民众的健康信心指数与往年呈现不同趋势——与往年随学历的提高而信心指数递减不同，本年度的健康信心指数与受访的学历之间的关系呈"几"型分布，即拥有相对中等学历的受访者（大专及本科等）对于我国健康医疗方面的发展更有信心，而较低学历（大专以下）和高学历（硕士及以上）受访者则略显信心不足。图 2 的调查数据显示，本年度中等学历的受访者对于健康、医疗 4 个方面的评分都较高，尤其是在医疗保障和医疗改革两方面，分别达到 79 分和 81.8 分，明显高于其他两个群体。一般而言，中等学历也在一定程度上与中等收入相对应，这说明政府对于中等学历、中等收入主体人群的医疗保障与改革较为重视且取得了一定的成功，体现出新医疗改革 10 年以来国家建立基本医疗卫生服务制度所取得的成果。而低学历、高学历与低收入、高收入人群对于医疗保障和医疗改革信心相对较低，则表明医疗改革应逐步向深入、细致发展，采取相关措施为不同人群提供差异化的服务，提高医疗改革的针对性。

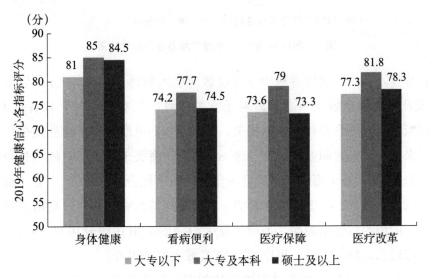

图 2　2019 年不同学历受访者健康信心各指标对比图

二、学校教育质量提升，教育成本投入增加

教育问题是百姓关注的另一热点问题。本次调查结果如图 3 所示，受访者对于当前教育状况的总体信心度较高。当被问及对当地学校教育的满意度及学校教育对孩子综合素质的影响（教育效果）时，受访者分别给出 73.4 分和 80.1 分的平均分，相较于 2018 年的 67.6 分和 76.1 分均有明显提升。特别是在学校教育对孩子

综合素质的影响方面，有 36.8% 的受访者给出满分 100 分，这说明 2019 年百姓对于学校教育的满意度很高，体现出全国各地学校教育质量的提升。

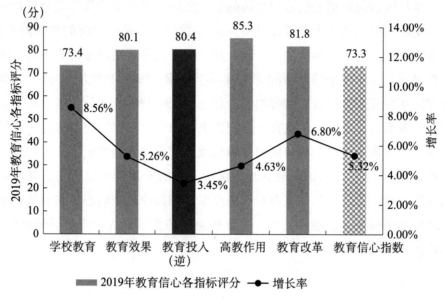

图3 2018 年与 2019 年教育信心各指标对比图

在教育投入方面，受访者对于本年度教育投入的评分达 80.4 分，与上一年的 77.7 分相比，表明多数受访者家庭对子女的教育支出有所增加，教育成本提高。这与中国家庭教育观念的转变息息相关，越来越多的家庭希望子女受到更高水平的教育，将来拥有更好的职业和收入。这一点从受访者关于上大学对就业是否有帮助（高教作用）一项调查中可以清晰地显示出来，该项评分达高到 85.4 分，也明显高于 2018 年的 81.6 分。在多数家庭希望子女接受高等教育的同时，受访者对国家高等教育改革的信心指数也较高，平均评分达 81.8 分，其中评分在 90 分以上者占到 46.6%，接近总人数的一半，相比 2018 年有较大幅的提升。

从上可见，2019 年受访者对当地学校教育、教育效果、高教作用以及教育改革方面的评分都明显高于 2018 年，由此综合而成的国民教育信心指数也较上一年提高 5.32%，体现出百姓对我国目前教育质量和水平的认可，以及对未来教育发展和改革的信心。

2019 年 3 月 5 日，第十二届全国人大二次会议在北京开幕，大会审议了政府工作报告（简称"报告"）。报告中提出：教育是国家发展的基础性工程，国家在发展义务教育的同时，也从多渠道扩大学前教育供给，并不断推进高中阶段教育普及。在高等教育方面，国家要推进一流大学和一流学科建设。报告中明确，国家财政性教育经费占国内生产总值比例继续保持在 4％以上，中央财政教育支出安排超过 1 万亿元。由此可见，政府对于教育行业的大力关注、支持和持续性的资金投入，促进了各级学校教育条件的改善与教学质量的提高，从而提升了百姓的教育信心指数。

需要说明的是，图 4 的调查结果显示，低学历、低收入、农村受访者对于地方学校教育的质量和作用有着更高的信心，而学历较高的受访者则对高等教育的影响有着更高的评价。当我们以学历水平进行分组分析时，2019 年高中以下（含）学历受访者对于当地学校教育、教育效果、教育改革三方面的评分都相对较高，说明我国义务教育的普及与改革卓有成效。但在教育投入和高教作用方面，大专及以上学历的受访者的所给出的分值则明显较高，尤其是高教作用方面，受访者的教育信心指数随学历增加呈阶梯状上升，其中研究生及以上受访者平均评分高达 87.7 分，远高于文盲受访者的 79.1 分。

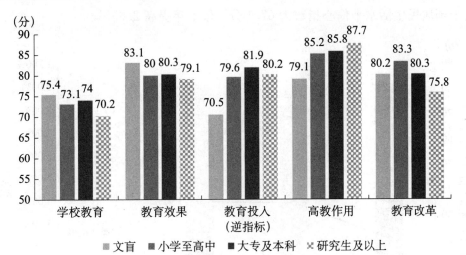

图 4　2019 年不同学历受访者教育信心各指标对比

高学历受访者对高教作用的肯定，说明我国高等教育总体较为成功、效果显著。但较低学历的受访者对高教作用评分较低，说明该群体还没有充分意识到高等教育对个人和社会的意义和影响，也提示政府应该推进高等教育的宣传和普及工作，逐步扩大高等教育的受众面，让更多人了解高等教育的影响，有机会进入高等学府深造。

三、生活水平明显提升，生活成本有所增加

民生问题是无论政府还是百姓都极为关注的根本问题。从如图 5 所示的本次调

查结果来看,受访者的生活水平信心指数总体向好。在生活成本方面,受访者的平均评分较 2018 年的 80.0 分有小幅上升,为 81.9 分,其中对该项评分为 100 分的受访者占比达到 34.8%,意味着有大约 1/3 的受访者认为生活成本非常高。这表明近几年随着物价的上升,民众在衣食住行等方面的花费增多,生活成本有所增加,而受物价和个人等因素的影响,部分受访者的生活成本增加比例较大。

但是生活成本的增加,也伴随着生活水平的提高。受访者对于自己生活水平的平均评分达 73.3 分,相比 2018 年的 70.5 分有所提升,其中对自身生活水平评分高于 80 分的受访者占 35.3%,超过总人数的 1/3,这说明 2019 年受访者对于生活水平的满意度整体较好。而对于未来几年生活水平提高的信心程度方面,受访者的信心指数高达 82 分,相较于 2018 年的 78.8 分有明显提高。这说明大多数受访者认为其生活水平将在未来几年稳步提升,对未来生活充满信心。综合以上数据而形成的中国居民生活水平信心指数为 67.1 分,较上年提高 2.65%。

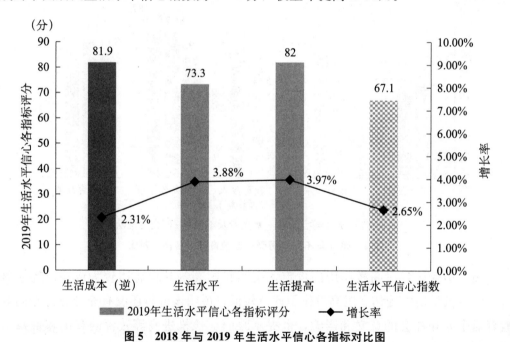

图 5　2018 年与 2019 年生活水平信心各指标对比图

中共中央十九届四中全会于 2019 年 10 月 28 日至 31 日在北京举行,会议审议通过了《中共中央关于坚持和完善中国特色社会主义制度 推进国家治理体系和治理能力现代化若干重大问题的决定》(以下简称《决定》)。《决定》提出"坚持和完善统筹城乡的民生保障制度,满足人民日益增长的美好生活需要",并在多个方面作出重要战略部署以保障人民的生活水平。在 2019 年中,居民人均可支配收入实际增长 6.5%,城乡低保标准再度提高,政府资助各类家庭困难学生近 1 亿人次,棚户区住房改造 620 多万套，农村危房改造 190 万户。同时，各个领域持续推进"互联网＋"，持续推动网络提速降费，使互联网技术深入人民的生活。以上政策的推行，体现出党和国家对于城乡居民生活水准和便利程度的高度重视，这些措施一方面推进了民众生活质量和衣食住行水平的持续提高，另一方面使得百姓对于生活水平的发展更有信心。

进一步分析调查结果发现，高收入、高学历、高职位受访者的生活水平信心指数普遍较高，而低收入、低学历等人群则信心指数相对较低。如图 6 所示，以职业类型分组为例可以看出，在 2019 年的受访者中，政府及企事业单位领导等群体的生活成本相对分值较低（79.1 分）且生活水平和生活水平提高的信心评分较高（分别为 78.8 分和 85.7 分）。相比之下，技术及科教人员、工人和农民等体力劳动者、商业和服务业及政企一般职员三大类受访者的生活成本指数依次增高，生活水平、生活提高的信心指数则依次降低，阶梯状分布明显。其中商业和服务业及政企一般人员的生活成本评分达 83.9 分，而生活水平、生活提高评分仅为 70.8 分和 80 分。

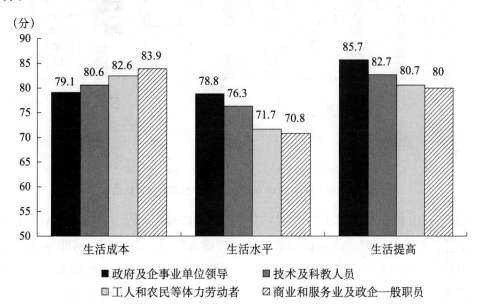

图 6　2019 年不同职业受访者教育信心各指标对比

以上数据说明政企高层人群享受到较好的福利待遇，生活水平整体高于其他职业者；而在科教兴国战略和人才政策的作用下，技术与科教人员的生活水平也属于相对较高的群体；工人和农民等体力劳动者、商业和服务业及政企一般职员这两类人群的生活水平信心较低，提示政府应继续推进落实五险一金、缩小城乡和脑体差别，相应提高其福利待遇，适当加大对这些群体的保障与补贴力度。

四、生态环境保护加强，社会环境水平改善

环境保护是近年来越来越引起民众重视和关心的问题。如图 7 所示，在本次调查中，受访者对其所在地 2019 年的环境保护工作的满意度评分达到 75.4 分，较 2018 年的 71.7 分有明显提升。其中认为当地环保工作相较上年有进步的受访者占 78.0%，超过了总人数的 3/4；而该项调查的平均评分达到 77 分，相比 2018 年的 73.4 分也有明显提高。在对未来一年的环境改善方面，受访者的信心指数达到 80.4 分，相比 2018 年的 76.4 分同样有着明显的提升。这说明 2019 年我国百姓对于环境保护工作整体满意度较高，且受访者普遍认为所在地生态环境相比 2018 年有明显的改善。

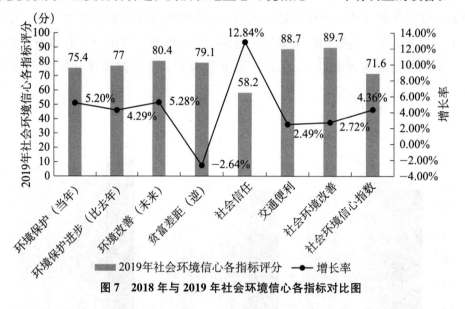

图 7   2018 年与 2019 年社会环境信心各指标对比图

"绿水青山就是金山银山"，这是习近平主席结合中国实际情况提出的科学论断，在发展经济的同时，决不能以牺牲生态环境为代价。党的十九届四中全会通过的《中共中央关于坚持和完善中国特色社会主义制度 推进国家治理体系和治理能力现代化若干重大问题的决定》中提出，要坚持和完善生态文明制度体系，促进人与自然和谐共生。2019 年，党和国家加大了环境保护和治理的力度，1 月 1 日起《中华人民共和国土壤污染防治法》开始施行，这是我国继《中华人民共和国水污染防治法》《中华人民共和国大气污染防治法》之后，专门制定的防治土壤污染的法律。2019 年还开展了第二轮中央环保督察，重点整治环保工作不力、环境质量明显降低的地区。此外，由生态环境部部务会议审议通过的《环境影响评价公众参与办法》自 2019 年 1 月 1 日起施行，该《办法》重点保障民众对建设项目环评的

充分性和有效性，进一步提高了公众对环保工作的参与程度。以上政策的实施，使得百姓对于政府的环境保护工作比较肯定，满意度和信心指数也随之提高。

除自然环境外，社会生存环境对于百姓而言也十分重要，本次问卷分别就贫富差距、社会信任、交通便利、社会环境改善等社会环境问题进行了调查，总体而言，受访者对于社会环境的发展变化较有信心。其中，2019 年受访者对于贫富差距的评分为 79.1 分，低于 2018 年的 81.3 分，表明受访者认为我国民众的贫富差距呈缩小趋势，贫富不均的问题稍有缓解。在社会信任程度方面，受访者的信心指数为 58.2 分，比 2018 年的 51.6 分有较大幅提升，不过相对而言，这一分值仍不算高，且受访者中认为 2019 年社会信任程度比去年有提高的仅占 51.7%，刚刚超过半数，这说明我国人与人之间的信任程度还存在较大的提升空间，整体的社会信任度有待提高。而在交通便利方面，受访者的信心指数则达到 88.7 分，突破 2018 年的 86.6 分，其中认为 2019 年交通出行比过去更加便利的受访者占比达 92.4%，体现出我国国民经济和基础设施建设都取得丰硕成果，也受到了百姓的肯定。对于未来数年中国社会环境改善一项，受访者的平均评分高达 89.7 分，明显高于 2018 年的 87.3 分，可见人民群众对于社会环境发展的信心进一步增强。

2019 年，政府对于社会环境的改善工作次第展开：精准扶贫有力推进，打响脱贫攻坚战，农村贫困人口减少 1 386 万人，易地扶贫搬迁 280 万人；基础设施建设力度加大，新增高速铁路运营里程 4 100 千米，新建或改建高速公路 6 000 多千米、农村公路 30 多万千米。以上措施，不仅提高了百姓的生活质量、改善了生活环境，也为未来的发展奠定了良好而坚实的基础。

特别值得指出的是，图 8 的调查结果显示，来自农村的受访者对于社会环境改善有着更高的信心，相对而言，城镇居民、青年、高学历人群整体的信心分值较低。以家庭所在地分组进行的分析表明，来自农村的受访者对除贫富差距外的 6 项社会环境指数评分都相对较高，尤其是在社会信任度方面，农村受访者的信心指数为 59.6 分，高于城镇受访者的 56.5 分。而在环境保护进步、环境改善和社会环境改善 3 项指数中，农村受访者给出的分值同样明显高于城市受访者。

可见，政府的生态治理和社会环境相关政策在农村实行效果更为显著，体现了保护优先、自然恢复为主的生态建设原则和适用实用、共同富裕的社会环境建设原则。但来自城镇的受访者对于社会信任、环境保护进步及环境改善等方面信心偏低，则提示政府应该加大城镇环保工作力度、严查工厂超标排放、推进新能源的投入和使用等；同时完善治安和街道服务、进一步发展社会信用体系，改善城镇的自然和社会环境，提升人与人之间的信任度。

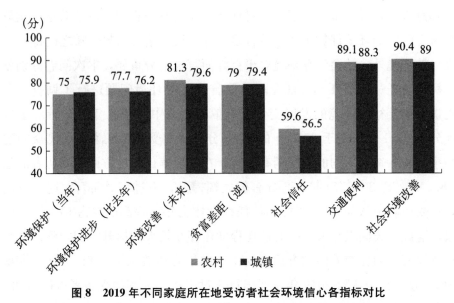

图8 2019年不同家庭所在地受访者社会环境信心各指标对比

五、反腐行动卓有成效，厉行节俭大受拥护

2019年中央继续采取一系列措施深入推进反腐工作，而这些措施都直接影响到人民群众对于该项工作的看法和态度。如图9所示，从本次调查结果来看，受访者对2019年反腐工作的满意程度（反腐现状）评分达81.4分，相比2018年的77.5分有明显提升。这一点也直接体现在受访者对于2019年反腐行动是否较2018年有进步（反腐进步）的问题中，82.1%的受访者认为2019年的反腐行动相较2018年有进步，平均评分达到80.4分，比2018年的75.3分有大幅提高。在对未来反腐工作的信心（反腐信心）方面，受访者的信心指数较2018年也有提升，该项评分达到84.2分，同样明显高于2018年的80.3分。由上可见，民众对于反腐行动的整体满意度较高，对国家未来的反腐工作信心十足。

与反腐相配合，中央还提倡厉行节俭并采取了相关举措。受访者对于厉行节俭的倡导和举措同样较为满意，平均评分达84.5分，相比2018年的83.4分有小幅提升，但2019年有46.6%的受访者给出了满分100分，接近总人数的一半，说明百姓对于国家勤俭节约倡导是非常拥护的，对相关举措的落实情况也比较满意。

2019年4月23日，国务院召开第二次廉政工作会议。李克强总理在讲话中强调，各级政府要坚持推动发展和反腐倡廉两手抓、两促进，坚决把各项重大政策落实到位。2019年以来，国家共查处中管干部20人，中央一级党和国家机关、国企

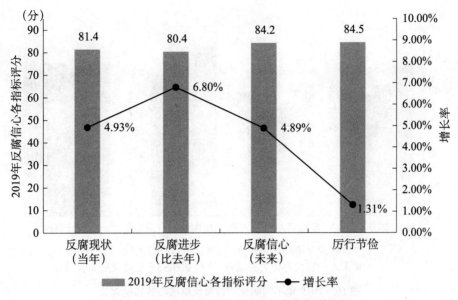

图9　2018年与2019年反腐信心各指标对比图

和金融单位干部62人，省管干部408人。这些数据都反映出国家当前反腐的力度，同时在工作中贯彻精准反腐、标本兼治、深化基层的原则。党风廉政建设和反腐败工作的深入推进，对于经济社会的发展也起到促进作用。唯有严格反腐、持续倡廉，社会秩序才能得到规范，国家经济才能长期持续发展，人民才能过上幸福美好的生活，这也是人民群众大力支持反腐并对该项工作较为满意的原因所在。

　　本次调查结果显示，政府及企事业单位领导、女性及较高收入的受访者对反腐行动的满意度更高。如图10所示，当以职业种类进行分组时可以看出，政府及企事业单位的领导层对反腐信心的四项指数评分都相对较高，例如在对未来的反腐信心方面，此类受访者的信心指数达到87.2分。相比之下，技术及科教人员的反腐信心分值为80.9分。在反腐进步一项中也有类似的趋势，该项指数从政府及企事业单位领导、商业和服务业及政企一般职员、工人和农民等体力劳动者、技术及科教人员依次下降。

　　政府及企事业单位领导干部作为行业中的重要岗位角色，理应发挥模范带动作用、保持清廉的作风，同时他们对于国家的反腐政策和相关工作也更加了解，因此信心指数较高。技术及科教人员对反腐各项指数评分较低，则体现出这一群体可能存在认为反腐工作并非与自己紧密相关、理解和评价存在不到位的问题，或者从其角度出发看到一些尚待解决的问题。这提示政府在反腐行动的过程中应更多层次、多渠道了解群众的反馈意见，在加大反腐力度的同时也要处理好一些差别性的细节问题。

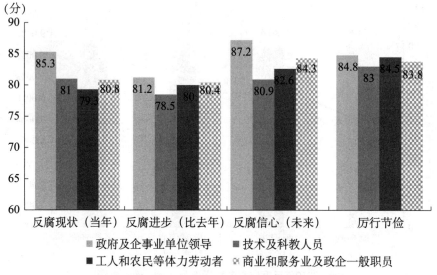

（分）

图 10　2019 年不同职业受访者反腐信心各指标对比

政府及企事业单位领导　技术及科教人员　工人和农民等体力劳动者　商业和服务业及政企一般职员

六、经济就业形势较好，房价物价均有上涨

房价、物价和就业问题，是关系到国计民生的重要问题，也是与百姓生活切实相关的问题。图 11 为 2018 年与 2019 年经济形势信心各指标对比图。从本次调查结果来看，多数受访者认为 2019 年的经济形势总体较好。受访者对于当地未来一年房价走势的平均评分为 69.8 分，相比 2018 年的 69.5 分略有升高，其中有 63.3％的受访者认为未来一年的房价较本年度会有上涨。但从总体分值来看，多数受访者并不认为当地的房价会出现大幅上涨的情况。在政府对房地产价格调控的信心（房价调控）方面，受访者的信心指数为 61.1 分，相比 2018 年的 56.2 分有明显提升，说明更多的人对未来中国房地产的价格水平和政府调控能力及措施持乐观态度。

在全球经济形势并不乐观、就业问题较为突出的大背景下，受访者对于未来一年国家在宏观经济和就业形势两方面的信心指数却相比 2018 年均有提升。在未来一年的宏观经济形势判断一项中，受访者的信心指数达到 77.9 分，明显高于 2018 年的 74.8 分；而对未来一年就业形势的信心分值则达到 70.4 分，同样大幅高于 2018 年的 65.4 分。在物价水平方面，76.3％的受访者认为未来一年的当地物价水平会有所提升，其中 25.4％的受访者甚至认为物价将会有较大的上涨，占受访总人数的 1/4，可见物价上涨是百姓较为担心的问题。不过，从物价水平这一项的平均评分为 74.6 分、相比 2018 年的 72.3 分提升 2.3 个百分点来看，多数受访者还是认

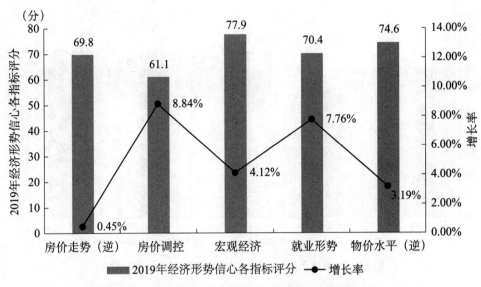

图 11　2018 年与 2019 年经济形势信心各指标对比图

为物价上涨将在一个较合理的维度之内。

　　在 2019 年的政府工作报告中，李克强总理指出：2019 年是新中国成立 70 周年，是全面建成小康社会、实现第一个百年奋斗目标的关键之年。在这样一个历史节点上，更要全面深化改革，不断增强发展动力。报告中明确：GDP 增速指标下调区间扩大，2019 年国内生产总值增长预期目标下调为 6％～6.5％；就业优先政策全面发力，目标为城镇调查失业率 5.5％左右，城镇登记失业率 4.5％以内；综合降税力度加大，2019 年赤字率拟按 2.8％安排，全年减税降费近 2 万亿元。政府在宏观经济与就业方面相关政策的实施和相关指标的设立，有效地提升了人民的满意度和信心指数。

　　调查结果显示，低收入受访者对于我国的经济形势信心指数整体较高，而男性、城镇居民、高学历人群等反而信心指数偏低。如图 12 所示，以收入水平分组分析时可以看出，在除房价走势、物价水平以外的三项信心指数中，低收入（2 000 元以下）人群的信心指数都普遍较高。例如在房价调控方面，低收入受访者的平均分值达到 64.8 分，而相比之下高收入（10 000 元以上）人群只有 53 分，可见民众对于房价调控的信心随着收入增高而呈递减趋势。而在房价走势、物价水平两项指数中，低收入受访者同样对于房价走势的评分较高，这意味着他们担心房价可能会有较大幅度提升，由于收入水平较低，房价的提升幅度对他们的影响远大于中高收入者；而物价问题则是各个收入水平的受访者评分都基本持平，没有大的差异。

　　总体而言，低收入群体对于我国经济形势满意度较高，体现出政府扶贫工作的成

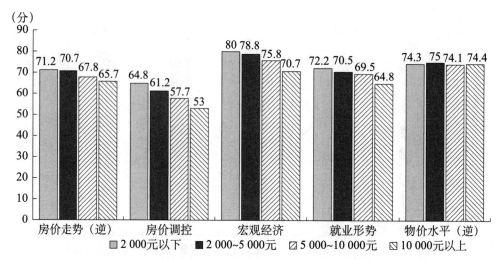

图12　2019年不同收入受访者经济形势信心各指标对比

功开展与抓均衡、抓普惠原则的落实到位。高收入受访者在房价调控、宏观经济、就业形势三项信心指数中评分较低，表明这一部分人群对于国家经济发展的期望值更高，经济政策的制定和未来走向也更容易引起这部分人群的焦虑。而房价和物价的上涨则是各收入水平群体所共同关注的问题，需要政府更多的关注和科学调控。

七、民众对国家未来的整体发展信心明显提升

尽管调查反映出部分受访者对于物价、房价的上涨，以及医疗和社会保障方面存在一定的担忧，但受访者对于中国未来整体发展的信心评分高达88.6分，相比2018年的86.7分又有提高（见表1）。特别值得指出的是，该项评分为100分的受访者占到57.8%，超过了总人数的一半。可见民众对于中国未来的整体发展较为看好、信心充足。

表1　2018年与2019年整体信心指数对比

2018年整体信心	2019年整体信心	增长率
86.7	88.6	2.21%

从地区分布来看，在中国未来整体发展的信心指数方面，西藏和云南最高，均高达93.6分；宁夏、山东及新疆紧随其后，受访者的整体信心评分分别为93.2分、92.7分和92.4分。以上省份中，除山东省外，西藏、宁夏、新疆外均为少数民族自治区，而云南又是我国少数民族最多的省份，可见我国各项民族政策效果显

著，各少数民族对国家未来的整体发展充满信心。相对而言，广东、广西、北京的受访者整体信心指数相对较低，评分分别为 80.4 分、83.4 分和 84.0 分，其中广东和北京的城市化程度和经济水平在全国名列前茅，而受访者的信心指数偏低反映出这些地区在快速发展的过程中仍存在一定的问题，值得引起中央和当地政府的重视和反思。

如图 13 所示，根据调查结果，男性与女性受访者之间的信心指数差距较小，而来自城市和农村的受访者之间的信心指数差距则相对较大。男性受访者的整体信心为 88.8 分，略高于女性受访者的 88.5 分，表明我国在经济发展的过程中，两性均能感受且享受到其中的利好，且对未来国家的整体发展充满信心。而农村受访者的整体信心指数达到 89.2 分，明显高于城市受访者的 88.1 分。这说明我国乡村振兴战略的实施使得农村居民对国家未来发展的整体信心大大增强，而已然获得较早发展的城市地区则面临如何保持可持续发展，在区域化、城乡一体化背景下如何找到适合自己城市特色的经济增长点等具有挑战性的课题。

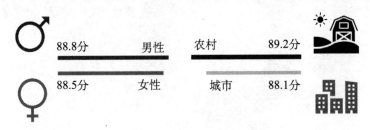

图 13　2019 年不同性别、所在地受访者整体信心对比

从教育背景来看，调查结果显示，中等学历的受访者对中国未来发展的整体信心指数较高，而高学历、高收入人群反而整体信心较低。如图 14 所示，以学历水平为分组标准时，大专及本科学历的受访者分值最高，达 89.3 分；高中及以下学历的受访者次之，为 88.4 分；研究生及以上学历的受访者整体信心指数分值较低，为 84.6 分。这提示政府在未来的发展过程中应更加注重针对高学历群体的安排任用和政策宣讲工作，使其进一步发挥主观能动性，提高对国家未来经济发展的信心。

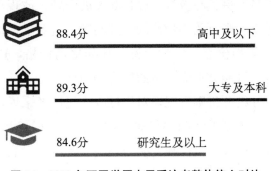

图 14　2019 年不同学历水平受访者整体信心对比

八、看病、教育、住房、就业依然是最关切的问题

在询问到受访民众当前生活中最为担心的三个问题时，受访者所给出的答案颇为广泛，涉及生活中的各个方面，如图15所示。其中看病问题最为突出，占比达到15%；教育、成长和发展问题居其次，占比为13%；住房问题则以12%的占比位列第三；之后分别为物价和就业问题，占比均达10%；收入和养老问题占比分别为9%和4%。受访者还反馈了涉及生活各个层面的小问题，但种类繁多、单个占比较小，此处不一一述及。

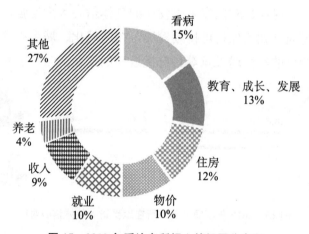

图15　2019年受访者所担心的问题分布图

调查结果显示，不同人群所担心的问题也有所差异。图16为2019年不同年龄段、收入水平变访者所担心的问题对比。当以年龄段分组时，青年受访者最为担心的两个问题分别是教育、成长和发展问题以及看病问题；而中老年人所担心的问题中，排在前两位的则是看病问题和物价问题。可以看出，看病问题是各个年龄阶段受访者普遍存在的担忧，体现出我国正在进行的医疗改革和医药体制未来发展的重要性。不同的是，年轻人更关心教育、成长和发展问题，体现出对个人未来发展的期待与焦虑；而中老年人则更关心物价的上涨问题，这对于他们的生活质量可能产生较大的影响。2019年物价有一定的上涨，比如猪肉价格，这对于收入增长水平有限的中老年人而言，可能会形成一定的压力和担忧。

以收入水平进行分组分析则发现，对于低收入受访者来说，看病和就业问题排在前两名；中等收入群体则看病问题仍居首位，教育、成长和发展问题紧随其后；对于高收入人群而言，教育、成长和发展问题则居首位，看病问题居次位。由此可

教育、成长、发展 & 看病

青年（17~44岁）

看病 & 物价

中年（45~59岁）

看病 & 物价

老年（60岁及以上）

看病 & 就业

低收入（2 000元以下）

看病 & 教育、成长、发展

中等收入（2 000~10 000元）

教育、成长、发展 & 看病

高收入（10 000元以上）

图16　2019年不同年龄段、收入水平受访者所担心的问题对比

见，中、高收入人群更看重自身和子女的教育成长和未来发展，低收入人群更为担心就业问题，而看病问题仍然是各个收入水平群体所共同担心的问题。

如图17所示，在当前急需改善的问题方面，受访者的答案同样涵盖社会生活领域的各个方面，其中教育、物价、房价、医疗、环境、城乡差距等是反映最多的几个问题，展现出未来政府工作方向所需要具备的多维度和细致化。

图17　2019年受访者认为最急需改善的问题关键词词云图

九、中美贸易战信心十足，互有胜负符合预期

2019年7月6日，美国对价值340亿美元的中国输美产品加征25％关税；7

月 11 日，美国公布拟对 2 000 亿美元中国输美产品加征 10％关税清单。针对美国的这一行为，《人民日报》于 7 月 6 日至 15 日在要闻版连续 10 天刊登评论员文章，发表了对于美方主动挑起贸易战的评论，坚定地维护了国家和人民利益，准确地阐述了中方的立场，也有力地反驳了美方的相关论述。《人民日报》的文章中还提倡，我们要用思想力量、事实力量、逻辑力量、道义力量、话语力量坚决反制美国，坚定地维护自身正当合法权益，坚定推进中美经贸关系健康发展。中方在看待中美贸易战时坚定的决心和理性的态度，对于人民群众的信心有着重要的引领作用。

关于当前的中美贸易战问题，如图 18 所示，多数受访者对中国打赢贸易战拥有较强的信心，有 54％的受访者认为中国将取得胜利，超过总人数的一半，而仅有 2％的受访者认为中国将以失败告终。此外，大约 1/3 的受访者认为中美双方将互有胜负，还分别有 2％和 9％的受访者表示没有意见或不知道。总体来说，群众对于中美贸易战持乐观态度，认为中国有较大可能获得胜利，但双方互有胜负也是一个符合预期的结果。

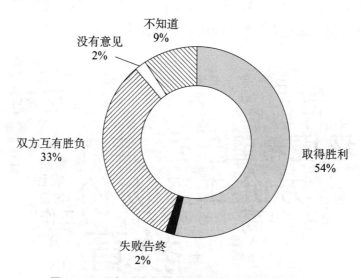

图 18　2019 年受访者对中美贸易战结果预测分布图

如图 19 所示，低学历和来自农村的受访者对于中国打赢中美贸易战信心最强，而科教及技术人员则在双方互有胜负的选项中占比最高。例如依据职业种类进行分组时，工人和农民等体力劳动者选择中国在中美贸易战问题中"取得胜利"的比例最高，为 59.2％；而科教及技术人员中则有 46.5％的受访者认为中国将取得贸易战的胜利，另有 43.0％的受访者认为中美双方互有胜负，选择后者（双方互有胜负）的比例明显高于其他职业群体的受访者。总体而言，仅有少数受访者认中国将在中美贸易战中以失败告终，但其中政府及企事业单位领导群体的受访者占比最高，为 2.6％，这是值得关注和反思的问题。此外，工人和农民等体力劳动者群体选择"没有意见"和"不知道"的比例较高，分别为 2.4％ 和 10.8％，表明该群体中部分人群对于中美贸易战的发展较不关心或者认知模糊，而政府及企事业单位领导群体则在这两个选项中占比最低，分别为 1.5％ 和 3.6％，体现出他们对于当前中国所面临的经济局势和未来贸易发展的了解和关注。

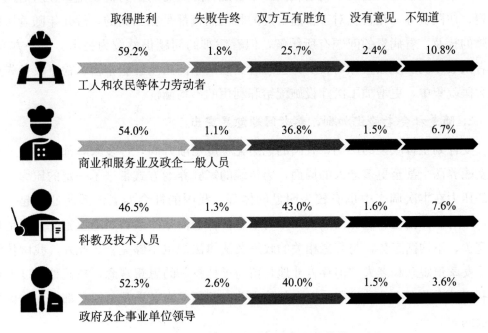

图 19　2019 年不同职业受访者对中美贸易战信心对比

十、结论与建议

总体来说，2019 年受访者对于国家发展的信心指数还是相当高的。本次调查体现出不同地域、不同职业、不同年龄段群体对于国家正在进行的改革和相关举措都有着相当程度的了解，并给予了较高的评价，相比 2018 年也有着较为明显的进步。这也体现出人民群众对于国家未来的发展方向、国际局势的走向以及与国家发展紧密相连的个人发展前景都具有较高的信心水平。不过，本次调查显示出老百姓在以下几个方面仍存在一定的担忧或焦虑，可为未来的政府工作方向提供借鉴或参考。

（一）主要结论

1. 看病难、看病贵仍是老百姓担心的主要问题

尽管医疗改革正在稳步进行，看病难、看病贵仍然是老百姓担心的主要问题。在本次调查中，医疗看病问题成为受访者认为最急需改善的社会问题之一。随着医疗技术的发展，各级医院对患者的治疗方法越来越先进，医疗成本也随之增高。一方面，老百姓在看病过程中花费较高，不管是轻症所需的医药费还是重症所需的手术费、住院费等，花费相对于普通百姓的收入而言都是相当高的。近几年随着医疗保障的普及，看病贵的问题有所缓解，但看病难的问题仍然较为突出。另一方面，患者人数多而医院数量相对较少，且患者又倾向于向医生经验丰富、检查设备先进的大医院集中，更增加了医疗设施配给和利用的不均衡性。

2. 随着社会老龄化加剧，养老问题愈显突出

受计划生育政策的影响，我国的老龄化程度逐渐升高，许多家庭都面临着一个子女赡养两个甚至更多老人的局面，为传统的家庭养老方式带来了一定的压力。这样的压力在本次调查中也有较为明显的体现。我国的社会养老体系还处在起步阶段，政府和社会在养老方面的投入相对不足，养老保障体系和养老设施配套皆呈现不完善、不均衡态势，与养老相关的政策及法律法规也不够完善。此外，我国传统的子女孝道观念和老人"但存方寸地，留与子孙耕"的思想观念，在某种程度上也不利于社会养老事业的发展。以上都使得养老问题成为老人及其子女都较为忧虑的社会问题。

3. 教育成本高，教育资源分布不均

本次调查中受访者所反映的与教育有关的问题，主要集中于课外辅导班所导致的教育成本高和教育资源分布不均方面。随着教育竞争越来越激烈，体制内的学校教育使得某些学生的个性化需求不能得到充分满足，课外辅导行业逐渐在教育市场中兴盛起来。但由于没有专门的机构和法规来规范其教学收费标准和辅导老师的教师资格，学习效果和学生及家长的权益难以得到保障。同时，课外辅导机构的超前学习和高额收费也在某种程度上引发其与学校教育之间的冲突，以及学生和家长的不满。此外，我国的教育资源的分配并不平均，城乡的师资力量、教学设备和教学环境等差距日益增大；即便同在城市中，重点学校和非重点学校之间也有着较为明显的差距，导致重点学校万人追捧、普通学校的学生越来越少的局面，这不仅是教育资源不均衡的重要体现，也导致了教育资源和设备的浪费。

4. 社会信任度相对不足

尽管近几年来我国的社会信任问题有所改善，但在本次调查中该问题仍然是受访者所反映的社会核心问题之一。当今社会的信任危机存在于多个方面：其一，民众与政府之间缺乏信任。前些年的"走后门"事件、政府官员的贪污问题和滥用职权问题，使老百姓逐渐形成对政府的刻板印象，从而产生的"仇官"心理在短期内难以消除。其二，市场中消费者和经营主体之间也存在着不信任。每年的消费者权益日，中央电视台都会曝光许多存在问题的产品和商家，这其中既有非法牟利的不良商家和企业的违规操作，也存在政府监管效率低等问题，导致消费者与经营者之间的信任危机加剧。其三，社会中人与人之间同样存在不信任问题。特别是医患、师生等关系间信任度出现下降，这在过去一年中媒体频频曝光的医患纠纷和师生矛盾中都有较为明显的体现。此外，随着互联网在日常生活中愈发普及，缺乏相关规定和约束的虚拟空间交往在便利了人们生活的同时也加剧了人与人之间的信任危机。

5. 百姓住房压力增大

近十几年来，我国的城市房价总体呈不断上涨趋势，其速度大幅高于个人平均收入的增长率，因此许多受访者都反映房价过高、住房压力大的问题。特别是大城市中，中等收入群体面临"买房难"的问题，低收入群体面临"租房难"的局面，使得住房成为百姓的主要经济压力之一。实际上，在我国目前的房地产市场中，住房的供给结构与需求并不匹配。在利益最大化的驱使下，房地产商开发了位数不低的豪华型住宅，而有能力购买此类住宅的消费者却很有限。市场上小型低价住宅的数量相对较少，不能满足多数人群的购房需求，反而使房价进一步提高。此外，政府对于低收入群体的住房保障制度有待完善，应当加大针对中低收入人群的廉租房和经济适用房建设，同时进一步明确针对不同类型的保障性住房的定义与分工。

6. 物价快速上涨，生活压力增大

本次调查中，很多受访者对物价上涨的相关问题表示出担忧。尤其是 2019 年猪肉、食用油的价格有着较大幅度的上涨，引发了人民群众的热议。随着中国的经济发展进入新一轮的增长周期，市场上的流动资金增多，固定资产投资规模过大，带来了物价的周期性上涨回升。物价的上涨给人民生活带来了较大影响。在居民个体方面，物价的增长使得居民储蓄财产的实际利率降低——在银行存款利率的基础上扣除相关税率和物价上涨率，居民的存款不仅没有升值，甚至可能出现负增长。从社会阶层角度而言，日用品及食品价格的上涨使居民的生活质量有所降低，尤其

是对于仍处在小康水平的家庭来讲，这次物价上涨的影响更为明显。

7. 就业形势较为紧张

在本次调查中，来自不同群体的受访者均有反映目前我国存在的就业困难问题。首先，我国的劳动力分布与职业结构不相匹配，导致一方面待业人口难以找到合适工作，而另一方面部分企业难以找到合适的劳动力。随着经济的不断发展，第一产业所占 GDP 比例和提供的就业岗位均有下降，而第二产业和第三产业在国民经济中的地位日益提升。尤其是对于第三产业而言，其发展空间大、速度快，但对于劳动力素质的要求也相对较高。然而大多数失业人口的受教育程度较低，无法达到部分新兴产业和高科技产业的要求，导致双方的需求都不能得到满足。其次，政策上对于农村人口流入城市的限制也导致了城市劳动力短缺而农村劳动力过剩的问题。户籍制度和高昂的成本阻止了农村人口向城市的迁移，无法补足城市劳动力的缺口，也一定程度上延缓了我国的城市化进程。最后，随着我国高等教育的发展，高校的数量逐渐增多，而如今大学毕业生也面临着就业困难的局面。这主要是由于高校的教育方式过于学术化，对于学生实践能力的培养不够重视，导致学生毕业后因缺乏实践经验而难以获得满意的工作岗位。

(二) 对策建议

基于本次调查结果所反映出的问题，本报告给出以下几点建议。

1. 完善医疗服务体系

针对看病难、看病贵的问题，政府应强化公共服务职能，进一步完善我国的医疗服务体系。一方面，政府应加大对于医疗卫生方面各个行业的监管，减少此类资源在分配过程中出现的浪费或者不均衡；另一方面，政府应避免对于医疗服务系统的过度干预，对于目前所采取的某些措施进行反思与改进。此外，实行分级就医管理也是缓解看病难问题的有效方法。政府可在不同级别的医疗机构之间出台分级医疗政策，明确各级医院在社会医疗体系中的分工，加强社区级别卫生服务机构的作用，分担大医院患者过多的压力。比如百姓如果得了感冒发烧等较轻的疾病，可以直接在社区医院就医治疗，不必消耗更高的费用和更多精力去大医院就诊。这样逐级转诊和分工明确的医疗制度有利于提升医疗效率，增强社会卫生体系的条理性。

2. 加大养老投入，完善保障体系

对于目前我国社会趋于老龄化的局面，政府首先应该加大对养老设施建设的财政投入。一方面，社会养老的成本较高、涵盖范围广，对此政府不仅应该加大补贴

力度，而且应该增加财政补贴的覆盖范围，比如在养老设施、床位、养老人员培训、民营养老机构地租等方面，均考虑提供一定的补贴。政府也应投入建设更多的公立养老机构，以弥补数量上的不足。另一方面，基于我国目前庞大的人口数量，家庭养老仍然是必不可缺的养老方式。近几年社区居家养老的概念逐渐兴起，即以社区为平台和基本单位，通过整合社区服务资源，为老人提供各类服务。这种养老模式可以看作是对家庭养老的补充，在维持老人家居条件不变的同时，有效利用了社区的公共资源，并减轻了子女的养老压力。但是社区居家养老模式距离发展至成熟阶段还有很长的一段距离，政府需要制定相关支持政策，并出台相关法律法规来规范其运行，保证这一模式的健康发展。

3. 多样化学生能力评定方式，均衡教育资源

课外辅导班市场如此火爆的根本原因还是中国式的应试教育。我国的中考、高考制度对于学生能力的考核评定仅限于分数和名次方面，导致学校缺乏对于学生合作能力、自主研究能力、动手实践能力等方面的培养。一味在分数上的要求使得学生和家长走向选择乱象丛生的课外辅导机构之路。为了改善这一问题，政府需要进一步深化教育改革，扩充学校的教育资源，鼓励以课内为主的教育环境，多样化学生能力的考核标准，避免教育中的恶性竞争。尽管应试教育是基于我国学生数量大、人均教育资源不足现状的被迫之举，但从长期来看政府还是应该逐步推进素质教育，并增加投入以扩充教育资源。对于我国目前城市与农村、重点学校与非重点学校之间教育资源分配不均衡的问题，政府应该继续加大农村与非重点学校的基础教育投入，改其教学条件，设置相关补贴政策来吸引教育人才，帮助此类学校教师的成长，缓解教育资源分配的不公平问题。

4. 加强经济改革，优化监督手段

要想改善目前我国的社会信任现状，从经济改革入手是一个可行的方式。通过改革减少国家在经济方面的垄断，鼓励市场的良性竞争，加强对于个人知识产权的保护，完善经济监管体系，改善消费者与商家、商业平台之间的信任关系，促进市场信任机制的形成。同时，完整高效的司法监督体系有利于增强政府与民众之间的信任。独立的司法系统能够减少外界不必要的干扰，提升监督效率，增强监督的客观性与公平性，使人民群众能更透明直观地了解政府部门的运作过程，提升民众在监督过程中的参与度，改善民众、社会与政府三方的相互信任度。此外，社交媒体也应该发挥其应有的作用，利用舆论对政府及市场主体进行监督，以提升社会信任程度。

5. 强化推广小型低价住宅政策，政府保障性住房建设进程透明化

对于住房压力大问题，政府应从当前住房供给结构入手，通过审批房地产建设规划、制定限购政策的方式来提升廉租房、经济适用房在住宅建设中所占的比例，并相应地削减商品房比例，使市场结构与群众的收入结构相匹配。这样既有利于政府进一步加强对住房市场的调控，也有利于节省城市的土地资源、提高对住房的能量供应效率。同时，应制定公开透明的住房建设计划和运行规则，确定各类公共住房的目标人群，明确获取公共住房的基本流程。这样有利于政府住房政策的宣传推广，也使人民群众更多地参与和监督政府的政策实施过程，体现出政府为人民服务的宗旨和对人民负责的基本原则。

6. 改善宏观经济调控，供需双方彼此扶持

面对物价的周期性回升，政府应加强并改善宏观调控，实行稳健的财政政策，抑制固定资产投资的增长，加强对于价格和市场的管理，严厉打击串通、垄断、哄抬物价等行为，约束生产过剩行业的持续扩张。同时，央行应采取紧缩的货币政策，优化银行的信贷结构，并改善国际上的收支平衡。补贴政策也是稳定物价的一项重要措施。在保持工资上涨幅度与物价上涨幅度均衡的同时，政府一方面应该加强对于城镇低收入人群的补贴力度，保障这一群体的生活质量；另一方面应加大对农民群体的扶持力度，设立相关补贴政策，增强基本的医疗及教育保障，以此来保证农产品价格的稳定。

7. 调整当前财政政策，加强高等教育改革

在宏观调控方面，调整财政政策可以有效地改善就业困难问题。政府一是应该加大对于就业困难人口的扶持力度，对下岗及失业职工给予减税或补贴，保障就业困难人口利益，鼓励该群体进行再就业；二是应该完善社会保障及社会救济制度，征收社会保障税；三是应该鼓励企业为失业人员提供就业岗位，在信贷和税收方面给予企业优惠。针对大学毕业生的就业问题，则应对目前我国的高等教育体系进行相应的调整，增强大学教育中的实践性。同时，高校应加强对于学生的就业指导，拓宽其就业范围，发展通识教育，培养交叉学科领域人才，使学生在就业过程中能够充分发挥自身的优势。在这一过程中，高校还应充分收集毕业生的就业反馈信息，量化各学科的就业指标，以此来调整专业及课程的设置结构，增强学生所学与所用之间的联系。

新冠肺炎疫情对中国经济的影响研究

张 长

一、引言

2019 年 12 月 8 日，湖北省武汉市发现第一例新型冠状病毒（以下简称新冠）肺炎患者，随后疫情迅速升级，由武汉市蔓延至全国。图 1 展示了从新冠肺炎疫情爆发至 2020 年 9 月，中国（不含港澳台）每日新增确诊病例数的趋势图。从图 1 可以看到，在新冠肺炎疫情发展的初期，每日新增确诊病例数急速上升，并于 2 月 13 日达到峰值——15 133 例。为了尽快地遏制新冠肺炎疫情的传播，保护广大人民群众的生命安全和身体健康，党中央采取了全面严格的科学防控措施。2020 年 3 月，疫情防控措施初见成效，新冠肺炎疫情基本得到了控制，每日新增确诊病例数快速回落。5 月 22 日，首次实现了确诊病例 0 新增的突破。然而，在国内疫情防控态势持续向好的同时，海外疫情加速恶化，形势十分严峻，不容乐观。2020 年 3 月 11 日，世界卫生组织（WHO）宣布 COVID-19 已构成"全球大流行"，并呼吁各方采取积极的全球应对措施。据统计，截至 2020 年 10 月 2 日，全球已确诊的 COVID-19 病例累计超过 3 400 万，超过 200 个国家和地区已受到该流行病的影响。

COVID-19 的全球爆发和传播不仅严重地威胁了公共卫生安全，而且极大地阻碍了全球经济增长。国际货币基金组织（IMF）的 Gita Gopinath 指出，由于 COVID-19 的影响，全球经济将在 2020 年出现衰退，经济增长率将降至 -3%（Gopinath，2020）。这一结果比 IMF 在 2020 年 1 月发布的《世界经济展望》中的预测低 6.3%。COVID-19 被认为对世界经济产生了严重的负面影响，主要有两个方面的原因。首先，该流行病在世界范围内的迅速蔓延直接导致经济发展的不确定性急剧增加，从而引发了金融和资本市场的动荡（McKibbin & Fernando，2020）。其次，

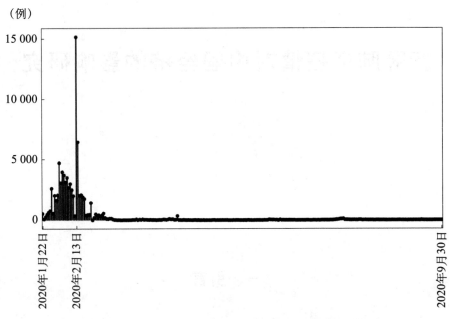

图1　2020年中国（不含港澳台）每日新增新冠确诊病例数

为了控制流行病的传播，各国严格限制了人员和运输的流动，这从生产和消费两个方面对短期的经济活动造成了巨大的压力，经济活动大幅度地减少（Fernandes，2020）。诸多学者预测，COVID-19对经济的影响甚至将超过2008年金融危机的影响。

随着全球经济一体化的进程推进，世界各大经济体之间的联系变得越来越紧密。大规模爆发的公共卫生事件对传染性疾病的流行地区乃至全球经济而言都是一项十分严峻的挑战。因此，研究传染性疾病对经济的影响具有重大的现实意义与理论意义。本文将从疫情发展的不同阶段分析新冠肺炎疫情对中国经济的影响，探讨新冠肺炎疫情下中国经济发展的挑战和机遇，为疫情之后中国经济的未来发展提供对策与建议。

二、新冠肺炎疫情对中国经济影响研究综述

目前有关新冠肺炎对中国经济影响的文献主要有：从宏观经济的角度，探讨疫情对国民经济总体的影响，分析国内生产总值（GDP）、三次产业增速等经济指标；分析疫情对某行业的影响，例如制造业、畜牧业、农业等。本部分先综述新冠肺炎疫情对国民经济总体的影响，然后综述疫情对各行业的影响。

（一）新冠肺炎疫情对中国国民经济总体的影响

21世纪以来，我国已经发生过三次重大的传染病疫情，分别是2003年的"非典"，2009年的甲型流感，以及2013年的禽流感。其中，2003年"非典"疫情由于强传染性和高致死率，对宏观经济的短期冲击最大，可作为此次新冠肺炎疫情对宏观经济影响的对比参照。

根据傅志华等（2020）的研究，2020年春节期间，湖北省武汉市爆发的由新型冠状病毒引起的肺炎疫情正在对中国经济和消费带来负向冲击。从经济发展的内在逻辑上看，疫情不仅仅会直接限制消费，还会通过收入效应、财富效应、实际购买力效应等对消费造成负面的影响。2003年的"非典"疫情对经济和消费造成的影响是短期的。然而，相较于"非典"疫情，此次新冠肺炎疫情的传播范围更广，持续时间存在着不确定性，对经济可能会造成更大的、长期的影响。作者提出稳定消费的关键是稳定居民收入，而稳定居民收入的关键是稳定非农产业的就业。对此，作者进一步地为抗击新冠肺炎疫情后经济的稳定发展提供了对策与建议。

由于新冠肺炎疫情爆发的社会经济背景与"非典"疫情时期不同，简单地使用"非典"疫情来类比此次新冠肺炎疫情对经济的影响会低估后者造成的经济损失。通过对比"非典"疫情，廖茂林等（2020）从生产角度预测了新冠肺炎疫情对中国经济增长的影响，利用中国行业数据进行了合理且准确的估算。作者认为如果全国范围内复工情况良好、国际局势稳定，且在疫情中受益的互联网经济能在一定程度上弥补亏空，那么2020年一季度GDP增速约为4%，全年GDP增速约为5.25%。如果复工情况不佳或疫情造成国际局势动荡，我国工业出口萎缩，那么全年GDP增速会跌破4%，在此情形下，政府急需出台政策维护经济平稳与社会安定。

从经济学角度来看，影响经济运行的因素可以分为内部因素和外部因素，而新冠肺炎疫情属于外部因素。众多学者认为尽管短期内疫情会对经济造成强烈的负向冲击，但是从长期来看，只要经济系统的内部因素没有发生改变，我国经济长期向好的基本面就不会发生改变。

钟瑛等（2020）分析了9大类50种重要生产资料的市场价格在新冠肺炎疫情爆发后的波动并与同期进行了比较。作者认为新冠肺炎在短期内对我国宏观经济的主要指标会造成强烈的负面冲击，但不会影响我国宏观经济的总体向好的长期态势。此次新冠肺炎疫情一方面会改变我国的就业结构，另一方面外需不确定性的增大会反作用于内需，从而导致其结构发生变化。另外，由于疫情防控的需要，政府的财政支出会加大而财政收入会减少，这会导致物价发生剧烈的波动，并可能造成新一轮的通货膨胀。为了应对新冠肺炎疫情带来的冲击，经济政策的制定需要对症下药，政府应在宏观调控上采取措施，妥善解决就业、需求等方面的问题。

屠天仰（2020）认为新冠肺炎疫情作为外部因素，对经济系统的影响可通过短期效应和长期效应表现出来。短期来看，疫情防控措施导致的隔离会限制经济要素的自由流动，而市场资源配置的前提就是经济要素能自由流动，因此本次疫情会对短期经济活动产生巨大的影响。但是从长期效应来看，经济系统的长期表现是由劳动力、资本积累、科学技术、制度环境等系统的内部因素决定的，新冠肺炎疫情并不会改变系统的内部因素，因而对经济的长期影响较小。作者继而从政府层面和企业层面给出了应对措施。在政府层面，作者建议采取积极的财政政策和适当宽松的货币政策；在企业层面，作者建议企业进行科学的资金管理，培养高度的创新精神。

在分析新冠肺炎疫情对我国宏观经济运行产生的影响时，许宪春等（2020）从生产、需求、收入、价格四个角度基于统计数据探讨了新冠肺炎疫情为中国经济带来的挑战和机遇。从生产角度看，在新冠肺炎疫情的冲击下，第一季度中国的经济增速会出现大幅度地下降，并且三次产业增加值都会出现下跌。在三次产业中，第二产业中的制造业和建筑业受影响的程度最为严重；第三产业中的零售业、交通运输业、邮政业、住宿餐饮业也会受到巨大的冲击；第一产业中的畜牧业也受到较大的影响。从地域来看，全国 31 个省、自治区、直辖市的经济均会受到负向冲击。其中，湖北省由于疫情最为严重，经济受到的冲击也最严重。从需求角度来看，作者认为消费、投资和净出口三大需求相较于 2019 年会有明显地下降，但从 2020 年三四月开始，会逐渐稳步地恢复。从收入角度而言，作者通过分析统计数据发现，全国居民可支配收入名义增速出现了明显的下跌，实际增速为负值，这会造成极大的就业压力，大规模企业利润和全国一般公共预算收入会有明显的下降。

智艳等（2020）分别从区域、产业、宏观、微观、长期和短期等维度分析了新冠肺炎疫情对中国经济的影响。在区域维度上，南方由于是经济发展的重点区域，经济受到的冲击最大。从产业角度来看，服务业受到的影响会最大。从宏观角度而言，由于宏观经济的"三驾马车"（最终消费支出、资本形成总额、货物和服务净出口）均会受到疫情的冲击，所以宏观经济形势不容乐观。在微观维度上，小微企业贡献了中国经济 50％以上的税收、60％以上的 GDP，而新冠肺炎疫情使小微企业的资金紧张，从而严重地冲击了中国经济。短期来看，中国的经济会受到影响，但长期来看影响不大。另外，作者从区域经济发展、企业组织和技术进步等角度探讨了政府可能采取的应对措施。

（二）新冠肺炎疫情对中国行业经济的影响

新冠肺炎疫情对中国行业经济的影响比较复杂，不同行业受到的影响程度不同。舒畅等（2020）通过对全国 786 份畜禽养殖场（户）调查问卷的分析，发现由于畜禽养殖业的自然再生产与经济再生产具有较强的内在连续型，畜禽养殖场（户）总体受损大且存在遭受"次生环境灾害"的风险。钟钰等（2020）研究了新冠肺炎疫情对粮食安全的影响，研究表明疫情对粮食生产经营的影响是短期的、有限的，但仍要重视疫情持续时间的不确定性带来的负面冲击。马小艳等（2020）研究了新冠肺炎疫情对棉花产业的影响，由于交通管制和推迟复工复产，产业链下游的纺织企业和服装企业受到的影响较大，而棉花的交售和加工受到的影响有限。沈鑫等（2020）研究表明，由于疫情对餐饮业、交通运输业、制造业等行业的影响，天然气年消费增速预计下降 5 个百分点，从 9.4% 降至 4.4%。许灿光等（2020）指出由于天然橡胶产业较高的全球化程度，产业链上下游均受到疫情的影响，市场价格下行，贸易不确定性风险增加。

由于我国是制造业大国，加工贸易行业是我国经济的重要组成部分，在推动经济发展、吸引外资等方面具有重要的作用。2020 年 1 月 31 日，WHO 宣布新冠肺炎疫情的全球性爆发为"国际关注的突发公共卫生事件（PHEIC）"，这意味着中国的进出口贸易会受到很大的冲击。

张其仔等（2020）分析了新冠肺炎疫情对我国外贸行业的影响。作者从中国加工贸易发展的政策演进角度入手，从探索阶段（1978—1987 年）、鼓励规范阶段（1988—1994 年）、加强监管阶段（1995—2006 年）、政策完善阶段（2007—2015 年）、政策创新阶段（2016 年至今）五个时段剖析了我国的加工贸易政策。结合新冠肺炎疫情现状，作者认为在新冠肺炎疫情的影响之下，我国的外贸订单量会出现大幅度下滑，进出口海关监管的成本会显著增加，产业链会有向外转移的风险。同时，资金紧张会增加中小企业的生存风险，疫情的全球大流行会导致外需下跌，进一步对我国的外贸行业造成负面的冲击。

彭波（2020）研究了新冠肺炎疫情对中国进出口的影响。作者结合 2003 年的"非典"、2004 年的禽流感、2009 年至 2010 年的美国 H1N1 病毒流感等传染病疫情认为这次疫情对中国进出口的长期影响有限，相对损失不会很大。作者认为这次新冠肺炎疫情只是一次短期的冲击，但是作者过于乐观地估计了新冠肺炎疫情的持续时间。作者以 2003 年"非典"持续 4~5 个月为依据，认为本次疫情会在 2~3 个月内结束，所以对经济的冲击总体上不会大于 2003 年的"非典"疫情。

从以上文献综述可以看出，新冠肺炎疫情的爆发使我国经济产出下降、消费减少、投资下降、外贸受限。在宏观经济层面上，短期内，GDP增速会放缓，资本市场会被扰乱，波动比较激烈，国民经济总体会遭受较大的损失。从行业细分角度来看，新冠肺炎疫情对制造业、住宿餐饮业、旅游业、交通运输业等人口聚集型行业造成了直接的冲击，而由于产业链效应，其他行业也受到了不同程度的波及（汪彬等，2020；何诚颖等，2020）。目前，我国经济的发展正处于关键时期，在疫情得到控制后，仍要争创经济持续稳定发展的局面。

三、新冠肺炎疫情对中国经济的影响

本部分安排如下，首先利用第一季度的经济数据分析疫情初期我国经济受到的影响；其次论述了在疫情得到控制后，我国经济的复苏情况；再次探讨了中国经济恢复增长的原因；最后对我国第四季度的经济进行了展望。

（一）新冠肺炎疫情初期中国经济受到了严重冲击

本次新冠肺炎疫情的爆发适逢我国人口流动的最大高峰期——春运和春节。为了有效减少人员聚集，阻断疫情传播，更好地保障人民群众的生命安全和身体健康，党中央制定了减少人际接触并增加社交距离的政策（Chen等，2020）。作为这些社会疏远政策的一部分，政府鼓励人们避免群众集会。大型公共活动被推迟或取消，包括学校、工厂等在内的人口稠密的场所在疫情爆发时期暂时关闭。在新冠肺炎疫情的爆发期，城市公共交通系统仅运行必要的路线，所有跨省公交道路均停止通行。同时，政府号召居民非必要不出门，出门佩戴口罩，并鼓励新冠肺炎患者的密切接触者进行自我检疫与隔离。为积极响应国家疫情防控举措，全国各省市均实行交通管制，推迟复工复产时间。这些严格的防控措施在阻断病毒传播的同时，也切断了市场要素的自由流动，市场资源得不到有效配置，从而对第一季度的经济造成了巨大的冲击。

2020年4月18日，中国国家统计局发布了2020年第一季度GDP初步核算结果（中国国家统计局，2020a）。受疫情影响，第一季度GDP为20.65万亿元，比去年同期下降6.8%。这是中国自1992年统计季度GDP数据以来首次出现负增长，历史上也只有1961—1962年"三年自然灾害"时期、1967—1968年以及1976年的"文化大革命"时期经济是下降的。图2展示了2016年至2020年的季度GDP增长曲线。可以看到，季度GDP自2016年以来一直长期保持增长的趋势，但是新冠肺炎疫情的爆发改变了这种趋势。在疫情防控期间，经济增长的"三驾马车"（最终消费支出，总资本形成以及商品和服务的净出口）受到了剧烈的冲击，经济增速比2019年同期暴跌13.2%，经济增速跌落幅度远超过1998年和2008年两次金融危机时的跌落幅度。

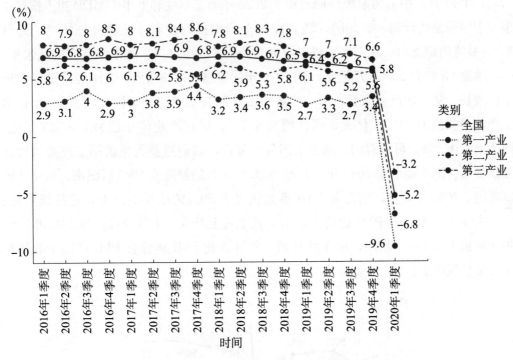

图2　2016—2020年季度GDP增速

从三次产业来看，2020年第一季度第一产业增加值为10 186亿元，同比下降3.2%；第二产业增加值为73 638亿元，同比下降9.6%；第三产业增加值为122 680亿元，同比下降5.2%。可以看到，以制造业为主的第二产业增加值降幅最大，受疫情影响最为显著；其次是包括交通运输、服务业等在内的第三产业；而以农林牧渔为主的第一产业受疫情影响最小。

另外，2020年2月制造业采购经理指数（PMI）仅为35.7%，相比1月的下降了14.3%，比2019年同期回落了13.5%；非制造业PMI仅为29.6%，相比1月下降了24.5%，比2019年同期回落了24.7%；而综合PMI产出指数仅为28.9%，相比1月下降了24.1%，比2019年同期回落了23.5%。可以看到，2月各领域的PMI均远远小于50%的分界点，这说明受疫情影响，我国经济活动减少，总体经济面临着衰退的风险。

（二）新冠肺炎疫情控制期中国经济稳步增长

在党中央的正确领导和全国人民的努力奋斗下，新冠肺炎疫情在 3 月底迅速得到控制，全国加快复工复产，第二季度中国经济逐渐恢复增长。

7 月 17 日，中国国家统计局发布了 2020 年第二季度和上半年 GDP 初步核算结果（中国国家统计局，2020b）。随着疫情在国内得到控制，拉动经济的"三驾马车"（最终消费支出、总资本形成以及商品和服务的净出口）逐渐恢复到同期水平。第二季度 GDP 为 25.01 万亿元，比 2019 年同期增长了 3.2%，我国经济重新实现了正增长。从三次产业来看，第一产业增加值为 15 867 亿元，同比增长 3.3%；第二产业增加值为 99 121 亿元，同比增长 4.7%；第三产业增加值为 135 122 亿元，同比增长 1.9%。可以看到，随着全国复工复产，以制造业为主的第二产业增加值涨幅最大。图 3 展示了 2019 年 9 月至 2020 年 9 月的制造业 PMI 折线图。从图 3 可以看出，2020 年 3 月，制造业 PMI 迅速恢复到 50% 的临界点之上，并持续保持。2020 年 9 月，制造业 PMI 达到 51.5%，比上月上升 0.5 个百分点，与 2019 年同期相比增长了 1.7%。此外，从 3 月开始，非制造业 PMI 和综合 PMI 产出指数均稳定在荣枯线以上。

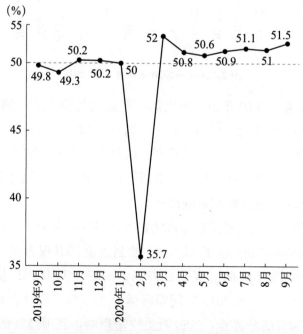

图 3　制造业 PMI（经季节调整）

随着一系列稳外贸政策的落地生效和国际市场需求的局部回暖，进出口指数也得到了明显改善。表1展示了2019年9月至2020年9月的进出口指数。可以看到，从2020年6月开始，各项进出口指数逐渐恢复到去年同期水平。2020年9月新出口订单指数和进口指数分别为50.8%和50.4%，比上月分别高出1.7和1.4个百分点，比2019年同期分别高出2.6和3.3个百分点，是2020年以来首次升至荣枯线以上。数据表明，尽管新冠肺炎疫情在初期对我国经济造成了严重的影响，但在党中央的领导下，我国经济迅速恢复，市场情绪逐渐稳定，经济已经重新实现了正增长。随着当前统筹疫情防控和经济社会发展工作的持续推进，我国经济定将继续保持稳定复苏态势，积极变化也将不断增多。

表1　2019年9月至2020年9月的进出口指数

时间	新出口订单	在手订单	产成品库存	采购量	进口	出厂价格	主要原材料购进价	生产经营活动预期
2019年9月	48.2	44.7	47.1	50.4	47.1	49.9	52.2	54.4
2019年10月	47.0	44.9	46.7	49.8	46.9	48.0	50.4	54.2
2019年11月	48.8	44.9	46.4	51.0	49.8	47.3	49.0	54.9
2019年12月	50.3	45.0	45.6	51.3	49.9	49.2	51.8	54.4
2020年1月	48.7	46.3	46.0	51.6	49.0	49.0	53.8	57.9
2020年2月	28.7	35.6	46.1	29.3	31.9	44.3	51.4	41.8
2020年3月	46.4	46.3	49.1	52.7	48.4	43.8	45.5	54.4
2020年4月	33.5	43.6	49.3	52.0	43.9	42.2	42.5	54.0
2020年5月	35.3	44.1	47.3	50.8	45.3	48.7	51.6	57.9
2020年6月	42.6	44.8	46.8	51.8	47.0	52.4	56.8	57.5
2020年7月	48.4	45.6	47.6	52.4	49.1	52.2	58.1	57.8
2020年8月	49.1	46.0	47.1	51.7	49.0	53.2	58.3	58.6
2020年9月	50.8	46.1	48.4	53.6	50.4	52.5	58.5	58.7

数据来源：国家统计局数据库，http://data.stats.gov.cn。

需要注意的是，尽管我国制造业总体有所改善，但是各行业的经济恢复程度并不均衡。一方面，部分传统行业增加值增长速度仍为负值。2020年8月，木材加工业增长速度为−1.1%，纺织服装服饰业增长速度为−8.5%，这已经是从2020年2月以来，两个行业连续7个月出现负增长。数据表明这些传统行业的市场需求仍然不足，行业经济复苏动力欠缺，市场情绪有待进一步回暖。另一方面，部分新兴行业经济恢复速度加快，超过了制造业总体水平。2020年3月，计算机、通信和其他电子设备制造业增加值增长速度已实现正增长，并一直持续增长，8月增长速度达到8.7%，比2019年同期上升了4个百分点。另外，受益于疫情的医药制造业2020

年来也始终维持正增长，8月增加值增长速度达到 4.3％。随着国庆、中秋双节临近，之前被压抑的消费需求会得以释放，市场需求有望进一步提高。

（三）中国经济恢复增长的原因

通过分析统计数据，我们发现我国经济的迅速恢复可以归结于两大因素——产业结构和刺激政策。

改革开放以来，我国产业结构不断优化升级。目前，在我国的产业结构中，第三产业对 GDP 的贡献率最高，其后依次是第二产业和第一产业。2019 年，三次产业增加值占 GDP 的比重分别为 7.1％、39.0％和 53.9％，对经济增长的贡献率分别为 3.8％、36.8％和 59.4％，分别拉动经济增长 0.2％、2.2％和 3.6％。可以看到，相比于第二产业，第三产业对经济增长的贡献率高出了 22.6％，在经济社会发展中占据了主要地位。另外，我国国内的消费市场拥有巨大的潜力，2019 年消费对经济增长的贡献率高达 57.8％，拉动经济增长 3.5％，是经济增长的主要动力。新冠肺炎疫情得到控制后，政府逐渐放松疫情防控措施，全国各地区复工复产，受疫情影响的制造业、交通运输业逐渐恢复到同期水平，包括商场、游乐场、博物馆、自然风景区在内的公共场所重新开放，居民消费需求得以释放，从而促使经济实现反弹。

除此之外，以医疗医药和互联网经济为代表的部分行业在疫情期间实现了逆势快速增长，为中国经济的稳定和全面复苏做出了一定的贡献。2020 年 3 月，规模以上的医药制造业增加值同比增长了 10.4％。以互联网信息技术为支撑的新兴服务业在疫情期间表现十分活跃，2020 年 1—2 月，互联网和相关服务、软件和信息技术服务业营业收入分别比上年同期增长 10.1％、0.7％。得益于我国成熟且发达的互联网经济，居民大部分的消费需求可以快速地由线下转移至线上。疫情期间，诸如在线教育、远程办公、网络游戏、线上购物等满足社交距离要求的互联网经济快速发展。第一季度，网上零售增速加快，全国实物商品网上零售额比上年同期增长 5.9％，比同期社会消费品零售总额增速高 24.9％，占社会消费品零售总额的 23.6％，比上年同期提高了 5.4 个百分点。

在刺激政策方面，政府采取了改善供给、管控需求、合理监管、引导预期等手段，结合"灵活适度""量价齐松"的货币政策来维持物价稳定、促进经济增长、实现充分就业。疫情发生以来，央行出台了一系列货币政策。2020 年 2 月，1 年期和 5 年期 LPR 较上一期分别下调 10 个基点和 5 个基点；2020 年 4 月，央行再次下调 1 年期和 5 年期 LPR 至 3.85％和 4.65％，较上一期分别降低了 20 个基点和 10

个基点。另外，2020 年以来，央行三次降低存款准备金率，合计释放 1.75 万亿元。2020 年 4 月，在时隔 12 年之后，央行下调超额准备金利率至 0.35%，比上期降低了 0.37%。信贷方面，疫情发生后，央行先后安排 3 000 亿元专项再贷款、5 000 亿元再贷款再贴现额度、1 万亿元再贷款再贴现额度，共计 1.8 万亿元，以支持中小微企业的发展。这些政策保持了合理充裕的流动性，以政策力度对冲疫情影响，为有效防控疫情、实现经济复苏营造了适宜的金融环境。

(四) 中国第四季度经济展望

在党中央的领导下，2020 年前三季度，我国经济已实现全面复苏，预计第四季度我国经济将继续稳步增长。制造业方面，政府出台的扶持措施将进一步提振行业发展，同时随着国际市场需求出现局部反弹，制造业在第四季度会迎来更高速的增长。服务业方面，随着国内新冠肺炎感染人数清零，消费需求逐渐增强，交通运输业、住宿和餐饮业会逐渐恢复到同期水平。随着国庆和中秋长假的到来，居民消费需求得到释放，全国消费支出将进一步提升。2020 年国庆长假前 7 天（10 月 1 至 7 日），全国共接待国内游客 6.18 亿人次，同比恢复 79%；实现国内旅游收入 4 543.3 亿元，同比恢复 69.9%。银联网络交易金额 7 天累计达到 2.16 万亿元，相比去年同期增长了 6.3%；国庆与中秋双节合一的当天，银联网约交易金额超过 3 300 亿元，同比增长 15.5%。

世界银行于 2020 年 9 月 28 日发布的东亚和太平洋地区经济报告（World Bank，2020）预测 2020 年中国经济增速为 2%，相比 6 月预期增加了 1 个百分点。世界银行结合疫苗问世、经济持续复苏等积极因素，预测 2021 年中国经济增速为 7.9%。在疫情肆虐全球，世界经济受到巨大冲击的背景下，世界银行仍上调对中国经济增速预期，这说明，我国在疫情防控上取得的成果以及维持经济发展取得的成绩得到了国际社会的认可，这对鼓舞全球市场信心、拉动世界经济的发展具有积极的意义。

四、结论与建议

本文讨论了新冠肺炎疫情在全球大流行的背景下，对我国经济产生的影响。疫情爆发初期，由于全面而严格的防控措施，我国经济受到了严重的冲击。随着疫情在国内得到有效控制，中国经济在全球率先实现正增长。本文在综合已有研究的基础上，结合最新的数据，得出如下主要结论以供大家参考。

（1）国民经济在新冠肺炎疫情初期受到了巨大冲击，但这种冲击并没有改变中国经济的基本面。

中国经济自 2016 年以来一直长期保持增长的趋势。但是，新冠肺炎疫情的爆发打破了这种趋势。在疫情防控期间，家庭消费受到抑制，对经济增长的"三驾马车"（最终消费支出，总资本形成以及商品和服务的净出口）造成了剧烈的冲击，2020 年第一季度的经济增速比 2019 年同期暴跌 13.2％。这是中国自 1992 年统计季度 GDP 数据以来首次出现季度经济负增长。从经济学角度来看，新冠肺炎疫情属于影响经济的外部因素。尽管短期内疫情会对经济造成强烈的负向冲击，但是从长期来看，疫情并不会改变经济系统的内部因素，我国经济长期向好的基本面不会发生改变。

（2）经济在 2020 年第二季度实现复苏，体现了中国社会主义制度的优势，表明了中国经济的韧性，证明了中国经济仍是世界经济的压舱石、发动机。

世界经济在新冠肺炎疫情全球大流行的背景下极度萎靡，唯有中国经济是一抹亮色。中国经济在 2020 年第二季度实现复苏，GDP 和三次产业的增加值均实现正增长，进出口指数也逐渐升至荣枯线附近。这说明，中国经济具有十分优秀的韧性，仍是世界经济的压舱石。

基于以上结论，本文提供如下建议以供参考：

（1）优化产业结构，实现我国经济结构的转型升级。

新冠肺炎疫情给我国制造业带来了巨大的冲击，但也孕育着新的机遇。一方面，政府需要采取措施保障出口企业，特别是龙头企业的海外订单交付能力，尽可能地降低供应链被替代的风险；另一方面，在疫情全球大流行的背景下，产业结构调整应以内需为导向，积极扩大内需，充分挖掘国内市场蕴藏的潜力。在新老基建发展上，应并重共举以推动经济恢复。老基建仍可作为推动经济恢复发展的重要支撑，新基建应该实行市场与政府相结合，实现新老基建相互融合、一体推进。

（2）疫情是对我国治理能力现代化的一次考验，疫情的快速控制、经济的快速恢复要坚持道路自信、理论自信、制度自信和文化自信。

自新冠肺炎疫情爆发以来，即使全面严格的疫情防控措施会对经济产生冲击，党中央也始终坚持人民至上。而部分西方发达国家，在疫情尚未得到控制的情况下，为了经济的增长贸然鼓励人民复工复产，导致本国累计新冠肺炎患者人数激增。为转移国内矛盾、服务本国政治，其在疫情问题上对中国刻意抹黑、诬陷，在全球散播"政治病毒"。然而事实胜于雄辩，在党中央的领导下，中国已经全面控制住疫情，国庆和中秋假期旅游人数超过 7 亿人次，人民享受安全幸福的生活。

2020 年 8 月，德国智库伊弗经济研究所、欧洲经济和财政政策研究中心共同对来自 110 个国家和地区的 950 名经济学家做了一项关于疫情后全球经济预测的调查。调查结果显示，2020 年全球经济预计萎缩 4.4%。全球主要经济体中，只有中国经济 2020 年有望实现 2.3% 的正增长，美国和欧盟经济预计 2020 年将分别萎缩 6.5% 和 8.4%，这充分体现了国际社会对中国经济恢复的信心。我国通过了这次疫情的大考，我们更要坚持道路自信、理论自信、制度自信和文化自信。

参考文献

[1] Chen S，Yang J，Yang W，Wang C，Barnighausen T. COVID-19 control in China during mass population movements at New Year [J]. The Lancet，2020，395 (10226)：764-766.

[2] Fernandes N. Economic effects of coronavirus outbreak (COVID-19) on the world economy [N/OL]. Available at SSRN 3557504，2020.

[3] Gopinath G. The Great Lockdown：Worst Economic Downturn Since Great Depression. https://blogs. imf. org/2020/04/14/the-great-lockdown-worst-economic-downturn-since-the-great-depression/. 2020.

[4] McKibbin W J，Fernando R. The global macroeconomic impacts of COVID-19：Seven scenarios [N/OL]. 2020.

[5] World Bank. World bank east asia and pacific economic update：from containment to recovery [N/OL]. 2020 October.

[6] 傅志华，王志刚. 新冠肺炎疫情对居民消费的影响及对策 [J]. 财政科学，2020，52 (4)：33-40.

[7] 何诚颖，闻岳春，常雅丽. 新冠病毒肺炎疫情对中国经济影响的测度分析 [J]. 数量经济技术经济研究，2020，37 (5)：3-22.

[8] 廖茂林，张明源. 新冠肺炎疫情对中国经济增长的影响 [J]. 福建论坛（人文社会科学版），2020，4 (4)：25-33.

[9] 马小艳，马雄风，王文魁. 新冠肺炎疫情对棉花产业的影响及对策建议 [J]. 中国棉花，2020，47 (2)：1-3.

[10] 彭波. 新冠肺炎疫情对中国进出口的影响及应对 [J]. 国际商务财会，2020，2：3-6.

[11] 舒畅，乔娟. 新冠肺炎疫情防控对畜禽养殖业的影响及对策建议：基于全国 786 份畜禽养殖场（户）调查问卷分析 [J]. 中国畜牧杂志，2020，56 (3)：

120－125.

[12] 沈鑫，郝迎鹏，韩克江．新冠肺炎疫情对中国天然气市场的影响分析与建议 [J]．石油规划设计，2020，31（3）：1－3．

[13] 屠天仰．新冠肺炎疫情对中国经济的影响预测及应对措施 [J]．市场研究，2020，3：3－5．

[14] 汪彬，许正中．新冠肺炎疫情对中国经济的冲击及应对策略 [J]．中国党政干部论坛，2020，376（3）：59－63．

[15] 许灿光，杨雅娜，钟鑫．新冠肺炎疫情对我国天然橡胶产业的影响及对策建议 [J]．中国热带农业，2020，3：25－27．

[16] 许宪春，常子豪，唐雅．从统计数据看新冠肺炎疫情对中国经济的影响 [J]．经济学动态，2020，2（5）：41－51．

[17] 张其仔，许明．新冠肺炎疫情对中国加工贸易的影响与对策 [J]．产业经济评论，2020，3：15－26．

[18] 智艳，罗长远．新冠肺炎疫情对中国经济的影响及其思考 [J]．学习与探索，2020，4：99－105．

[19] 中国国家统计局．2020 年一季度国内生产总值（GDP）初步核算结果 2020. http：//www. stats. gov. cn/tjsj/zxfb/202004/t20200417＿1739602. html，2020a.

[20] 中国国家统计局．2020 年二季度和上半年国内生产总值（GDP）初步核算结果 2020. http：//www. stats. gov. cn/tjsj/zxfb/202007/t20200717＿1776516. html，2020b.

[21] 钟瑛，陈盼．新冠肺炎疫情对中国宏观经济的影响与对策探讨 [J]．理论探讨，2020，3：85－90．

[22] 钟钰，普蓂喆，刘明月．新冠肺炎疫情对我国粮食安全的影响分析及稳定产量的建议 [J]．农业经济问题，2020，4：13－22．

新冠肺炎疫情背景下街区制的发展方向与建议

李　丁

新冠肺炎疫情爆发后，我国全面积极防控战略取得了巨大成功。全国普遍的村居封闭和居家隔离被认为作用很大。有意见认为"从新型病毒防控来看，住宅小区围墙不应'一拆了之'"，对政府推行发展的"街区制"提出了质疑。这种观点看似有道理，实际不经推敲。本文认为偶发的公共卫生危机不应改变我国城市街区制发展的大方向。不过，街区制推行需要注意中外产权和城市管理制度的差异，提高街区制的战略定位，长远计议，做足制度准备，尊重业主自主权，坚持适度、循序渐进的推进策略，避免运动化、一刀切带来的负面效果。

一、我国城市路网密度低、交通拥堵、生活便利性差

"街区"一词由英文单词"block"翻译而来，现代意义上的街区制起源于以新城市主义为代表的可持续发展理论。它反对僵化的功能分区，反对住区规划中以汽车为主导所导致的漠视人和自然环境的现象，主张营造由城市干路围合、中小街道划分，空间尺度小，路网密度高，以街区为基本单元，居住商业公共用地功能复合，公共服务设施就近配套，社区面向公共街道开放的城市空间结构。这种路网密、临街界面和底商丰富、社区中心和公共空间吸引力强的城市格局不仅有利于城市空间商业和社会价值的开发，而且便利性高，宜居性强，邻里关系友好，有利于城市文明的可持续发展。

中国主要城市路网密度、生活便利性远远低于西方国家。如图1所示，依据中国城市规划设计研究院城市交通研究分院（简称中规院交通院）的《中国主要城市道路网密度监测报告》2020年度报告，全国36个主要城市中，城市道路网密度处于较高水平的（道路网密度达到8.0千米/平方千米以上）仅深圳、厦门和成都3座城市。北京城六区路网密度仅5.7千米/平方千米以上，排名21位。中国城市路

网密度远远落后于美国纽约、法国巴黎、德国柏林、英国伦敦、西班牙巴塞罗那等（见图2），这些城市普遍采用开放式小街区模式，其核心区路网密度往往达到18千米/平方千米左右，全市的路网密度在15千米/平方千米左右，具体如表1所示。中国这种路网密度低、社区尺度大、城市干道宽的空间格局，加上优先私家机动车的产业政策和交通策略导致交通拥堵和生活便利性差的城市问题，引发了城市交通研究专家的注意，撰写了大量相关论文和建议（叶青等，2019；吴晓林，2016a，2016b）。

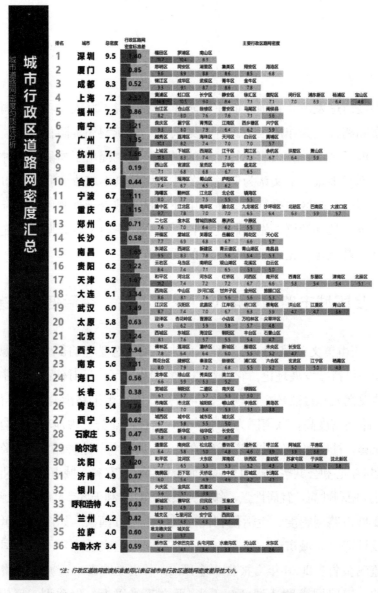

图1 主要城市行政区道路网密度汇总图

资料来源：《中国主要城市道路网密度监测报告》2020年度报告。

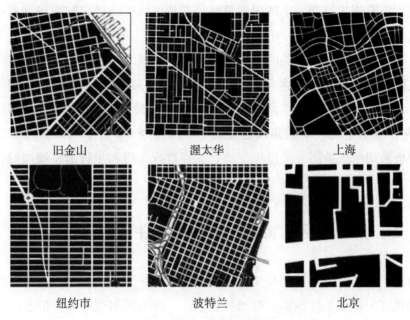

旧金山　　　　　　　渥太华　　　　　　　上海

纽约市　　　　　　　波特兰　　　　　　　北京

图 2　国内外城市街区尺度及形态

表 1　国内外部分城市路网密度统计表

城市	路网密度（千米/平方千米）	道路平均间距/街区尺度
内伦敦	20	100 米
芝加哥	18.6	街区 85 米 * 190 米，0.9～1.5 公顷
巴塞罗那	15.3	街区 130 米 * 130 米，1.4～2.7 公顷
柏林	15	街区 75 米 * （115～190）米，1.1～2.5 公顷
巴黎中心区	13.3	街区 70 米 * 250 米
纽约市	13.1	130 米
北京城六区	5.0～5.7	二环内 366 米，五环外 619 米

在此背景下，2015 年 12 月，时隔 37 年的中央城市工作会议再次召开。2016年 2 月 6 日，中共中央、国务院印发了《关于进一步加强城市规划建设管理工作的若干意见》，明确了城市规划建设管理工作的指导思想、总体目标和基本原则，并从七个方面提出了加强城市规划建设管理工作的重点任务。其中，在完善城市公共服务中，明确提出"优化街区路网结构"，发展"街区制"的大方向：

（1）加强街区的规划和建设，分梯级明确新建街区面积，推动发展开放便捷、尺度适宜、配套完善、邻里和谐的生活街区。

（2）新建住宅要推广街区制，原则上不再建设封闭住宅小区。已建成的住宅小区和单位大院要逐步打开，实现内部道路公共化，解决交通路网布局问题，促进土地节约利用。

（3）树立"窄马路、密路网"的城市道路布局理念，建设快速路、主干路、次干路和支路级配合理的道路网系统。打通各类"断头路"，形成完整路网，提高道路通达性。科学、规范设置道路交通安全设施和交通管理设施，提高道路安全性。到 2020 年，城市建成区平均路网密度提高到 8 千米/平方千米，道路面积率达到15%。积极采用单行道路方式组织交通。加强自行车道和步行道系统建设，倡导绿色出行。

二、推行街区制将提前触及城市住区的集体制属性

在力推街区制的城市规划和交通研究专家的引导下，领导干部容易将街区制推行简单地理解为拆除小区围墙、打通社区道路、改变城市交通循环的技术手段。这种认识容易低估街区制的影响、价值以及推行难度（侯利文，2016），没有认识到街区制试图开放的社区道路和公共空间的集体产权性质——尽管在法律上称为共有产权。

新中国成立初期，我国城市住区建设规模也比较适中，但后来受西方现代主义和单位制影响，大规模居住小区和单位大院兴起。围墙式封闭住区日益普遍，大院内道路、公服设施等均不对外开放。在当时城市整体抑制消费、强调积累的背景下，单位福利的集体制安排（凡单位成员都有享有的资格，而非单位成员则难以享有）提高了各个单位生产积极性，部分解决了城市公共产品供给不足问题，但造成了中国社会的单位身份和城市社区的区隔，单位差异成为重要的社会差异，单位社区空间游离在城市管理权力之外。

改革开放后，受单位制传统影响，加上地方财政、土地制度、城市规划理念的制约，我国城市居民住宅供给总体而言采用了政府高价卖地，开发商（包括部分单位）与建筑商批量建设，购房者分散认购的模式。业主们通过集资认购，共同获得了用地红线内的城市建设土地的使用权，以及对应建筑物的区分所有权，建构起了事实上的城市住宅土地使用权的"集体制"。同时，业主们通过共担物业服务费用（其本质可理解为"众筹基金"），雇佣物业公司生产保安、卫生、绿化等物业服务的方式建构起社区公共产品的"市场化集体生产体制"（左令，1997；涂利娟，2016；陈鹏，2016）。这种住区供给和运营模式有利于凝聚各类单位和全体居民的力量进行住区建设，在快速城市化时期能尽快满足居民住房刚需，降低城市公共支

出压力。但也造成我国城市住区规模大，高层住宅多，人口密度大，强调户内建筑面积和居住功能，社区封闭性、安全性高，公共空间品质和功能复合性有限，便利性差，不同小区之间的小区围墙内外公共服务水平差异大的特征（吴晓林，2018a，2018b；宋伟轩，2010）。

从法律上讲，当前城市住区开发模式下，住区城市建设土地仍归国家所有，业主仅获得一定年限使用权。但年限到期后，业主是否以及如何缴纳土地出让金的制度并未明确。大概率上，未来中国城市土地也将面临农村土地类似的三权分置改革难题：国家占有土地所有权和规划审批权，业主大会拥有社区共有土地使用权和共有资产所有权（部分为按份所有，部分为共同共有），业主占有专有构筑物产权。中国城市住区共有安排背后的集体制属性尚未被专家、政府和民众认识到。城市治理体制以及社区集体资产管理运营体制（物业管理制度只是其中一部分）还有很多不完善之处，住区共有资产产权的权利主体和集体公共产品生产管理主体缺位是其中最关键的问题。住区封闭，住区空间和建筑的用途被规划和城市管理相关法律严格限制（北京市治理开墙打洞实际上是严格执行相关规定的表现）的安排，实际上是当前产权制度下，住区业主和政府监管者综合博弈的结果。各方采取冻结开发的消极方式保护集体资产和最低限度的公共利益。由于体制机制不畅，业主集体决策改造住区绿地也难以实践，私搭乱建则被当作违建处理。

推行街区制，拆除社区围墙，开放社会道路和公共空间，即刻就会面临社区公共空间的权属问题。依据《中华人民共和国物权法》第73条的规定："建筑区划内的道路，属于业主共有，但属于城镇公共道路的除外。建筑区划内的绿地，属于业主共有，但属于城镇公共绿地或者明示属于个人的除外。建筑区划内的其他公共场所、公用设施和物业服务用房，属于业主共有。"住区中的道路是否属于城镇公共道路？绿地是属于城镇公共绿地，还是属于小区业主的共有物权？政府有没有权力强制开放，开放是否属于社区业主自决权利，存在分歧。小区围墙的普遍存在，事实上意味着业主普遍认为社区道路和绿地属于业主共有财产。即便国家在释法时将社区内部的道路和绿地解释为城镇公共道路和绿地，但没有民众的认同和支持，要强制开放这些公共设施，仍会遭遇强大的阻力。这也是城市专家提出开放街区建议后，难以得到市民支持的重要原因，如图3为网民对于开放街区的典型意见。

实际上，即便不推行街区制，等住区建筑进入重建周期，社区业主共有资产（包括土地）的分割和确权问题同样会出现。设想一下，一个小区某栋建筑提前报废，需要拆除重建，这栋楼的业主可使用的地块面积是建筑红线内面积还是也能包括建筑附近一定份额的共有土地？如果这栋楼的业主要求实行街区制，试图将建筑

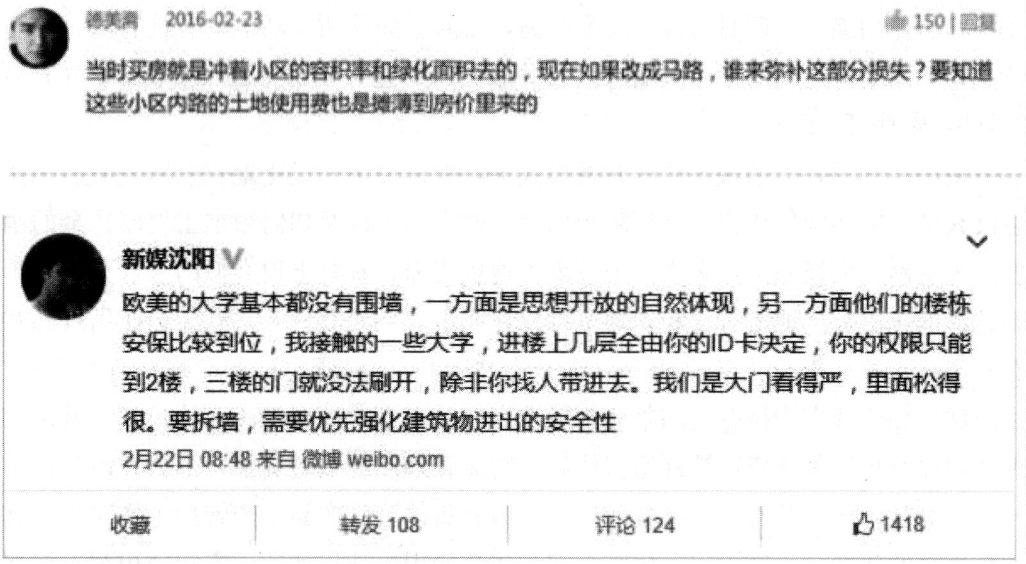

德美滴 2016-02-23 ▲ 150 | 回复

当时买房就是冲着小区的容积率和绿化面积去的，现在如果改成马路，谁来弥补这部分损失？要知道这些小区内路的土地使用费也是摊薄到房价里来的

新媒沈阳 V

欧美的大学基本都没有围墙，一方面是思想开放的自然体现，另一方面他们的楼栋安保比较到位，我接触的一些大学，进楼上几层全由你的ID卡决定，你的权限只能到2楼，三楼的门就没法刷开，除非你找人带进去。我们是大门看得严，里面松得很。要拆墙，需要优先强化建筑物进出的安全性

2月22日 08:48 来自 微博 weibo.com

| 收藏 | 转发 108 | 评论 124 | 👍 1418 |

图3　网民对于开放街区的典型意见

资料来源：https://www.thepaper.cn/newsDetail_forward_1434659。

红线直接与城市公共土地对接，他们有权利从社区的共有土地中分割出来吗？这种情况在单个业主出售私有住房的时不存在，但未来整个小区面临分割拆迁时必然出现。

也就是说，无论是否推行街区制，未来中国城市都会面临产权改革和城市空间再开发难题。政府需要在业主共同共有社区资产的权属登记和相关管理制度方面提前做好规划和布局，明确共有资产的产权性质和民事主体。

三、推行街区制导致空间价值变动和利益结构重构

推行街区制，有不同的层次。第一个层次是如交通专家设想的一样，简单向街道和城市开放社区的道路、绿地、公共设施，城市居民都可以临时借用其他社区道路，享用公开的设施和空间（王晋，2016）。第二个层次是对社区公共空间和建筑进行改造升级，提高其商业、社会、公共价值，实现社区空间的再开发（侯利文，2016；吴晓林，2016a；曾九利等，2017）。

简单开放社区道路（第一个层次）虽然直接成本较小，可以带来交通改善和便利性提高，但也会带来安全风险、社区环境的变化，涉及住区共有产权以及业主利

益再分配问题。第二个层次上的开放，无论是允许现有建筑底层或临街住宅改变用途，还是等现有建筑无法居住，允许一部分业主联合起来拆除现有整栋住宅，从原住宅区中分离出来进行重新规划设计建设，都意味着系统性的产权制度完善和利益再分配机制的建立。这种层次的街区制，实际上是推翻当前中国城市空间格局后的2.0 版本，是城市居民满足居住和安全需求后，往更高品质城市生活的追求和发展。这种层次的街区制，意义重大：

推行街区制经济意义重大。"小街区、密路网"可以增加人流的渗透性，增加临街界面，提高底商率，提升地块价值，促进商业繁荣，整体提高城市土地利用效率，壮大城市经济，保障就业，有着重要的经济价值。

推行街区制公共意义重大。街区制的推行将改变城市政府财税结构和公共产品生产体制。随着城市化逐步完成，地方政府土地财政必将退出历史舞台，城市公共财政的基础必将转移，房产税必将实行。城市经营者在扩大产业园区和提升现有商业空间的财税价值外，提升城市其他空间和建筑的商业、社会、财税价值在大趋势上是必然选择，提高社区公共产品生产能力、降低公共财政负担是重要补充。我国城市和城市住宅主要集中在最近的 20 多年内建设完成，30～40 年后这些住宅必将批量进入衰老更新期。如何维护和更新这些住宅将成为届时中国最重要的经济问题。普遍存在的老旧小区改造价值如何？经费从何而来？拆迁改造工作继续采用政府集中统一实施的方式？这些问题都将成为中国发展面临的巨大挑战。

街区制社会文化意义深远。小尺度、低容积率、高密度、丰富街区界面的城市空间格局有利于构建更多尺度宜人、开放包容、邻里和谐的生活街区，增加民众互动交流的机会，推动社区共同体的发育，提高城市活力和品质，有利于城市文明可持续发展。路网密度高、临街界面丰富的上海、杭州、天津老城区有着更强的城市活力。

街区制最浅层的意义才是改善城市交通微循环。街区制推行后可提升公交线网的通达性和站点服务覆盖率，提升步行、自行车交通网络的连通性、便捷性，均衡道路交通流分布，改善交通微循环。

但是，无论何种层次上推行街区制，无论好处多大，都需要在物权上向民众解释清楚，保障业主共有权，从建设、维护费用上做好配套，在是否开放、如何开放上明确业主权利并形成可接受的决策机制，就开放所带来的风险、成本、负面影响形成合理的分摊机制；需要就路网布局、街区尺度、交通空间组织形式进行深入的技术和社会研究。

四、推行街区制势必导致城市治理体制变革

理解了上述产权背景和利益调整问题后，我们就会发现，街区制的推行或者城市空间的再开发将导致我国城市治理体制的系统性变革和顶层设计调整。

首先，街区制要求改变或完善城市公共物品供给体制。

推行开放街区制，除说服业主彼此开放社区将使大家的福利都提高外，关键是要理顺城市公共产品供给体制，推动城市公共产品均等化，将社区公共产品与城市公共产品融合起来，做到住宅围墙外的公共服务水平更高或者无差别。国外的实践也证明了这一点：发达国家城市政府提供高水平均等的公共服务，围墙、门禁就比较少；而在公共服务不均等的国家，如巴西等南美国家，大型封闭社区则非常普遍。

消除社区公共产品差异性，推进社区公共服务均等化大概有两种方式。一种方式是强调物业服务的公共属性，抓住物业服务行业集中度低、标准化水平不足、物业定价政府指导度高的机会，完善物业治理体制，推动物业费用税收化、物业服务市政化，由政府统一购买和提供标准化的安保、环卫、绿化服务。实际上，当城市政府在公安、安防等方面投入充分时，各个小区单独的保安服务就变得不再必要；当市政环卫服务能力和覆盖率提高时，社区环卫服务和垃圾清运的压力也可以大大降低。

另一种方式则是发挥中国特色社会主义制度的优势，学习农村村庄管理体制，明确社区集体经济组织属性，明确社区公共资产的权属，赋予社区业主大会和业委会特殊法人地位，使其成为城市社区集体资产的代理法人，做实做强城市社区集体经济，提高社区公共产品生产水平，引导社区公共资产的对外开放，就像农村道路和公共设施对外开放一样。

其次，街区制将导致社区公共产权调整。

前面的分析表明，开放城市社区道路和公共空间，必将导致部分社区的部分空间和建筑的价值发生调整；如果制度允许业主对公共空间和私有住宅进行改造和再开发，由此带来的利益分配问题更是重要的产权问题。

按照当前物权法规定，社区开放或再开发的决定权掌握在全体业主手中，开放或再开发的收益/成本分配方案在现有产权制度下达成的协调成本极高。对城市住宅小区的公共资产进行分割或彻底收归公有将成为必然选择。就土地而言，这意味着将用地红线内的土地分割给各栋建筑的业主或者将建筑红线外土地全部收归城市

所有。就制度变革导致既有建筑和空间价值变动而言，这意味着这些收益完全归个别业主所有或者归全体业主共有。

也就是说，街区制将引发社区资产产权或占有问题纠纷，相关法律和制度设立时需要考虑相关问题。第一种方案是，在当前建筑灭失之前不得改变用途从而避免利益纠纷，这相当于推迟城市空间价值再开发进度。第二种方案是，将共有产权部分物权给业主大会（相当于城市社区集体经济合作组织），专有产权部分物权给个人，分别拥有再开发和改造的权利。第三种方案是，在建筑灭失之前，就将整个社区开放和再开发的权利全部让渡给业主大会，由业主大会协商业主之间的利益/成本分摊方案。

上述公共产品生产方案以及城市产权改革方案哪种更好，显然还需要更深入地研究。

五、要充分认识街区制推行的难度，循序渐进

可以看到，推行街区制不是简单的拆除围墙，打通社区道路，提高城市路网密度，改善交通和便利性技术问题，还会提高临街界面和底商密度，涉及城市小区土地权属、住宅建筑用途转换、房产税征收、地区公共产品供给等根本性的城市治理体制机制问题。其本质是要进行城市土地再开发和土地制度再改革。良好的街区制改革将综合提升城市空间的商业与社会价值，增加财税收入和社区公共产品，实现城市公共产品与社区公共产品融合，提高城市的空间品质，改善社区人居环境，实现城市可持续更新发展。由于涉及城市空间与建筑价值、风险的再分配等重大利益问题，影响城市治理体制机制建设，在推行街区制时要充分认识到难度，做好充足准备，尊重业主意愿，循序渐进。下面这些情况也增加了推行街区制的难度。

第一，中国封闭型社区比西方国家更普遍、规模更大，街区制改革任务更大。由于西方国家普遍实行土地私有制，住宅以独栋建筑为主，有利于小街区的生产。大规模拿地和大尺度开发成本高、风险大，而小街区、高密度路网格局不仅可以降低开发成本和风险，有更强的灵活性，而且可以提高沿街铺面面积，有利于土地开发价值和物业商业价值的最大化。而我国城市土地和建设许可都由政府垄断，倾向于批量供地、批量许可，开发建设单位批量拿地规模化建设然后分割销售，业主自愿购买并共担共享社区公共空间和公共产品。我国住区规模比西方国家更大，更为普遍，业主协商任务重，街区制推行面临的任务量巨大。

第二，我国城市社区管理体制不完善，居民信任和社会资本积累不足，公共参

与意识和协商议事水平有限，社区自治空间不足，社区商业和社区社会组织在公共产品供给方面尚未发挥作用，制约街区制的推行。前文表明，街区制推行将最终涉及社区空间和房产价值、安全风险的再分配问题。社区开放带来的安全风险如何化解、带来价值重构如何分配是系统性的工程。这需要有明细的产权架构，有业主和住户的充分参与和高度共识。西方国家不仅有着更为系统、一致的产权、财税、公共产品供给制度，市民参与社会事务的意识和组织化行动能力也更强，为城市街区制的推行以及社区品质提升的投资、投入奠定了基础。在这方面，我国大量社区还只是刚刚形成的邻里（neighborhood），而不是具有高度认同和行动力的社区（community）。我国在自治机制、自治空间、自治能力、居民组织化程度等方面还有很多不足，还需要很长时间的培育。

第三，我国房产税缺失，住区价值提升对政府作用不大。西方国家独栋住宅占主流，且普遍实行房产税，街区细化和空间开放带来的收益归属主体明确，而增加税收可以强化区域公共产品的供给，提高城市公共服务的均等化水平和城市的开放度，是一个多方共赢过程。而在我国现行制度条件下，住区房产和空间价值的提升与政府关系不大。政府很难从业主私有和共有资产价值提升中获得财税和动力。而且在现行政策制度下，推进城市产权改革，或修改规定，允许住区开放和再开发导致的利益纠纷，会增加政府部门的工作负担。因此，即便只是开放社区绿地和步行及公交交通，政府进行引导和推动的动力也不大。各方都没有动力改变当前状况，导致政府、市场、社会三重失灵，等待最后的危机审判。

六、街区制推行要注意尺度适度、路网密度适中

世上没有完美的制度，中国现行住区格局也有自身的优势。一方面，居住建设用地的利用强度大，在有限土地上最大限度地满足了居民的居住需求和安全需求。另一方面，城市存在大量留白空间和绿地隔离带，有着降低生态压力、化解公共风险、提供再开发空间的作用。

而街区制也有自己的不足。例如，高密度的支路网如果不对机动车有所约束，容易使街区内部受到外部交通的干扰，导致私密性、舒适性（噪声、尾气）、安全性（交通安全而非财产安全）降低，尤其是老人和儿童受机动车的威胁更为严重。因此在街区制推动过程中，应该注意利益和风险再分配对不同群体的影响，特别注意尊重业主对于清净、安全的价值偏好，应该注意规模适度、开放适度，不能一味求细、求开放。街区和路网不是越细越好、越开放越好，需要动态平衡，要与社会

经济制度良性耦合。

西方城市住区模式也曾经历过"由小变大再变小"的曲折过程。快速城市化之前，这些城市中心区基本上是历史形成的边长 100～200 米的小尺度地块，在城市边缘地区则会有边长超过 200 米的大地块。随着工业革命爆发，大量乡村人口向城市集聚，带来住房短缺、居住条件恶劣等"城市病"。随着汽车大规模发展，部分国家在邻里单位、现代主义等理论的影响下，在城市新区发展过程中实施了大地块模式，有些地块边长甚至达到了 800 米。住宅形式从传统的街坊转变为行列式、行列式与塔式住宅结合、全部为高层住宅等形式。在当时满足了快速规划、大量建设、应对汽车交通时代的现实需求。第二次世界大战后，欧美国家城市重建，经济恢复和发展，城市住房短缺等问题解决，现代主义城市在社会、经济、环境和人类情感等方面的缺陷日益明显：建筑尺度大，立面冰冷，缺乏社区感和安全感，忽视了人的生活与情感；丧失了城市空间结构与社会结构、文化传统的对应，导致了土地分区与人口分布的简单化，剥夺了各种职能多元交叉的空间单元；居住与工作岗位的分离增加了城市的交通量，也引起了市民生活的不便。在新城市主义等理念的影响下，城市空间组织中不同功能的混合以及不同功能空间的相互交叠成为 20 世纪 60 年代以后的主旋律，规划理念也从注重物质形态向"以人为本"回归，大地块住区并未得到大范围推广，而是逐步呈现出"以大化小"的趋势。"小街区、密路网"模式逐渐成为住区建设的主要方式。

以巴塞罗那为例，巴塞罗那居民现有机动车保有量为 190 万辆。城市机动车密度达到 6 100 辆/平方千米，远高于欧洲其他城市。虽然巴塞罗那四通八达的街区网格道路设置相对缓解了城市交通拥堵问题，保障了城市居民的日常汽车出行需求，然而机动车的大量使用带来了众多的直接和间接的消极外部性问题，如空气污染、环境噪声、机动车对城市慢行系统的侵蚀、交通拥堵和道路资源闲置等。受 20 世纪 60 年代的荷兰"生活化道路"方案的影响，巴塞罗那 1987 开始提出"超级街区"（super block）的规划理念，对城市空间肌理进行了新的组织和梳理，形成规模适度，开放适度的街区（见图 4）。

巴塞罗那于 2003 年在维拉格拉西亚（Vila de Gràcia）进行了第一个"超级街区"实施试点。此后，在《巴塞罗那交通规划（2006—2012）》实施期间，规划了 4 个"超级街区"，并进行第二阶段的试点推广。到《巴塞罗那交通规划（2013—2018）》实施期间，提出到规划期末在全市范围内覆盖实施。"超级街区"具有用地规模适中、功能混合、社区公共服务设施服务范围大和步行性强等特点，是新城市主义理念的集中体现。把 9 个相邻的传统街区单元组成一个面积一般为 400 米×

400 米大小、居住人口在 5 000～6 000 人之间的交通管制区。其主张并非是反对汽车在城市中的使用，而是大幅改变不同交通方式的优先次序和所占空间，建设以公共空间功能为主的宜居街道。内部道路限制汽车通行速度和流量，营造舒适的公共空间，外部道路则用于联系城市，服务城市交通。巴塞罗那的"超级街区"规划理念提供了应对街区制消极外部性的一个解决方案，在提升城市生活质量的同时也使道路空间重新恢复活力，实现了人车和谐共存。

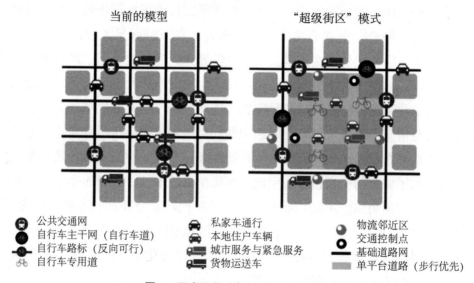

图 4 巴塞罗那"超级街区"示意图

七、突然公共卫生事件不改变街区制发展大方向

新冠肺炎疫情爆发后，我国依靠全面覆盖的基层社区、党政系统迅速实现了全域封闭和居家隔离，在阻止疫情传播方面起到了一定的作用。但在前述有关街区制的认识下，我们认为疫情并不会改变街区制的发展方向和要求。

第一，社区封闭举措的实际效果仍然有待评估。抗疫过程中，我国基层社区之所以可以迅速行动，关键不是普遍存在的围墙，而是在党和政府领导下，遍布全国深入扎根村庄社区的两委组织、下沉干部、党员志愿者队伍。很多城市社区没有围墙或者保安，同样做到了很好的隔离。而且围墙、测温和进出登记的社区，实际起到的作用有待评估。全市有多少案例是社区测温发现的？有多少流调真正使用了社区的出入登记记录？将基层和村居干部变成守门员的实际防疫效果如何？这些是值得评估的。很多小区虽然封闭了大门和围墙，但熟悉情况的居民仍有很多捷径小路可走。甚至在日常生活中，社区围墙和保安多大程度真正改进社区安全也值得评估。通过检验公安局入室盗窃数据，与小区围墙质量和保安配置之间的关系，总结社区保安、监控等设备在各类社区案件预防和破案中的作用，可以起到一定的说明效果。

第二，城市住区再开发和城市空间格局优化不可阻挡。近20年内批量建设的城市住宅（独栋独户很少）必将进入衰老周期，城市发展必将进入存量更新阶段。非产业园区的商业、财税价值开放势在必行，细化街区、密化路网、降低容积率、增加临街界面、底商、社会公共空间、提高社区空间商业和社会价值是必然选择。我们要么积极推行街区制，为未来的老旧小区更新铺垫制度基础和资金基础，要么在若干年后拆除现有住区建筑时，再进行设计和再开发。无论选择哪一个，都需要进行系统制度改革和复杂的利益协商。尽早规划、未雨绸缪总是上策。

第三，即便有需要，开放街区的封闭也很容易。其他国家经验也表明，没有围墙，在偶发的公共卫生危机下同样可以进行较好的社区封闭和居家隔离。为了应对偶发的公共卫生危机，长期保留围墙和封闭性大社区没有必要。更为重要的是面对危机时的行动力和弹性。即便真需要进行围合，在街区制推行过程中也有充足的技术和物质条件提供保障。例如社区开放时，主要开放路口或人行通道，非路口位置继续保留围墙。这样在紧急情况下，临时封闭路口即可。

八、推行街区制建设及应对突发公共卫生事件的建议

街区制是一种理想的"以人为本"的城市空间格局，是城市未来的发展方向，但要具体落实，面临多方面制度障碍。在推行街区制发展时，要特别注意前面的产权制度、利益重构、城市治理体制调整问题。一方面要认识到中国城市现有空间格局的优势，尊重业主意愿，采取灵活弹性、有针对性的对策逐步推进，避免一刀切、运动式、粗暴式推进；另一方面要提高街区制的战略定位，重视其背后设计的产权及城市治理体制、机制问题，避免不重视、不作为、战略摇摆的情况，形成城市发展战略定力，有意识地引导和推动城市治理体制的改革和现代化。

在实际执行过程中，可以按照新区新办法、老区老办法推进。新建住区坚持街区制，以小规模用地、适度容积率为主，通过窄路密网划分住区用地，形成用地的基本单元，在土地出让形式上留有弹性，注重功能混合与各类设施的均等化。针对已经建成的住区，根据社区区位、道路权属，在尊重业主意愿的基础上逐步开放，强化制度引导，避免运动化、绝对化。逐步推进城市产权改革，完善城市治理体

制，加强党建引领，提高社区公共产品生产能力和城市公共产品均等化水平。针对特殊时期的封闭集中管理需求，可提前制定应急管理预案，通过管理方式和技术手段的改进达到封闭管控效果。

（一）新建住区：施行街区制，加强开发强度及密度的规划建设管控

实践表明，除节约土地外，高层建筑耗材、造价高，使用过程中能源消耗也大，在消防、应急、公共卫生、邻里交往、居住心理压力等方面的社会成本高。而且高层建筑使用年限到期后，拆除难度大，改造更新价值低。我们也越来越认识到，我国城市核心区人口密度高、民生用地供给不足、建筑用地容积率高、路网密度低、居住商业产业用地分离、配套服务便利性差的空间格局并非最优模式，未来将面临复杂的产权改革和城市再开发难题，亟待调整。

因此，未来应加强对住宅开发强度、密度、体量的规划和建设管控，应适时考虑将住区相关规划建设技术标准的调整和优化列入议事日程（如住区规划设计规范、建筑防火设计规范等）。对于新建住区，确定适宜的建设强度和密度，合理配置空间资源和功能，因地制宜推行以低层住宅为主的建筑模式和街区制，避免高层、超高层住宅的大规模规划建设。与此同时，将社区常见公共服务标准化，减少小区共有土地面积，扩大城市公园等公共空间面积，避免小区"圈地自用"。

根据我国城市建设用地现实条件、建筑开发实用性，以及国外街区制的尺度划分经验，新建住区宜适度增加城市道路网密度，尤其是增加城市支路的密度，形成"窄路密网"的小街区模式。新建住区基本单元可以控制在 4 公顷（200 米 × 200 米）左右，同时可结合区位条件等弹性调整。在规划建设中遵循土地混合使用原则，强化沿街界面和开放度较高地段的复合功能，采取住宅和商业、公共服务结合的方式，配建不同层级便民服务设施，构建 5～15 分钟生活圈，提高土地利用率和财税基础，增强街区活力。围合住区基本单元的道路皆为城市道路，不应封闭管理；住区内部街坊路优先对行人和骑行者开放；提高临街店面和底商面积，促进住区公共资源与城市融合的同时，避免引入过多机动车交通干扰住区内部环境和威胁居民生命财产安全。

（二）已建住区：分类施策，逐步推进，释放社区集体资产潜能，引导过大住区恢复人性化尺度

对于大型甚至超大型住区，建议区分情形，分别采取措施，逐步实现过大住区开放化、小型化。

一是对于法规、标准、政策、实施、时序等多方面原因导致的城市道路围合在住区内部使用的情况，应制定相应政策，通过疏解腾退工作，逐步无条件对外开放，恢复道路的正常交通功能。

二是针对一些严重阻隔城市空间、对城市道路网的连通性造成很大影响，但住区内部道路系统丰富的大型住区，应通过详细调查和研究，结合居民意愿和相关制度、政策的制订，在保障业主产权的和意愿的基础上，有序推进住区内部道路因地制宜对外开放，对于无法对机动车开放的道路，可以考虑对行人和自行车开放，实现业主自身福利的提升。

三是对部分早期建设的开放式住区，在保证业主共有产权基础上，应结合需求纳入城市道路管理范畴，增加市政投入，统筹与城市道路的衔接关系和运维管理。

四是针对其他封闭小区，加强公众参与，在充分征求住区居民意见基础上逐步开放。住区内部道路、绿地、公服设施等公共资源是否对外共享，应综合考虑地区交通条件、公共服务资源配置及居民意愿等因素，不应"一刀切"。政府应出台相应政策，鼓励住区自愿适度对外开放内部道路和绿地，尤其是优先对行人和骑行者开放。在适当的时候，配合房产税改革，推动城市土地产权改革，调整城市空间和土地再开发相关规定，释放临街店面和底商的价值，完善物业治理体制，提高小区保安、垃圾清运和卫生、绿化服务标准化，费用税收化，推动社区公共产品的均等化。

例如可借鉴日本东京的做法，对在成片开发中提供公共慢行通道的项目给予政策奖励，如提高容积率、调整用地功能等，可在了解社区居民的改造诉求的基础上，允许社区进行小规模的、与原土地使用性质兼容的商业再开发，利用商业收益来承担通道的建设和维护成本；或政府成立专项资金，作为开放住区环境维护（如增加智能监控设施、单元门禁设施、交通稳静化设施、提升公共空间、补贴物业管理费用等）的经济补贴。

(三) 强化党建引领和多元参与，创新社区治理，分类制定社区应急管控方案

我国既有的住宅供给体制已经事实造成了城市住区的集体所有制。住区的业主共有特定的产权、共担社区公共产品生产的责任。无论是街区制的推行、未来城市空间再开发，还是应对突发公共危机，业主和居民都是有紧密的利益关联。良好的体制机制和高效的组织方式是协商解决上述共同难题、化解纠纷和风险的关键法宝。

因此，我们要充分发挥中国特色社会主义产权制度、政治制度、基层民主制度

的优势，充分发挥党组织在社区居民、小区业主、小区物业公共服务生产中的引领作用，借鉴农村集体土地征收和产权改革经验教训，盘活城市社区公共空间的商业和社会价值，扩大城市社区集体经济和城市财税来源，发挥好社区党员的先锋带头作用和社区社会组织的参与作用，引导多元社会力量共同参与城市建设，培育好社会组织，搞活社区氛围，共同面对市域治理中的高密度、高流动、高风险、高分化挑战。

要充分发挥和加强责任规划师、社会工作者在社区空间改造、公共服务设施配置与优化、突发公共卫生事件应急预案制定、社区安全和风险防控措施宣传、社区社会组织培育、社区建设方面的作用，为社区共建、共治、共享等工作提供专业性的意见和建议。

在面对应急情况时，积极组织和动员街道干部、企业职工、社区志愿者、在职党员等共同组建多层级的应急管理服务队伍。提前根据街区特征、规模，因地制宜做好住区应急防控预案和管控方案设计。

（四）通过技术赋权基层治理和应急防控

继续推动智慧城市、智慧社区建设，赋权基层治理和应急管理。利用"雪亮工程"等计划进一步提高城市安全性，减少社区围墙、私人保安的必要性；实施智慧交通，优化交通控制，优化地铁、公交网络和出行结构，改善城市交通拥堵状况；发展互联网经济和社群商业，优化社区末端物流配送机制，提高购物的便利性，推动社区社会资本积累；通过信息技术搭建和完善业主和居民的自治平台（如业主自治平台、社区三资和物业监管平台），降低基层民主自治的成本，提高公共产品生产的效率、公开性、公正性。

在突发应急状况下，可以通过街道监控、智慧门禁、健康监测、社会信用评分等信息和技术提高应急管理能力。

参考文献

［1］侯利文. 走向开放的街区空间：社区空间私有化及其突破［J］. 学习与实践，2016（05）：103－12.

［2］叶青，张祥智，赵强，李昕阳. 城市居住街区规模影响因素辨析［J］. 城市规划，2019（04vo43）：78－84.

［3］吴晓林. 从封闭小区到街区制的政策转型：形势研判与改革进路［J］. 江汉论坛，2016a（05）：40－45.

［4］吴晓林．"街区制"的下一个路口［J］．决策 2016b（04）：35－37.

［5］吴晓林．城中之城：超大社区的空间生产与治理风险［J］．中国行政管理，2018a（09）：137－43.

［6］吴晓林．城市封闭社区的改革与治理［J］．国家行政学院学报，2018b（02）：122－127＋138.

［7］宋伟轩．封闭社区研究进展［J］．城市规划学刊，2010（04）：42－51.

［8］左令．物业管理体制与委托：代理理论［J］．中外房地产导报，1997（03）：10－14.

［9］曾九利，王引，胡滨，等．小街区，大战略［J］．城市规划，2017（02vo41）：75－80.

［10］涂利娟．物业管理的公共产品属性及难题、对策研究［J］．中国商论，2016（16）：153－56.

［11］王晋．推广街区制对城市路网布局的影响及对策［J］．城市道桥与防洪，2016（06）：4－10.

［12］陈鹏．城市社区治理：基本模式及其治理绩效：以四个商品房社区为例［J］．社会学研究，2016（03vo31）：125－151＋244－245.

中国城市外贸竞争力报告 2018

蔡俊伟　　张京宪　　吉小峰等①

一、总论

2018 年，是贯彻党的十九大精神开局之年，是改革开放 40 周年，是习近平总书记提出共建"一带一路"倡议 5 周年。这一年，国内经济总体平稳、稳中有进，经济结构调整优化，质量效益稳步提升，高质量发展扎实推进。这一年，特朗普政府一意孤行，单边主义和贸易保护主义大行其道，对 WTO 贸易规则和多边贸易体制构成严重挑战，给世界经济复苏和全球贸易流通带来阴霾。这一年，面对全球金融危机以来最为复杂严峻的国际形势，我国坚持稳中求进工作总基调，坚持推动新一轮高水平对外开放，对外贸易展现了极强的韧性，实现了稳步增长。2018 年，我国货物贸易进出口总额 30.51 万亿元，增长 9.7%，进出口规模创历史新高，占全球货物贸易总额的比重达到 11.8%，较上年提高 0.3 个百分点，全球货物贸易第一大国的地位进一步稳固。全国外贸的增长离不开各个城市的奋发努力。2018 年，参与中国城市竞争力评比的 298 座城市中，外贸进出口增速超过 10% 的达 152 座，增速超过 20% 的达 93 座。

新时代，我国对外贸易发展开启新征程，加快向高质量发展阶段转向，外贸发展在动力和潜力方面明显增强，"调结构"步伐也在加快。2018 年，城市外贸发展、潜力对综合竞争力的解释与拉动作用全面提升。入围综合竞争力 30 强的城市中，同时跻身发展竞争力 30 强的城市高达 22 座，跻身潜力竞争力 30 强的城市达 18 座，入围结构竞争力 30 强的城市数量比上年增加 2 座至 13 座。

---

　　① 本报告的总策划人是黄国华，执笔人还有张靖、林舜水、苏炜、丘蕊、汤兵、单景、彭莉。本报告特别鸣谢郑峰的支持。

外贸总体规模创历史新高的背后是各城市外贸体量的扩大。2018 年，外贸综合竞争力百强城市的进出口平均规模高达 2 824.8 亿元，较上年提升 10.1%，高于同期我国外贸进出口增速 0.4 个百分点；入围百强的最高和最低水平线双双提升，最高值依旧由上海保持，由 2017 年的 32 235.9 亿元提高至 2018 年的 34 010 亿元，最低值由 2017 年内蒙古乌兰察布的 16.9 亿元提高至 2018 年甘肃嘉峪关的 21.8 亿元。整体规模提升的同时，城市间的平均差距也在相应拉大，由 2017 年的 325.5 亿元扩大至 2018 年的 339.9 亿元。

外贸体量扩大的同时，我国在扩大进口方面也呈现出良好成效，进出口更加平衡。2018 年，我国坚持扩大进口政策导向，在降低进口关税、优化国际市场布局、加快自贸谈判、改善贸易自由化和便利化条件等方面，出台了一系列大力度的政策措施。2018 年，我国关税总水平由 9.8% 降至 7.5%；世界银行发布的《2019 年营商环境报告》中，我国排名提升 32 个位次至第 46 位；截至 2018 年，我国签订的自贸协定已涵盖 8 000 多种零关税进口商品。这一年，我国成功举办首届中国国际进口博览会，这是迄今为止世界上第一个以进口为主题的国家级展会，是国际贸易发展史上一大创举。我国扩大进口的举措不仅有利于更好地满足人民日益增长的美好生活需要，更为世界经济的发展提供了更多中国机遇。数据显示，2018 年我国外贸进口增速高于出口增速 5.8 个百分点，贸易顺差收窄 18.3%。WTO 数据显示，我国进口在国际市场的份额由 2017 年的 10.2% 提升至 2018 年的 10.8%，为全球贸易的稳定贡献了中国力量。在 2018 年参与城市外贸竞争力评价的 298 个城市中，148 座城市的外贸平衡度有不同程度的提升。东北地区 9 座上榜城市中，外贸平衡度指标提升的城市达 8 座，环渤海地区和中部地区外贸平衡度指标提升的城市也不在少数。湖南岳阳、湖北黄石、甘肃嘉峪关、广西北海等城市依靠在外贸平衡度方面的出色表现，得以跻身外贸综合竞争力百强。

党的十九大提出实施区域协调发展战略，明确了"强化举措推进西部大开发形成新格局，深化改革加快东北等老工业基地振兴，发挥优势推动中部地区崛起，创新引领率先实现东部地区优化发展"的区域协调发展战略蓝图。纵览 2018 年城市外贸竞争力 100 强榜单（见表 1），各区域"稳中有进、稳中向好"，区域外贸协调发展版图更加清晰（见表 2 和表 3）。

（一）东南沿海地区"稳中有进"，外贸提质增效步伐加快

东南沿海地区①是我国对外开放的先行者，也是我国对外开放的前沿阵地和排

---

① 这里的东南沿海地区指长三角、珠三角和海西地区。

头兵。这里工业基础雄厚，商品经济发达，水陆交通便捷，外贸积淀沉厚，劳动力素质较高，"软硬兼备"的优势较为突出，是我国外贸发展的"稳定器"。2018年，东南沿海地区在对外开放领域新举措不断，展现了新作为。3月，长三角区域合作办公室挂牌成立；6月，长三角地区主要领导座谈会审议通过《长三角地区一体化发展三年行动计划（2018—2020年）》。特别是11月5日，习近平主席在首届中国国际进口博览会开幕式发表演讲时提到，将支持长江三角洲区域一体化发展并上升为国家战略，长三角一体化发展迎来历史性的突破。珠三角地区乘着粤港澳大湾区建设的东风，协同发展进程也明显加快，随着广深港高铁、港珠澳大桥的相继通车，粤港澳物理层面互联互通基本实现，我国对外开放程度最高的、充满活力的世界级城市群正在扬帆起航。海西地区内部区域协调发展进程加快，与长三角、珠三角联系日益紧密。2018年城市外贸百强榜单上，东南沿海地区再次凭借团队优势大显身手，上榜城市达33座，上榜率高达60%。长三角、珠三角和海西地区上榜城市分别达21座、8座和4座。同时，东南沿海地区再次包揽了榜单前8强。上海以推动自贸试验区建设为引领，大力推进"一带一路"桥头堡建设与长江经济带建设，充分发挥开放优势和集聚辐射优势，继续领跑长三角地区，稳居榜眼，江苏苏州和浙江宁波分别稳定在第4位和第8位。珠三角地区继续保持豪华的尖端阵容，粤港澳大湾区核心城市广东深圳和广州分列榜单第1和第7位，广东东莞和珠海也高居第3和第5位。

东南沿海地区城市不论是开放程度还是外贸体量都具有先发优势，同时在新一轮高水平对外开放进程中，也肩负着引领对外贸易向高质量发展转变的重任，而其中部分城市已经在对外贸易结构效益提升方面崭露头角。2018年长三角地区上榜的21座城市中，结构竞争力和效益竞争力排名较上年提升的城市分别达14座和12座，分别占入榜城市数量的66.7%和57.1%。珠三角地区上榜的8座城市中，结构和效益竞争力提升的分别达6座和5座，海西地区4座上榜城市中结构和效益竞争力提升的城市均达3座。江苏无锡、浙江金华、江苏常州、浙江嘉兴和舟山在结构、效益等竞争力有所改善，带动综合竞争力分别提升1个、2个、2个、3个和1个位次，分别提升至第11、第22、第23、第27和第28位。珠三角地区的广东珠海和佛山在结构、效益竞争力等方面有所提升，带动综合竞争力前进2个和3个位次，至第5和第13位。海西地区的福建龙岩的结构和效益竞争力分别提升10个和106个位次，带动综合竞争力提升13个位次至第62位。

(二) 西部地区"稳中有变",中心城市表现稳定,榜单后半段更迭频繁凸
显发展不平衡问题

近年来,随着西部大开发战略、"一带一路"建设、长江经济带建设等战略的实施与深入,西部地区全方位开放进程加快。同时,东部产业西移更加速了西部地区外向经济发展的步伐,西部地区对外贸易快速发展。2018 年,我国西部地区外贸进出口增长 16.1%,高于当年我国进出口增速 6.4 个百分点,是增长最快的地区。作为西部地区三大中心城市,重庆、西安和成都肩负着西部大开发先行者和引领者的重任。作为成渝经济区的双核,重庆和成都向西依托中欧班列"丝绸之路"经济带的西向国际贸易大通道,向东依托长江黄金水道构建的东向出海大通道。而西安作为"丝绸之路"经济带的重要枢纽城市,是我国向西开放的重要支点,加之西咸新区的划入,西安也如虎添翼。三大中心城市是我国新一轮高水平对外开放的"内陆开放高地",外贸综合竞争力也呈现稳步提升。重庆、西安和成都 2018 年外贸综合竞争力分别提升 1 个、4 个和 3 个位次,分别位列 2018 年城市外贸竞争力百强榜单第 13、第 14 和第 18 名。

尽管西部地区对外贸易发展速度快,占比稳步提升,但仍面临整体规模偏小(2018 年进出口规模仅占全国 8%)、产业结构单一、吸引外资水平不高、内生动力不足、各城市发展不均衡等问题,大部分城市位于榜单后半段且占位稳定性较差。在 2018 年城市外贸竞争力百强榜单上,西部地区 17 座城市上榜,尽管有 4 座城市稳定在前 30 强,但处于榜单后半段(后 50 名)的城市高达 11 座,占上榜城市数的近 2/3。在榜单排名 75～100 名的 8 座西部地区城市中,5 座城市为新晋,榜单更迭率高达 62.5%。云南昆明、海南海口、贵州贵阳等省会城市以其较为突出的首位度和综合实力晋升百强,甘肃嘉峪关和广西北海两大特色城市分别提升 84 个和 19 个位次重回百强榜单。而退出城市大多为四川泸州、内蒙古乌兰察布和宁夏石嘴山等非省会城市。此外,广西崇左和内蒙古包头分别降低 7 个和 9 个位次,分别位列第 35 位和第 42 位。

(三) 中部地区"稳扎稳打"步步为营,领军城市继续奋发突进

中部地区承东启西、连南接北,交通网络发达,生产要素密集,人力资源丰富,产业门类较为齐全。随着中部崛起战略的实施,以中部地区 6 个省会城市为中心,逐渐形成了武汉城市群、长株潭城市群、环鄱阳湖城市群、中原城市群、皖江城市群、山西中部城市群六大城市群。依托"一带一路"建设、长江经济带发展的

深入推进，中部地区稳扎稳打，上榜城市数量逐渐趋稳，成为城市外贸竞争力百强榜单上不容小觑的骨干力量。2018，中部地区入围城市外贸竞争力百强榜单的城市保持在23座，超越长三角地区，连续三年保持作为榜单中版图最大的地区。位于榜单前半段的领军城市河南郑州、湖北武汉、安徽合肥、安徽马鞍山、湖南长沙和安徽铜陵排名分别提升3、3、1、7、14和7个位次，分别位列第16、第17、第25、第32、第33和第37名。与此同时，安徽马鞍山、芜湖，湖南岳阳，江西南昌、新余等依托当地资源特点、产业特色和城市群优势稳居榜单的中上游水平。中部地区省会城市挂帅、特色城市跟跑的"雁阵"竞争队列逐步成型。

（四）东北地区"稳步回升"，环渤海协同发展渐入佳境

东北地区拥有我国多座工业重镇，钢铁、机械等重工行业和石油、煤炭等资源产业底蕴深厚，但受困于资源、结构等束缚，近年来东北地区转型压力加大，外贸发展也陷入低迷泥沼。为提振东北地区发展，党中央国务院相继出台《中共中央、国务院关于全面振兴东北地区等老工业基地的若干意见》等新一轮政策以及配套措施，新一轮东北振兴全面启动。东北地区经济企稳反弹，对外贸易稳步回升。继2017年进出口增长15.8%之后，2018年东北地区进出口增长14.9%，高于当年我国进出口增速5.2个百分点。在城市外贸竞争力百强榜单上，东北地区上榜城市由2016年的7座回升至2017年的8座，2018年再添一城，达到9座。受益于供给侧结构性改革，钢铁和煤炭行业景气度大幅提升，以及国际油价企稳，石化产业景气度提升，辽宁锦州和吉林省吉林市外贸结构竞争力和发展竞争力明显提升，排名分别提升67个和9个位次，分别位列第38位和第98位。而排名靠前的辽宁大连和吉林长春排名也分别提升1个和19个名次，分别位列第12位和第30位。辽宁沈阳、盘锦、本溪、鞍山和营口均为榜单常客，分别位列第47、第50、第52、第63和64位。

随着京津冀协同发展战略的深入推进，尤其是"千年大计"雄安新区的横空出世，京津冀协同发展被注入新的活力。2018年城市外贸竞争力百强榜单上，环渤海地区渐入佳境，上榜城市由上年的17座增加至18座，为城市外贸竞争力评价以来上榜城市数量最多的一年，上榜率高达60%。京津冀地区的北京外贸水平和外贸发展均有所提高，排名提升1个位次跻身前10强，天津稳居第9名。河北邢台开放步伐加快，外贸结构、效益、发展、潜力全面提升，排名上升50个位次至第83名，河北秦皇岛提升12个位次至第94名。河北石家庄、唐山、廊坊和沧州外贸竞争力均有不同程度提升，分别位列第49、第51、第65和第81名，河北保定因个别指标不尽如人意而名落孙山。山东半岛充分发挥临近日韩、京津冀和长三角重点联

动区、海洋经济产业集群的优势，撑起环渤海地区的半壁江山，沿海的青岛、烟台和威海更是连续多年稳定在榜单前 50 强，2018 年分别位列第 15、第 24 和第 43 名；东营和日照分别位列第 31 和第 53 位；济南、淄博、滨州、潍坊、聊城等非沿海城市也都榜上有名，山东半岛内陆腹地的外贸竞争优势不容小觑。

2018 年，我国四大区域板块城市外贸竞争力发展呈现更加平衡、更加协调的发展格局：东部地区城市引领提质增效转型升级，中西部地区中心城市你追我赶引领作用增强，京津冀协同发展稳步推进，东北振兴进程加快。随着我国新一轮高水平对外开放格局的日益明晰，一系列外贸支持政策的红利不断释放，技术、产品、商业模式的创新不断加强，进出口结构不断优化、效益稳步提升，新的竞争优势加快重塑，新的发展动能不断积聚，我国外贸稳步发展前景可期，城市外贸竞争格局也将续写更加精彩的篇章。

表 1　2018 年中国城市外贸竞争力 100 强排名

城市名称	综合得分	综合排名	城市名称	综合得分	综合排名
广东省深圳市	82.6	1	河北省唐山市	71.2	51
上海市	80.7	2	辽宁省本溪市	71.1	52
广东省东莞市	80.4	3	山东省日照市	71.1	53
江苏省苏州市	79.9	4	内蒙古自治区鄂尔多斯市	71.1	54
广东省珠海市	78.1	5	江西省新余市	71.1	55
福建省厦门市	77.8	6	江苏省镇江市	71.1	56
广东省广州市	77.1	7	山东省滨州市	71.1	57
浙江省宁波市	76.3	8	山西省太原市	71.0	58
天津市	75.7	9	福建省泉州市	71.0	59
北京市	75.7	10	四川省绵阳市	71.0	60
江苏省无锡市	75.1	11	山东省潍坊市	71.0	61
辽宁省大连市	74.6	12	福建省龙岩市	71.0	62
重庆市	74.4	13	辽宁省鞍山市	70.9	63
陕西省西安市	74.4	14	辽宁省营口市	70.9	64
山东省青岛市	74.2	15	河北省廊坊市	70.9	65
河南省郑州市	74.1	16	湖北省黄石市	70.9	66
湖北省武汉市	74.1	17	浙江省台州市	70.8	67
四川省成都市	74.0	18	江西省鹰潭市	70.8	68
广东省佛山市	73.8	19	湖南省衡阳市	70.8	69

续表

城市名称	综合得分	综合排名	城市名称	综合得分	综合排名
江苏省南京市	73.7	20	浙江省绍兴市	70.7	70
浙江省杭州市	73.7	21	江苏省连云港市	70.7	71
浙江省金华市	73.5	22	甘肃省金昌市	70.7	72
江苏省常州市	73.5	23	江苏省泰州市	70.7	73
山东省烟台市	73.4	24	江苏省盐城市	70.7	74
安徽省合肥市	73.3	25	江苏省徐州市	70.7	75
广东省惠州市	72.9	26	甘肃省嘉峪关市	70.7	76
浙江省嘉兴市	72.7	27	江苏省扬州市	70.6	77
浙江省舟山市	72.7	28	广西壮族自治区南宁市	70.6	78
广东省中山市	72.5	29	广西壮族自治区柳州市	70.6	79
吉林省长春市	72.5	30	湖南省株洲市	70.6	80
山东省东营市	72.2	31	河北省沧州市	70.5	81
安徽省马鞍山市	72.1	32	山东省聊城市	70.4	82
湖南省长沙市	72.0	33	河北省邢台市	70.4	83
江苏省南通市	72.0	34	安徽省蚌埠市	70.4	84
广西壮族自治区崇左市	72.0	35	浙江省湖州市	70.3	85
福建省福州市	71.9	36	浙江省温州市	70.3	86
安徽省铜陵市	71.9	37	江西省九江市	70.3	87
辽宁省锦州市	71.8	38	湖南省湘潭市	70.2	88
山东省淄博市	71.8	39	新疆维吾尔自治区乌鲁木齐市	70.2	89
湖南省岳阳市	71.6	40	湖南省郴州市	70.2	90
广东省江门市	71.6	41	云南省昆明市	70.1	91
内蒙古自治区包头市	71.5	42	海南省海口市	70.1	92
山东省威海市	71.5	43	贵州省贵阳市	70.1	93
安徽省芜湖市	71.4	44	河北省秦皇岛市	70.1	94
广西壮族自治区防城港市	71.4	45	广西壮族自治区北海市	70.1	95
山东省济南市	71.4	46	江西省吉安市	70.0	96
辽宁省沈阳市	71.3	47	安徽省安庆市	70.0	97
江西省南昌市	71.3	48	吉林省吉林市	70.0	98
河北省石家庄市	71.3	49	湖南省益阳市	70.0	99
辽宁省盘锦市	71.2	50	安徽省池州市	70.0	100

表 2　2018 年各直辖市、副省级城市、省会城市外贸分项与综合竞争力排名表

行政级别	城市名称	水平排名	结构排名	效益排名	发展排名	潜力排名	综合排名	排名升降
直辖市	上海市	4	32	4	8	2	2	0
	天津市	21	7	44	13	13	9	0
	北京市	5	156	134	9	34	10	1
	重庆市	25	160	22	11	16	13	1
副省级城市	广东省深圳市	1	109	5	1	1	1	0
	福建省厦门市	7	12	58	16	4	6	—1
	广东省广州市	16	4	12	22	3	7	—1
	浙江省宁波市	13	2	7	55	6	8	0
	辽宁省大连市	23	113	153	12	9	12	1
	陕西省西安市	19	164	42	3	107	14	4
	山东省青岛市	38	8	26	36	14	15	0
	湖北省武汉市	57	51	17	17	24	17	3
	四川省成都市	15	180	102	5	93	18	3
	江苏省南京市	28	30	54	21	39	20	—10
	浙江省杭州市	49	3	15	58	36	21	—5
	吉林省长春市	143	43	78	14	121	30	19
	山东省济南市	127	11	59	87	72	46	—3
	辽宁省沈阳市	112	10	177	63	80	47	—9
	黑龙江省哈尔滨市	98	98	176	109	172	114	—2
其他省会城市	河南省郑州市	24	234	27	2	52	16	3
	安徽省合肥市	42	75	45	18	43	25	1
	湖南省长沙市	73	36	130	42	48	33	14
	福建省福州市	64	60	70	86	20	36	—4
	江西省南昌市	65	28	179	73	66	48	—7
	河北省石家庄市	120	26	74	88	57	49	8
	山西省太原市	26	212	138	31	156	58	—24
	广西壮族自治区南宁市	34	219	217	32	95	78	10
	新疆维吾尔自治区乌鲁木齐市	134	101	189	186	25	89	11
	云南省昆明市	77	210	253	41	46	91	47

续表

行政级别	城市名称	水平排名	结构排名	效益排名	发展排名	潜力排名	综合排名	排名升降
其他省会城市	海南省海口市	126	188	244	46	44	92	26
	贵州省贵阳市	135	166	221	89	22	93	37
	甘肃省兰州市	88	120	209	139	47	103	1
	宁夏回族自治区银川市	206	103	241	54	138	117	−81
	内蒙古自治区呼和浩特市	83	177	224	147	38	120	−31
	青海省西宁市	156	167	233	199	128	201	−19
	西藏自治区拉萨市	125	258	239	249	277	262	−44

表3　2018年我国各地区分项外贸竞争力进入前100名的城市分布统计表

地区名称（所含城市数量）	水平竞争力	结构竞争力	效益竞争力	发展竞争力	潜力竞争力	综合竞争力
东南沿海地区（55座）	32	34	30	28	32	33
其中：长三角地区（25座）	13	22	18	15	20	21
珠三角地区（21座）	13	8	9	8	9	8
海西地区（9座）	6	4	3	5	3	4
环渤海地区（30座）	15	20	14	17	15	18
东北地区（34座）	7	4	11	10	9	9
中部地区（84座）	19	35	24	22	18	23
西南地区（50座）	14	5	14	13	11	11
西北地区（45座）	13	2	7	10	15	6

二、水平篇

（一）水平分项竞争力分析

水平分项竞争力评价体系构建意义：衡量城市外贸水平不等同于单纯的规模比拼，需要从企业平均实力、相对发展速度、外贸平衡度、经济外向度等多维度、多角度进行综合评价。

1. 外贸规模体量力保明星城市"强者恒强"，中小城市跳跃性强

2018年，中国城市外贸水平竞争力30强榜单（见表4）有6座新城市登榜，较上年减少 1 座，榜单更迭率回落至 20%。同时入围水平竞争力与综合竞争力前 30 强的城市数量由上年的 21 座下降至 19 座，显示水平竞争力与综合竞争力仍保持较高的相关性，但联动效果有所趋弱。规模性指标对水平竞争力的支撑作用仍旧明显，"外贸总值占全国比重"指标前 30 位中有 18 座城市入围水平竞争力 30 强，且水平竞争力得分随外贸体量的提升快速上扬，外贸规模前 15 位城市中的 13 座均顺利入围水平竞争力 30 强。2018 年虽然影响我国外贸不稳定、不确定因素增多，但水平竞争力榜单"强者恒强"的主基调未变，明星城市如广东深圳、广东东莞、江苏苏州、上海等，凭借"外贸总值占全国比重""人均进出口额""外贸依存度"等指标的绝对领先优势继续雄踞榜单前列。中小城市综合实力不济，仅能凭借个别指标的爆发式提升登陆榜单，如 2018 年甘肃嘉峪关外贸总值仅有 21.8 亿元，在全部参评城市中居倒数，但出口同比增长 1.8 倍，且全市仅有 9 家外贸企业，凭借"变差优势"和"企业平均进出口规模"指标的优异表现一举占据水平竞争力榜单第 8 位，名次较上年提升 75 位。缺乏综合实力的支撑使得中小城市常现"一泻千里"式落榜，如广西钦州由上年第 29 位大幅下滑至第 136 位，黑龙江大庆则下滑 61 个位次至第 74 位。

2. 东部沿海地区优势企稳回升，西部地区表现平平

表 5 为 2018 年各地区水平竞争力单项指标进入前 30 名的城市分布表。作为我国对外开放水平最高的区域，东部沿海地区外贸水平竞争力仍然具有明显优势。但是，随着传统驱动要素动能减弱，新动能尚在培育阶段，东部沿海地区加工贸易产能逐渐向我国内陆和东南亚地区迁移，一定程度上制约了城市外贸增长步伐，2018 年入围水平竞争力 30 强榜单城市数量保持与 2017 年持平的 17 座。但挑战与机遇并存，东部沿海地区加速推进产业转型升级，注重强化内生动力，部分城市名次实现提升。其中，珠三角地区共 6 座城市入围，广东深圳继续蝉联榜首，广东东莞也保持着榜单探花，广东中山落榜的空缺则由广东汕尾补上；长三角地区上年入围的 6 座城市再次全部入围，江苏苏州位居第 2、上海第 4，与珠三角竞争继续维持焦灼之势；环渤海地区虽然山东烟台遗憾落榜，但山东日照成功补位，加上北京、天津和山东东营，共 4 座城市入围，且全部实现位次提升；海西地区继续由福建厦门独自入围。内陆地区加速承接东部沿海地区产业转移，四川成都、陕西西安、重庆、河南郑州等外贸新星城市雏形初现，与传统外贸发达地区差距正在缩小。2018 年水平竞争力 30 强榜单中，内陆地区共有 13 座城市入围，其中重庆继续稳居内陆地区第一；甘肃嘉峪关和金昌联手入围，加上陕西西安的稳定表现，使得西北地区上榜城市达到 3 座；中部地区河南郑州、山西太原和湖南郴州入围，但均位列榜单后部；东北地区黑龙江大庆落榜，仅剩辽宁本溪和大连入围。

（二）外贸总值统计分析

外贸总值占全国比重：一段时间内某城市外贸总值与同期全国外贸总额的比重，描述该城市在全国外贸中的贡献程度。

1. 东部沿海地区优势显著，外贸大格局依然稳定

自2015年以来，"外贸总值占全国比重"前30榜单已连续3年未有新面孔登场，我国外贸大格局总体保持稳定。2018年榜单入围门槛再度提高，入围城市平均进出口规模为7 956.5亿元，比上年提升5.1%；上榜门槛达到2 146亿元，提升11%。外贸资源集中度延续分散趋势，榜单前30城市外贸总值占全国比重合计为78.3%，在上年下滑0.6个百分点的基础上，2018年继续下滑0.4个百分点。从入围城市区域分布来看，"东强西弱"格局依然牢固，东部沿海地区合计包揽24个席位。其中，长三角地区由榜单头名上海领衔，共有11座城市上榜，入围城市外贸总值合计占全国比重高达31.2%，集团优势继续傲视群雄；珠三角地区共7座城市入围，广东深圳、东莞和广州仍是珠三角外贸"铁三角"，联手入围榜单前10名；北京作为榜单季军，携手环渤海地区的天津及山东青岛、烟台登陆榜单；海西地区由福建厦门和福州双双入围。相比之下，内陆城市整体实力仍显逊色，仅有6座城市入围，排名最高的重庆位列第13位。除四川成都和重庆携手并进外，内陆地区外贸城市基本是凭借"单兵能力"突围，区域协同发展能力偏弱，尚未形成具有一定规模的外贸优势集中区域。

2. 承接产业转移拉动内陆地区外贸发展，沿海地区贸易结构持续优化

2018年入围"外贸总值占全国比重"前30榜单城市外贸增速继续呈现"东慢西快"格局，6座上榜的内陆城市中，有5座进出口额实现两位数增长，其中陕西西安增长29.6%，四川成都增长26.5%，在外贸大城市中处于绝对领先地位。近年来，内陆地区积极承接东部沿海地区高新技术制造业产能转移，富士康、英特尔、美光等电子产品生产巨头的进驻直接拉动了成都、重庆、西安等内陆城市的外贸规模，并带动零配件、物流、封装测试等配套行业形成产业集群。相比于内陆地区的后发优势，东部沿海地区仍是我国外贸的"定海神针"，但由于庞大的外贸体量，以及处于转型升级的调整阶段，实现增长的难度更大，如2018年长三角地区整体外贸增速为8.7%，珠三角地区为5.1%，均不及全国平均水平。以加工贸易为载体的传统外贸发展动力在东部沿海区域有所减弱，珠三角地区2018年加工贸易进出口增速仅为4%；长三角地区为3.3%，环渤海地区则下降9.9%。与传统驱

动要素动能减弱相伴的是外贸结构深度调整并持续优化，如珠三角地区 2018 年一般贸易方式进出口增长 7.1%，较加工贸易多 3.1 个百分点；劳动密集型产品出口下降 7.6%，而电器及电子产品出口增长 6.4%。

(三) 企业平均进出口规模统计分析

企业平均进出口规模：一段时间内某城市进出口总额与同期进出口企业数量的比值，用以描述该地区企业进出口实力水平。

龙头企业支柱作用推动内陆中小城市集中上榜。2018 年"企业平均进出口规模"前 30 榜单有 4 座新城市上榜，比上年减少 1 座，榜单更迭率 13.3%，上榜城市企业平均进出口规模达到 2.5 亿元，比上年提升 12.6%，入围门槛为 1.3 亿元，提升 14.6%。外贸中小城市在榜单上表现活跃，"企业平均进出口规模"前 30 城市中，位居"外贸总值占全国比重"榜单 200 位以外的有 3 座，百位以外则多达 14 座。龙头企业在资源禀赋型城市外贸甚至经济结构中占有绝对支撑地位，是内陆中小城市纷纷登榜的主要原因。如有中国"镍都"之称的甘肃金昌雄踞榜单首位，金川集团主导的有色金属产业对当地经济发展举足轻重；榜单次席的黑龙江大庆则以"油城"著称，石化产业奠定了大庆在东北乃至全国的重要地位。反观东部沿海地区，外向型经济活跃，大量企业实体从事外贸业务，在成就外贸大城市的同时，也拉低了企业平均进出口规模。2018 年，共有 12 座城市外贸企业数量过万，全部集中于东部沿海地区，其中仅有北京进入"企业平均进出口规模"前 30 榜单，而山东青岛、浙江绍兴则位居榜单 200 位之外。对中小外贸城市的青睐导致榜单分布显著偏向内陆区域，内陆城市占据 2018 年"企业平均进出口规模"前 30 中的 26 席，东部沿海地区仅有浙江舟山、山东东营、北京和广东汕尾入围。

(四) 人均进出口额统计分析

人均进出口额：一段时间内某城市进出口总额与同期该城市人口比值，用以描述该城市进出口水平。

东部沿海城市领跑榜单，高人口基数拉低内陆城市平均指标规模。2018 年"人均进出口额"前 30 榜单继续保持稳定，与上年相比没有城市更迭。榜单城市中有 24 座同时入围"外贸总值占全国比重"榜单前 30 位，庞大的外贸规模依旧是城市抢占"人均进出口额"榜单前排的根本保证。综合实力明显高出一筹的东部沿海地区在该指标处于绝对垄断地位，共包揽榜单 26 个席位。具体来看，长三角地区共入围 11 座城市，"抱团"优势明显，上海、江苏苏州继续保持区域核心地位；珠三角地区以 8 座城市入围的成绩紧随其后，其中广东深圳和东莞位居榜单前 2 位，珠海位居第 4；环渤海地区除北京、天津两大直辖市外，另有青岛、威海、烟台、东营 4 座山东城市集体入围；海西地区则由福建厦门独自入围，高居榜单第 5 位。相比之下，内陆地区在"人均进出口额"榜单表现不佳，大多在榜单中后部徘徊，仅有西南地区的广西防城港和崇左、东北地区的辽宁大连、中部地区的河南郑州能够入围前 30。除了受制于外贸规模偏低这一主要劣势之外，内陆城市经济发展不均衡，核心城市对周边地区资源的虹吸效应明显高于东部沿海发达地区，导致人口集中度过高，进而拉低了平均指标的表现。例如重庆，人口总数超过 3 000 万，是中国第一人口大市，虽然"外贸总额占全国比重"指标高居参评城市第 13 位，但人均进出口额不足 2 万元，仅能位列"人均进出口额"榜单第 60 位。类似原因未能上榜的内陆重镇还有四川成都、陕西西安、湖北武汉等。

（五）外贸依存度统计分析

外贸依存度：一段时间内某城市进出口额与同期该城市 GDP 的比值，用于描述当地经济发展对外贸的依赖和参与国际分工程度。

外贸依存度整体小幅提升，"东高西低"梯次格局延续。2018 年"外贸依存度"前 30 榜单中仅有 2 座新城市登场，整体格局保持稳定。外贸增速跑赢 GDP 使得 2018 年我国外贸依存度整体上扬，由上年的 33.6％升至 33.9％，其中"外贸依存度"前 30 榜单上榜城市外贸依存度平均值为 79.9％，比上年下滑 2 个百分点，破百城市由上年的 9 座减少至 7 座，显示出开放程度较高地区经济增长的内生动力有所增强，对外贸的依赖程度有所下降。作为我国改革开放的前沿阵地，东部沿海地区是我国外向型经济发展水平最高、参与国际市场分工最充分的区域，外贸对经济发展贡献举足轻重。东部沿海地区合计有 24 城入围 2018 年"外贸依存度"前 30 榜单，继续保持绝对领先地位。其中，长三角地区继续以 9 座城市入围的成绩领跑榜单，其中 4 座城市在榜单上位次有所提升；珠三角地区共入围 8 座城市，在整体规模上继续对长三角地区保持追赶态势，并在前 6 中占据 3 个席位，其中广东东莞高居榜单第一；环渤海地区的山东威海退出榜单，但东营成功入围，总体席位继续保持在 6 座，除北京、天津外，山东入围 4 席，河北位次最高的秦皇岛仅列第 62 位，京津冀地区在外贸领域的协同发展之路依旧漫长；海西地区仅有福建厦门入围，高居榜单第 3 位。内陆地区合计仅有 6 座城市入围，外贸对当地城市经济发展的贡献作用仍然有限，其中陕西西安新晋入围，使西北地区入围城市达到 2 座，与西南地区持平，东北地区辽宁大连登榜，中部地区江西鹰潭落榜，只有河南郑州独自入围。

（六）变差优势统计分析

变差优势：一段时间内某城市对外出口增速与同期全国出口增速之间的横向比较，用以衡量当地外贸出口的后续动力。

"变差优势"指标青睐中小城市，西部地区领跑榜单。2018年"变差优势"榜单仅有陕西安康和湖南永州连续2年入围前30，榜单更迭率超过90%，低基数、高爆发的登榜模式可持续性较低。上榜城市出口同比增速门槛达到42.8%，其中有8座城市出口增幅超过1倍以上。外贸小城市更易受"变差优势"榜单青睐，前30位城市中，江苏徐州在"外贸总值占全国比重"榜单位次最高，但也仅在第57位，外贸规模排名200位以外的城市多达16座。同时，"过山车"式的大幅位次更迭也是榜单一大特点，2018年登榜前30的城市中，有18座名次提升超过百位，而上年登榜城市中则有19座城市跌至200位以外。由于基数较小，重大项目和企业的引进会快速拉动中小城市出口同比激增，进而登陆"变差优势"榜单前排。如甘肃嘉峪关市的酒钢集团投资打造的铝材深加工项目于2016年顺利投产，使得嘉峪关市铝材出口从无到有，并于2018年一举创造超过8亿元的出口值，拉动该市出口大幅增长1.8倍，并带动嘉峪关市"变差优势"指标排名提升264位，获得榜单亚军。就上榜城市区域分布来看，东部地区巨大的体量基数使其难以在"变差优势"榜单有所突破，珠三角、环渤海、海西等地区继上年之后再次"颗粒无收"。西部地区成为最大赢家，合计入围19座城市，其中西南地区增加3座，总上榜数量达到10座，西北地区亦入围9座。中部地区上榜城市比上年增加1座，9座城市入围的成绩继续保持优势地位。东北地区退步明显，入围城市数量由上年5座减少至1座。

（七）外贸平衡度统计分析

外贸平衡度：一段时间内某城市外贸进、出口额平衡关系比值，用以衡量贸易平衡能力，贸易顺差、逆差过大都会对本地经济发展产生不利影响。

外贸大城市外贸失衡现象多，中小城市外贸平衡表现优异。2018年"外贸平衡度"前30榜单共有14个新面孔登场，比上年减少6个，榜单波动趋缓。外贸大城市开放程度高，依据自身资源禀赋和优势特征，出口导向或进口依赖的外贸格局基本成型，这是导致其外贸失衡的主要原因。如北京外贸规模在全体参评城市中位列第3，主要得益于众多"中字头"央企驻扎，大量进口能源、资源、农产品等关乎国计民生的大宗商品，直接拉动北京贸易逆差超过1.74万亿元，极度依赖进口导致其在"外贸平衡度"榜单仅列第194位。长三角、珠三角等东部沿海地区因制

表 4 2018 年中国城市外贸水平竞争力 30 强排名

城市名称	外贸总值占全国比重		企业平均进出口规模		人均进出口额		外贸依存度		变差优势		外贸平衡度		分项得分	分项排名	综合排名
	得分	排名	得分	排名	得分	排名	得分	排名	得分	排名	得分	排名			
广东省深圳市	94.11	2	70.41	51	100.00	1	88.13	5	70.32	233	95.79	26	85.60	1	1
江苏省苏州市	85.23	4	71.14	49	100.00	1	88.56	4	71.61	167	91.80	51	84.07	2	4
广东省东莞市	73.40	5	72.56	41	100.00	1	100.00	1	72.36	117	91.00	58	83.98	3	3
上海市	100.00	1	67.67	79	85.40	4	82.64	7	71.11	197	90.51	64	82.15	4	2
北京市	90.26	3	81.39	16	81.16	5	79.37	10	73.71	67	72.08	194	79.44	5	10
广东省珠海市	63.00	22	73.35	38	90.65	2	85.16	6	70.57	222	92.10	46	78.38	6	5
福建省厦门市	65.66	10	65.38	122	88.83	3	89.32	3	70.90	205	94.48	32	78.17	7	6
甘肃省嘉峪关市	60.02	243	95.16	5	60.96	76	61.79	127	100.00	1	98.29	11	77.19	8	76
浙江省舟山市	61.03	41	93.15	6	71.59	9	78.48	11	72.00	141	87.99	80	76.62	9	28
广西壮族自治区崇左市	61.34	37	91.88	7	65.59	23	95.91	2	72.78	99	78.22	151	76.59	10	35
甘肃省金昌市	60.12	145	100.00	1	62.67	38	71.17	17	98.87	2	64.87	256	74.57	11	72
广西壮族自治区防城港市	60.65	59	100.00	1	67.07	18	79.42	9	71.23	191	70.96	206	73.93	12	45
浙江省宁波市	68.25	7	64.36	149	74.53	6	77.13	12	72.10	135	86.07	98	73.42	13	8
广西壮族自治区北海市	60.29	91	86.53	12	61.68	53	64.66	56	76.63	28	98.18	13	73.41	14	95
四川省成都市	64.66	14	79.07	21	63.22	32	66.50	37	75.16	41	95.03	30	73.18	15	18
广东省广州市	69.53	6	67.57	80	70.76	11	68.41	22	70.11	236	93.00	40	72.75	16	7
江苏省无锡市	65.82	9	67.18	94	72.46	8	71.03	18	72.13	133	89.63	70	72.66	17	11
广东省惠州市	63.08	20	73.62	35	68.77	12	77.11	13	70.40	229	84.75	113	72.64	18	26

续表

城市名称	外贸总值占全国比重		企业平均进出口规模		人均进出口额		外贸依存度		变差优势		外贸平衡度		分项得分	分项排名	综合排名
	得分	排名	得分	排名	得分	排名	得分	排名	得分	排名	得分	排名			
陕西省西安市	63.05	21	76.39	25	63.39	29	68.14	25	74.17	54	91.03	56	72.10	19	14
山东省东营市	61.49	34	90.90	8	68.09	13	67.86	28	71.95	146	75.56	170	72.09	20	31
天津市	67.74	8	69.22	61	67.39	17	68.00	27	71.73	159	90.07	65	71.96	21	9
辽宁省本溪市	60.23	102	97.07	3	61.55	58	65.79	44	69.81	246	83.68	123	71.91	22	52
辽宁省大连市	64.45	15	66.89	99	67.71	14	72.29	15	71.65	163	90.55	63	71.79	23	12
河南省郑州市	63.82	18	76.10	28	64.58	26	68.22	23	72.01	140	87.80	84	71.65	24	16
重庆市	64.89	13	81.44	15	61.41	60	64.80	53	72.98	91	85.83	103	71.33	25	13
山西省太原市	60.99	42	79.42	20	62.72	36	65.79	43	72.74	102	89.35	72	71.16	26	58
湖南省郴州市	60.28	93	81.06	18	60.53	109	62.49	100	73.04	88	96.04	25	71.14	27	90
江苏省南京市	64.02	17	68.58	67	66.03	21	66.70	34	71.63	165	92.29	44	70.97	28	20
广东省汕尾市	60.16	123	78.48	23	60.44	120	63.69	66	70.48	225	99.42	3	70.93	29	150
山东省日照市	60.81	49	69.64	56	62.73	35	68.20	24	72.77	100	95.38	28	70.78	30	53

造业和劳动密集型产业发展成熟而呈现明显的出口导向特征，如浙江金华贸易顺差超过 3 500 亿元，仅能位列"外贸平衡度"榜单第 281 位，浙江杭州、重庆、广东佛山和惠州等外贸强市也纷纷位列榜单百位之后。相比之下，部分内陆中小城市外贸规模较小、起步较晚，缺乏显著的导向特征，贸易结构更易趋于平衡。2018 年上榜"外贸平衡度"前 30 榜单的城市之中，有 17 座外贸规模指标位居全国百位之后。就上榜区域分布来看，内陆地区优势明显，西南、西北、中部地区各有 6 座城市入围，加之东北地区的黑龙江哈尔滨和辽宁鞍山，内陆地区合计揽得 20 个席位。东部沿海地区的珠三角地区和环渤海地区各有 5 座城市上榜，长三角地区上年入围的浙江舟山和江苏连云港双双落榜。

表5   2018 年各地区水平竞争力单项指标进入前 30 名的城市分布表   单位：座

地区名称 （所含城市数量）	水平 竞争力	外贸总值占 全国比重	企业平均 进出口规模	人均进 出口额	外贸 依存度	变差 优势	外贸 平衡度
东南沿海地区（55 座）	13	20	2	20	18	1	5
其中：长三角地区（25 座）	6	11	1	11	9	1	0
珠三角地区（21 座）	6	7	1	8	8	0	5
海峡西岸经济区（9 座）	1	2	0	1	1	0	0
海西地区（30 座）	4	4	2	6	6	0	5
东北地区（34 座）	2	1	3	1	1	1	2
中部地区（84 座）	3	2	7	1	1	9	6
西南地区（50 座）	5	2	11	2	2	10	6
西北地区（45 座）	3	1	5	0	2	9	6

三、结构篇

（一）结构竞争力评价分析

结构竞争力评价体系构建意义：衡量城市的外贸发展水平，除了出口规模，出口结构是否合理也至关重要。结构分项竞争力从高度化（出口产品技术含量高低）和多元化（出口产品和市场的分布均衡性）两个方面进行评价。

1. 外贸大城市在改善出口结构方面更加紧迫因而更加主动，中小城市高度化和多元化难以兼顾

2018 年，我国供给侧结构性改革深入推进，出口退税政策进一步完善，跨境

电商、市场采购等新业态创新发展，贸易自由便利化水平持续提升，出口结构进一步优化。外贸出口大城市更早迎来了传统出口产品生产成本上涨、传统出口市场需求日益接近饱和等转型升级挑战，因而在转变发展思路、调整出口产品结构、开拓新市场方面迸发出更大热情，在外贸结构竞争力提升方面也表现得更好。2018 年，中国城市外贸结构竞争力 30 强榜单（见表 6）中，共有 16 座出口"身价"千亿元的出口大城市跻身榜单，其中上年上榜的 14 座出口超千亿元城市悉数蝉联，同时山东潍坊、江苏南京两座外贸千亿元城市联手入围。随着外贸大城市不断涌入榜单，结构竞争力与综合竞争力的关联度持续增强，2018 年有 13 座城市同时入围两项榜单 30 强，创历史新高。反观中小城市，出口规模导致其在高度化和多元化两项指标上难以同时兼顾，出口值低于百亿元的城市上榜数量已经由 2012 年的 18 座跌至 2018 年的 2 座。此外，多元化指标成为影响结构竞争力排名的关键因素，8 座落榜城市产品多元化指标排名全部下滑，其中 7 座城市市场多元化指标排名下滑；8 座新上榜的城市中，市场、产品多元化指标分别有 7 座、6 座排名提升。

2. 长三角地区"一马当先"，环渤海、中部地区并驾齐驱，西南、西北地区零上榜

表 7 为 2018 年各地区结构竞争力单项指标进入前 30 名城市分布表。2018 年，长三角地区共有 11 座城市入围结构竞争力 30 强榜单，比上年增加 1 座，上榜数量追平历史最好成绩，浙江金华、宁波、杭州占据榜单三甲，江苏南京、徐州、盐城取代浙江丽水、衢州入围；环渤海地区同样实现席位增加，共占 7 席，河北石家庄首次上榜，山东潍坊取代河北沧州；中部地区三进两出同样占有 7 席，安徽安庆、江西九江、湖北咸宁上榜，江西宜春、萍乡落榜；珠三角地区保持 3 席不变，广东广州、佛山、中山蝉联榜单；辽宁沈阳、福建厦门分别为东北、海西守住一席之地；贵州铜仁、陕西铜川、内蒙古乌海三座外贸小城市的出局使得西南、西北地区颗粒无收。

(二) 全产品出口高度化统计分析

全产品出口高度化指数：由当地产业特征决定，代表着某城市所有出口产品的技术含量，其变化意味着该城市输出产品在国际分工中的比较优势发生变化。

1. 出口高附加值产品为主的城市阵容不断扩大，中部、西北地区创历史最好成绩

2018 年，298 座参评城市"全产品出口高度化"指标平均分值为 62.8，较

2017 年增加 0.9。其中，高附加值产品①为出口主流的城市数量自 2012 年以来连续 6 年增加，达 35 座，较 2017 年增加 1 座；低附加值产品为出口主流的城市 39 座，比 2017 年增加 1 座；出口产品附加值处于中间档次的城市 224 座，占所有参评城市总数的 75.2%。从各区域该指标的平均分值看，长三角地区以微弱优势领先于珠三角地区，二者分别为 69.9、69.4；中部地区稳步提升，平均分值 65.9，创历史最好成绩；环渤海、西南、海西地区均超过 60，分别为 63.5、62、61；西北地区较 2017 年大幅提升 2.1 至 56.3，同样为历史最佳；东北地区 55.7，虽然较上年增加 1.5，但仍然排名垫底。

2. 榜单城市高度稳定，河南郑州蝉联榜首，中部地区上榜数量最多，西南入围数量减少

在结构竞争力榜单各指标前 30 中，"全产品出口高度化"表现最为稳定，有 21 座城市连续 5 年入围前 30，2018 年有 7 座城市发生更替。中部地区 9 座城市入围，居各区域首位，河南郑州以 84.5 的高分蝉联榜首，河南鹤壁时隔一年之后重回榜单，湖南湘西落榜；西南地区占有 6 席，比 2017 年减少 2 席，广西北海取代四川资阳上榜，2016 年状元贵州六盘水连续两年排名大幅下滑跌出榜单，老面孔四川绵阳同样无缘榜单；新疆克拉玛依排名下滑 8 位至第 34，遗憾跌出前 30 位，但是甘肃兰州、甘肃白银、内蒙古鄂尔多斯的首次上榜使得西北地区入围城市增加 2 座，同样占据 6 个席位；珠三角、长三角地区平均分值最高，但是上榜城市数量仅分别为 5 座、3 座，广东珠海连续两年排名第 31 后，2018 年排名上升 5 位，如愿进入榜单；黑龙江大庆首次登榜，为东北地区守住一席之地；环渤海地区排名最高的天津由上年的第 28 位滑落至第 32 位，使得该地区城市无缘榜单；海西地区也仍未实现零的突破。

3. 长三角地区全面发展，珠三角地区两极分化，中西部地区省会城市一枝独秀

长三角和珠三角地处我国改革开放的前沿阵地，凭借先行发展优势，长三角、珠三角地区平均高度化分值遥遥领先。长三角城市排名分布呈"橄榄型"，上海、苏州和无锡 3 座城市入围榜单，16 座城市排名在 31～100 之间，占长三角城市数量的 64%，浙江舟山、江苏连云港两座城市排名 200 以外。珠三角地区则呈"哑铃型"的两极分化，5 座城市进入榜单，5 座城市排名 200 之外，位于中间段的排名

---

① 指标值大于 75，表明该城市整体出口产品中电子产品、机械设备以上加工程度商品出口比重较大，这些出口产品被定义为"高附加值产品"；指标值低于 75 高于 50，表明该城市整体出口产品加工程度最多达到传统劳动密集型商品的水平，这些出口产品被定义为"中间档次产品"；指标值低于 50，表明该城市主要出口经济作物和矿产资源等仅经过简单加工的初级产品，这些出口产品被定义为"低附加值产品"。

则留有巨大空白，广东揭阳排名第 108，其后的云浮排名第 175，两座城市之间相差 67 个位次。中西部地区省会城市，依靠后发优势和对周边城市人才的吸纳，在招商引资方面较省内其他城市具有天然优势，指标排名一枝独秀，河南郑州、四川成都、陕西西安、山西太原、湖北武汉、广西南宁、安徽合肥、甘肃兰州 8 座中西部省会城市进入排名前 30。但由于对先进技术的吸收和发展尚显不足，无法对周边城市产生有效的技术渗透。如"全产品出口高度化"排名中，湖北武汉指标分值80.7、排名第 15，第二位的咸宁仅列第 76，另外 5 座参评城市均在 200 名开外；陕西西安排名第 4，商洛依靠比亚迪的入驻排名第 9，第三位的安康已经掉落到第 97。

4. 大城市产业特征突出、分值稳定，小城市波动巨大

大城市外贸发展通常围绕核心产业进行改造升级，出口结构稳定，指标分值波动小。2018 年，37 座出口值超过千亿元的大城市，仅有两座高度化分值变动超过 2 分，其中，以电子制造业为主的河南郑州、四川成都、陕西西安、重庆，分值常年保持在 80 以上，牢牢占据榜单前 10 位置；以出口劳动密集型产品为主的浙江杭州、嘉兴、金华，分值在 70 上下波动；农产品、轮胎和纺织品出口占比较大的山东青岛、潍坊，分值则在 60～65 之间。

小城市体量小，龙头企业、主打产品出口的变动，均能大幅影响城市指标排名。如 2018 年，广西三创科技有限公司出口自动数据处理设备 74.3 亿元，激增1.1 倍，占当年广西北海出口总额的 44.7%，拉动北海排名上升 38 个位次，跻身指标前 30；甘肃兰州方大炭素新材料科技股份有限公司的碳电极出口增长 1.3 倍，占比提升 27 个百分点，排名上升 39 个位次至第 22。湖北恩施 2017 年出口前 5 的企业均为贸易型企业，2018 年这些企业有 4 家没有出口记录，最大出口商品由玩具变为茶叶，指标分值下降 9.8，排名下滑 125 个位次。辽宁丹东 2017 年 8 家贸易公司合计出口手机价值 4.8 亿元，2018 年均无出口记录，丹东指标分值下降 6.7，排名下滑 24 个位次。

5. 高新技术助推中小城市产业升级，传统工业城市面临严峻挑战

部分资源型城市对产业进行转型升级，通过各种优惠条件吸引高端制造业企业落户，取得明显成效。黑龙江大庆以国资平台入股方式为吉利汽车提供 30 亿元资金，吸引沃尔沃项目落户，2017 年大庆沃尔沃开始对外出口，当年大庆高度化分值 75.8，排名提升 230 个位次到第 32 位，2018 年其高度化分值进一步提升至78.8，排名第 17，首次入前 30 强。内蒙古鄂尔多斯为京东方无偿提供 10 亿吨煤炭资源，2017 年京东方光电项目开始对外出口，鄂尔多斯高度化指标排名实现三级

跳，从 2016 年的第 138 名到 2017 年的第 35 名再到 2018 年的第 25 名。更早时候，陕西商洛、山西晋城也通过优惠政策吸引到比亚迪、富士康等企业项目从而跻身榜单。这些后来居上的中小城市对传统工业城市形成了巨大的挑战。四川绵阳 2014—2017 年连续 4 年进入指标前 30，2018 年绵阳高度化分值 74.2，仅比 2014 年低 0.3，但排名已跌落至第 47。新疆克拉玛依 2014 年指标排名第 12，2018 年高度化分值 75.8，较 2014 年低 0.8，但仅排名第 34，同样的分值在 2014 年排名为第 22。激烈的竞争还致使河南洛阳、湖南株洲等老牌工业城市跌落榜单。即便是连续 5 年上榜的广西柳州，其高度化指标排名也从五年前的第 17 位跌落至 2018 年的第 29 位，距离落榜仅一步之遥。

（三）多元化指标评价分析

多元化指标（包括市场和产品）：由"等价数目"和"离散度"两个 4 级指标构成。其中，"等价数目"指某城市出口同等规模的市场和产品数量，"离散度"指出口市场和产品分布形态，只有兼具"多而散"的特征，才能达到均衡合理的状态。

1. 出口市场等价数目

出口市场愈发集中，小城市闪耀榜单，中部地区超越环渤海地区，珠三角、东北地区持续突破，海西地区连续 8 年无缘榜单。2018 年，298 座参评城市"出口市场等价数目"（以下简称"市场数目"）在山东东营的 18.94 个到广西百色的 1.16 个之间，平均值为 7.44 个，较上年减少 0.08 个，连续 6 年减少，多元化水平持续降低。指标排名前 30 的城市有 11 座发生更替，上榜门槛较 2017 年下滑 0.3 至 11.4 个。从上榜城市出口规模看，14 座出口值低于百亿元的城市入围，出口值超千亿元的大城市仅浙江金华、绍兴上榜。从区域分布看，环渤海地区平均每座城市的市场数目达到 10.5 个，长三角地区以 9.3 个紧随其后，中部地区 8.3 个，海西和珠三角地区均为 7.7 个，东北地区 6.6 个，西南地区 5.5 个，西北地区 5.3 个排名垫底。

从上榜城市区域分布看，中部地区河南洛阳、安徽池州、湖北黄石、山西阳泉上榜，安徽铜陵、湖北宜昌落榜，入围城市净增 2 座，总量达到 10 席，超越环渤海地区成为最大赢家；环渤海地区新增山东济宁上榜，但是北京、山东临沂、日照、莱芜 4 座城市跌落榜单，上榜城市剩 9 座退居第二；长三角地区保持 3 席不变；西北地区同样占有 3 席，陕西宝鸡、甘肃兰州取代内蒙古乌兰察布、陕西铜川；东北地区 2 席，吉林吉林、辽宁盘锦取代辽宁朝阳上榜；珠三角地区 2 席，广东湛江、揭阳强势上榜，广东广州落榜；四川德阳为西南地区守住一席之地；海西地区再度无缘榜单。

2. 出口产品等价数目

大城市主导榜单，长三角地区一骑绝尘，环渤海地区新增 3 席。2018 年，所有参评城市的"出口产品等价数目"（以下简称"产品数目"）平均值为 32.3 个，比 2017 年减少 0.5 个，从甘肃平凉的 1.1 个到浙江宁波的 233.5 个分布不等。指标排名前 30 强中，有 11 座城市发生更替，上榜门槛由 2017 年的 81.3 个降至 2018 年的 77.5 个。从上榜城市出口规模看，17 座出口值超千亿元的城市入围，出口值低于百亿元的城市仅湖南张家界上榜。各区域平均每座城市的产品数目呈"强者更强、弱者愈弱"走势，长三角、海西、环渤海地区分别为 84.7 个、56.1 个、47.5 个，分别增加 1.4 个、2.9 个、3 个；珠三角、中部、东北、西南、西北地区分别为 36.3 个、30.9 个、19.5 个、18.5 个、13.9 个，分别减少 2.4 个、0.9 个、0.8 个、1.4 个、2.1 个。

从区域分布看，长三角地区新增 2 席，10 座城市入围榜单，浙江宁波、杭州、金华占据榜单前三，江苏徐州、扬州首次上榜，江苏南京取代浙江衢州；环渤海地区占据榜单 6 席，增加 3 席，山东青岛、淄博、潍坊蝉联，河北石家庄、天津、山东威海新晋；中部地区占有 5 席，湖南湘潭、张家界取代湖北恩施、江西宜春、南昌，江西吉安、赣州排名第 31、32 位惜别榜单；珠三角地区保持 4 席不变，广东江门连续两年排名第 30；西南地区上榜城市减少 1 座仅余 2 座，广西百色新晋上榜，但四川泸州、贵州铜仁落榜；海西地区占据 2 席，除榜单常客福建厦门外，新增福建泉州；辽宁沈阳取代辽宁丹东，为东北地区守住一席之地；内蒙古乌兰察布、陕西铜川双双落榜，导致西北地区无缘榜单。

3. 离散度

个别小城市出口市场更加均匀，离散度排名远高于等价数目。一般情况下，离散度与等价数目高度正相关。2018 年，298 座参评城市的出口产品离散度与出口产品数目排名差距均保持在 20 个位次之内。部分城市虽然出口值小，市场数目少，但是由于出口市场相对均匀，离散度指标排名远高于等价数目。2018 年，16 座城市市场离散度排名高于市场数目 20 个位次以上，其中出口值最高的青海西宁仅为 20.3 亿元。甘肃庆阳 2018 年出口到 20 个国家（地区），市场数目 5.7 个，排名第 203，但由于前五大市场出口值均在 2 000 万元上下，庆阳市场离散度仅为 0.31，排名第 89，高于等价数目 114 个位次。此外，黑龙江鹤岗、吉林四平市场离散度排名分别高于等价数目 80 个、55 个位次。

珠三角地区市场数目稳步增加，东北地区产品数目断崖式下跌。珠三角地区依托"广交会"等重点会展平台，积极参与"一带一路"建设，多渠道开拓海外市场，对东盟以及俄罗斯、印度、墨西哥等新兴市场出口比重持续提升，出口市场多元化水平明显提升，城市平均市场数目从2013年的6.62个增加至2018年的7.72个。5年来，珠三角地区18座城市市场数目有所提升，占珠三角城市数量的85.7％；5座城市市场数目增加2个以上，上榜城市从0座增加到2座。

东北地区经济持续低迷，产品数目呈现断崖式下跌。2013年，东北地区城市平均产品数目达到44.8个的峰值，6座城市上榜，到2018年城市平均产品数目仅为19.5个，创历史新低，上榜城市数量减少至1座。5年来，东北地区26座城市产品数目有所减少，占东北地区城市数量的76.5％，其中7座城市产品数目减少超过50个。与此同时，2018年，东北地区23座城市全产品出口高度化分值较2013年有所下降，表明东北地区不仅出口品种更加集中，附加值也更低，出口更趋向于简单初级产品。

地理条件和资源禀赋制约内地城市多元化进程。在全部纳入评比的298座城市中，产品数目低于10个的城市96座，其中89座为内陆地区城市，占92.7％，这些城市出口产品与当地矿产资源、主要经济作物紧密相关。例如：甘肃平凉坐落在我国三大苹果主产区内，苹果占出口比重达96.3％，出口产品数目仅1.1个；内蒙古巴彦淖尔是我国最大的葵花子产地，占全国总产量的1/3，2018年出口葵花子22.9亿元，占该市出口值的64.9％，出口产品数目2.3个；四川攀枝花是我国最大的钛资源基地，2018年钛白粉占攀枝花出口比重58.5％，出口产品数目2.5个；作为我国煤炭主产地的陕西榆林，焦炭占该市出口比重45.1％，出口产品数目3.5个。

受制于地理条件，内陆边境城市出口市场基本瞄准接壤邻国。例如：西藏拉萨对尼泊尔出口占86.3％，广西崇左对越南出口占79.3％，黑龙江黑河对俄罗斯出口占73.5％，云南保山对缅甸出口占69.9％，新疆博尔塔拉对哈萨克斯坦出口占64.6％，上述城市市场数目均不超过3个。

表6　2018年中国城市外贸结构竞争力30强排名

城市名称	全产品出口高度化		市场多元化				产品多元化				分项得分	分项排名	综合排名
			出口市场等价数目		出口市场离散度		出口产品等价数目		出口产品离散度				
	得分	排名	得分	排名	得分	排名	得分	排名	得分	排名			
浙江省金华市	90.99	92	98.43	2	99.59	2	88.79	3	99.43	3	94.59	1	22
浙江省宁波市	92.77	57	71.02	168	89.42	182	100.00	1	100.00	1	90.42	2	8
浙江省杭州市	91.84	71	74.50	107	91.97	120	93.12	2	99.68	2	90.14	3	21

续表

城市名称	全产品出口高度化		市场多元化				产品多元化				分项得分	分项排名	综合排名
			出口市场等价数目		出口市场离散度		出口产品等价数目		出口产品离散度				
	得分	排名	得分	排名	得分	排名	得分	排名	得分	排名			
广东省广州市	93.04	52	79.83	39	94.68	49	77.83	12	98.42	14	89.13	4	7
江苏省常州市	93.68	42	75.20	94	92.46	103	79.20	5	98.62	5	88.38	5	23
河北省保定市	91.86	70	91.45	4	98.40	7	65.89	83	95.03	83	88.35	6	118
天津市	94.62	32	79.10	47	94.40	56	71.37	26	97.24	26	87.98	7	9
山东省青岛市	88.29	158	75.53	93	92.60	100	84.99	4	99.16	4	87.84	8	15
广东省佛山市	93.58	44	79.64	42	94.63	50	71.53	24	97.29	24	87.84	9	19
辽宁省沈阳市	93.56	45	78.97	51	94.46	53	71.72	22	97.37	22	87.73	10	47
山东省济南市	93.63	43	81.25	27	95.29	34	68.68	53	96.40	55	87.52	11	46
福建省厦门市	92.46	62	73.75	121	91.51	137	78.52	7	98.53	10	87.42	12	6
江西省抚州市	89.03	142	76.63	80	93.32	86	79.03	6	98.62	6	87.27	13	156
江苏省南通市	91.28	86	77.49	69	93.68	74	74.32	16	97.90	16	87.22	14	34
湖南省岳阳市	89.86	117	76.64	78	93.61	78	77.05	14	98.46	13	87.19	15	40
江西省九江市	89.74	120	74.91	99	92.32	109	78.15	11	98.51	11	86.84	16	87
江苏省盐城市	90.22	108	74.58	106	92.15	112	77.79	13	98.47	12	86.83	17	74
江苏省无锡市	95.11	27	77.62	65	93.73	73	67.35	68	95.81	68	86.70	18	11
山东省淄博市	87.10	187	77.26	71	93.61	76	78.31	10	98.57	7	86.66	19	39
浙江省绍兴市	89.49	130	82.78	19	95.86	26	69.00	50	96.51	51	86.65	20	70
江苏省徐州市	91.09	90	78.14	58	93.99	64	71.02	29	97.15	31	86.55	21	75
广东省中山市	95.46	23	71.89	149	90.18	165	72.24	19	97.49	21	86.40	22	29
山东省潍坊市	86.11	210	79.13	46	94.44	54	76.38	15	98.27	15	86.40	23	61
江西省吉安市	92.47	61	75.98	88	92.91	94	70.93	31	97.13	32	86.40	24	96
浙江省嘉兴市	91.50	75	71.25	159	89.65	177	78.42	9	98.53	9	86.30	25	27
河北省石家庄市	86.94	193	80.59	30	95.07	38	73.02	18	97.65	18	86.29	26	49
湖北省咸宁市	91.48	76	78.70	53	94.51	52	68.50	57	96.38	56	86.22	27	164
江西省南昌市	93.91	37	78.19	57	94.06	61	66.42	77	95.32	78	86.21	28	48
安徽省安庆市	89.69	122	79.41	44	94.87	45	69.91	41	96.91	39	86.21	29	97
江苏省南京市	92.56	59	74.40	109	91.94	121	71.58	23	97.29	25	86.13	30	20

表7　2018年各地区结构竞争力单项指标进入前30名城市分布表　　单位：座

地区名称 （所含城市数量）	结构 竞争力	全产品出 口高度化	市场多元化		产品多元化	
			出口市场 等价数目	出口市场 离散度	出口产品 等价数目	出口产品 离散度
东南沿海地区（55座）	15	8	5	3	16	16
其中：长三角地区（25座）	11	3	3	2	10	10
珠三角地区（21座）	3	5	2	1	4	4
海峡西岸经济区（9座）	1	0	0	0	2	2
环渤海地区（30座）	7	0	9	7	6	6
东北地区（34座）	1	1	2	2	1	1
中部地区（84座）	7	9	10	12	5	5
西南地区（50座）	0	6	1	2	2	2
西北地区（45座）	0	6	3	4	0	0

四、效益篇

（一）效益竞争力评价分析

近年来，随着主要经济体比较优势的变化，中高端制造业向发达国家回流，中低端制造业向其他发展中国家和新兴经济体转移，国际贸易格局面临重构。在此背景下，我国对外贸易继续寻求高位突破的难度加大。当前，随着经济发展步入新常态，我国积极转换增长动力，加快实施新一轮高水平对外开放，提升对外贸易的质量和效益，构建"优进优出"的外贸新格局，推动实现对外贸易的高质量发展，是当前乃至今后一段时间我国应对国际贸易变局的重要举措。

1. 东南沿海城市一马当先，继续扮演榜单的中流砥柱角色

2018年，实力强劲的东南沿海地区继续扮演中国城市外贸效益竞争力30强排名榜单（见表8）的中流砥柱角色，入围数量虽比2017年减少2座，但仍斩获12个席位，表明东南沿海地区外贸效益状况仍然领先于其他区域。其中11座城市连续2年入围，占榜单30强中连续入围数量的64.7％，上海，广东广州、深圳、东莞、佛山，江苏苏州，浙江杭州、宁波等城市更是连续多年入围，老牌外贸大城市仍是维持榜单稳定的主要力量。同时，随着各项区域振兴战略的深入实施，中西部地区城市外贸发展逐渐开拓新局面，虽然在效益竞争力榜单上暂时还难以动摇东南

沿海地区的霸主地位，但进出榜单频繁，上演了一场你追我赶、互勉共进的大戏：2018 年中部、西部地区均仅 2 座城市连续两年入围，上榜城市更新率分别高达77.8％和 60％；高更新率下，中部、西部地区打破 2017 年均 6 座城市上榜的均衡局面，分别有 9 座、5 座城市上榜。环渤海和东北地区波澜不惊，入围城市数量小幅波动，其中环渤海地区增加 1 座至 3 座，东北地区未能摆脱发展困局，入围数量减少 1 座，剩辽宁锦州硕果仅存。

2. 单项指标优势容易昙花一现，榜单新面孔不断涌现

依靠单项指标的突然发力，从榜单中突围历来是效益竞争力的特色，但单项指标的短暂闪光有一定的偶然性，依靠这种优势建立起来的排名领先往往难以持续，导致 2018 年效益竞争力 30 强榜单延续高更新率，达 43.3％。一些依靠单项指标优势异军突起的城市，依旧只能扮演过客角色。如：2017 年贵州遵义依靠"净贸易条件指数"指标的优势排名效益榜单第 13 位，但 2018 年该指标成绩大幅下降直接导致其退出效益 30 强榜单；2017 年广东中山依靠"净出口增长对 GDP 增长的贡献率"指标的强势，入围效益榜单并最终名列第 16 位，但 2018 年跌至效益榜单百名之外。与此同时，部分城市依靠单项优势成功上榜，但在综合竞争力榜单中排名靠后。如：四川达州在"加工贸易增值率"单项指标中拔得头筹，助推其效益榜单排名前进 233 个位次，最终夺得第 9 名的优异成绩；山西阳泉依靠"净贸易条件指数"指标的强势表现，跃居效益榜单第 19 位，但 2018 年上述两座城市仅分别位居综合竞争力榜单的第 141 位和第 113 位。此类城市要想避免在榜单上昙花一现，综合实力的协调发展尤显重要。

3. 区域效益表现各有千秋，分项指标区域偏好显著

地理位置相近、经济发展水平相当的城市外贸发展具有一定的共性。分属不同区域的城市，不仅在城市风格、历史、文化方面大相径庭，更在外贸效益竞争力上存在明显差异。图 9 为 2018 年各地区效益竞争力单项指标前 30 名城市分布表。在效益竞争力 5 个分项指标中，东南沿海地区城市长期在与出口规模高度相关的"出口收益率"指标上占据优势，2018 年继续高歌猛进，再次以 22 城上榜的优异成绩傲视其他区域。而中西部地区城市则抓住产业转移等政策扶持的绝佳机遇，乘势而上，对外贸易迅速崛起。这些地区城市外贸体量往往不大，较小的增量就能带来较大的增速，容易在反映发展速度的指标上凸显优势。如：2018 年中西部地区在"净出口增长对 GDP 增长的贡献率"指标上狂揽 14 个席位。在"加工贸易增值率"指标中，东南沿海地区加工贸易出口产品技术含量低、同质化严重，致使议价能力

低下，增值空间狭小，其2018年仅广东阳江1城入围"加工贸易增值率"前30榜单，与中西部地区21座城市入围榜单形成鲜明对比。

（二）一般贸易出口产品高度化指数统计分析

一般贸易出口产品高度化指数：一般贸易出口利用外部市场消费拉动内部经济发展，体现了一个国家或地区的基础产业水平、科技发展水平和劳动生产率水平等，其高度化指数用于衡量一般贸易出口产品的技术含量。

1. 加工装配产业逐渐退潮，一般贸易模式强势崛起，技术含量提升

近几年来，我国积极推动贸易方式结构优化，着力增强外贸发展内生动能，传统加工装配产业逐渐退潮，彰显本地技术实力的一般贸易强势崛起，份额快速上升，对外贸易自主性显著提升。2009—2018年，我国一般贸易出口年均增速高达11.4%，分别快于同期我国整体出口年均增速、加工贸易出口年均增速3个、7.9个百分点；一般贸易出口所占比重也呈现逐年上升态势，2018年达56.3%，分别比2017年和2009年提升2个、12.2个百分点。在此背景下，企业通过技术创新、品质提升、市场拓展、品牌经营等方式实现突围，一般贸易出口产品技术含量稳中有升，2018年我国"一般贸易出口产品高度化"指标得分为69.4，虽略低于2017年，但较2009年提升1.9%。

2. 中西部地区城市竞逐潮头，单一产业模式难以延续竞争优势

相比较加工贸易，经营一般贸易能够获取更多的贸易利益，同时也更加考验市场经营主体产品研发、品牌经营、市场拓展等方面的综合实力。在此过程中，各个城市摩拳擦掌、跃跃欲试，特别是资源富庶的中西部地区城市，依托资源优势，发展一般贸易大有可为、大有作为。2018年，中西部地区入围城市数量继续高位突破，增加1座至17座，其中西南地区维持8座入围城市数量不变，中部地区增加2座至7座，西北地区减少1座至2座。但也应当看到，中西部地区城市产业相对集中单一，一旦市场环境发生变化，这种竞争优势或将不复存在。如：内蒙古鄂尔多斯2017年凭借汽车制造业的快速发展，一般贸易出口汽车猛增，当年进入本项指标前30；但这一势头没有得到延续，2018年该市出口汽车下降43.5%，占一般贸易出口比重由48%大幅下滑至26.6%，其在本项指标中的排名大幅后退至第65位。与此同时，东南沿海地区优势产业主要集中在劳动密集型等传统产业，技术含量较低，可替代性较强，2018年入围本项指标榜单的城市数量由12座减少至10座，其中珠三角、长三角地区分别减少1座至7座和3座，海西地区仍在为实现零的突破奋力拼搏。东北地区在上年黑龙江黑河上榜的基础上，有吉林辽源新晋上榜；山东济南继续孤军奋战，为环渤海地区保留了最后火种。

（三）加工贸易增值率统计分析

长期处于国际产业链低端、增值空间狭窄、经济效益低下等问题困扰我国加工贸易发展。近几年来，我国加快实施加工贸易创新发展步伐，通过鼓励产业梯度转移和企业深加工结转、外发加工、增加原辅材料国内采购等方式，持续改善加工贸易的增值状况。

1. 梯度转移政策促进加工贸易均衡发展，中西部地区成榜单"主旋律"

为引导加工贸易梯度转移，形成布局合理、比较优势明显、区域特点鲜明的加工贸易发展格局，2007 年以来我国先后 3 批次共认定了 44 个中西部、东北地区城市作为加工贸易梯度转移重点承接地。受此影响，中西部地区加工贸易取得快速发展，虽然目前中西部地区加工贸易总量仍无法比肩东南沿海地区，但占全国比重持续上升：2018 年中西部地区加工贸易进出口值占全国加工贸易进出口总值的 20.5%，分别比 2017 年、2009 年提升了 2 个、17.3 个百分点；东北地区受制于地区经济不景气，加工贸易占比不增反降，2018 年仅占 2.4%，分别比 2017 年、2009 年下滑 0.2 个和 0.7 个百分点。在此过程中，中西部地区城市加工贸易逐渐形成"你追我赶"的前进势头，后发优势使得加工增值状况显著领先东南沿海地区，对榜单的垄断程度不断强化，2018 年，中西部地区多达 21 座城市入围该项指标前 30 位，比 2017 年增加 2 座。如：2008 年重庆市被确定为第二批加工贸易梯度转移重点承接地，该市抓住全球电子科技创新的机遇，相继吸引了惠普、宏碁、华硕、思科等品牌商以及富士康、广达、英业达、仁宝、纬创等代工商和大批零部件制造企业入驻，几年间搭建起构造完整、运作成熟的笔记本电脑加工装配产业集群。2009—2018 年该市加工贸易进出口年均增速高达 55.8%，远超过同期全国加工贸易 3.4% 的整体年均增速，同时产业的高增值性助推重庆连续数年上榜。又如宁夏中卫，进口"人造纤维印花针织或钩编织物"，出口"女式连衣裙"，2018 年加工贸易增值率高达 36.1 倍，助推其本项指标排名大幅前移，成功摘得单项前 30 强榜单桂冠。

2. "贫困化"增长压缩增值空间，东南沿海地区延续榜单惨淡局面

东南沿海地区是我国最先承接国际产业转移、发展加工贸易的地区，依托地理区位优势，加工贸易企业迅速成长、规模持续扩大。但是，近年来随着"人口红利"的逐渐消失，原材料、用工成本快速上涨，东南沿海城市加工贸易发展不可避免地遭遇增长瓶颈。2018 年，东南沿海地区加工贸易进出口 5.62 万亿元，同比增长 3.6％，分别低于同期全国、中西部地区 0.3 个、11.3 个百分点。在"研发设计—零件生产—组装—营销—品牌运作"等产业链 5 大环节中，东南沿海地区多数加工贸易企业处于"按单生产"的被动地位，过多参与加工组装环节而放弃了对产业链上下游的控制，增值空间狭窄，陷入"贫困化"增长泥潭，加工贸易规模庞大而增值偏低问题突出。2018 年，东南沿海地区仅广东阳江入围"加工贸易增值率"前 30 榜单，延续榜单惨淡局面。

（四）净出口增长对 GDP 增长的贡献率统计分析

净出口是构成 GDP 的"三驾马车"之一，在推动国内经济增长和改善就业等方面发挥着重要作用，是衡量外贸效益高低的重要标准。

1. 中西部地区"净出口"马力延续强劲表现，占据榜单近半版图

近几年来，中西部地区对外贸易增长提速，尤其"一带一路"建设的稳步推进，为中西部地区提供了高水平对外开放的新机遇，中西部地区由原先的"内陆腹地"转变为新的"开放前沿"。2012 年到 2018 年，中西部地区外贸进出口规模年均增长 8.6％，较同期全国外贸、东南沿海地区外贸年均增速分别快 4.8 个、5 个百分点。其中，2018 年中西部地区出口增长 14.3％，进口增长 13.6％，贸易顺差规模扩大 1 255.5 亿元，净出口对 GDP 增长的主动拉动作用显著增强，助推 14 座城市携手登上"净出口增长对 GDP 增长的贡献率"指标前 30 名榜单。如：湖南湘潭2018 年开展了"智能装备制造千亿产业倍增和汽车及零部件千亿产业招商引资""潭企出海""潭品出境""拓口兴岸""园区开放崛起"等 6 大行动，加快推动对外贸易发展，全年外贸出口取得 55.2％的高速增长，外贸顺差 100.2 亿元，相当于2017 年的 3.6 倍，指标排名大幅提升 183 位，最终跻身第 16 位。

2. 国际贸易环境恶化加深东南沿海地区净出口波动，部分城市表现低迷

2018 年，中美经贸摩擦局势持续反复，美方极限施压，屡次对我输美商品加征关税，我国据理反击，对部分自美进口商品加征关税。美国是我国重要的贸易伙伴，对美经贸摩擦加剧，对东南沿海地区城市尤其部分外贸大城市影响较深，部分产品出口受阻，产业链条出现向境外转移迹象，直接拖累东南沿海地区榜单表现。2018 年，东南沿海地区 10 座城市上榜，入围数量与 2017 年持平，但入围城市大幅更新，仅浙江金华、绍兴、湖州和台州 4 座城市连续两年入围，其余 6 座城市上年

优势难以为继。如：2018 年广东中山外贸出口表现欠佳，占比超 5 成的一般贸易出口下降 17％，拖累外贸整体出口增速由 2017 年的增长 16.6％逆转为下降 12.3％，导致净出口规模萎缩 17.5％，对 GDP 的拉动作用大幅弱化，由 2017 年榜单第 4 名的高位直接滑落至 200 名开外；江苏苏州，2018 年出口仅增长 7.8％，远落后于同期进口 11.4％的增速，导致净出口规模下降 0.2％，对 GDP 增长表现为负拉动作用，指标排名后退 162 个位次，最终仅位列第 180 名。诸如此类的状况也相继出现在广东惠州、广东江门、浙江衢州、江苏盐城等城市。

（五）出口收益率统计分析

内资企业是我国对外贸易发展的内生力量源泉，由内资企业创造并掌控的出口收益能力[①]更能体现"国民概念"，是我国进行技术改造、增强自主研发能力以及改善经营管理水平的重要保障。

1. 出口收益能力与出口规模高度相关，榜单延续稳定局面

出口收益能力延续与出口规模高度相关的传统，在 2018 年我国出口规模前 30 大城市中，有 25 座城市入围了"出口收益率"前 30 位榜单，而未能入围的 5 座城市也均排名出口收益率榜单前列，如四川成都、广东惠州、陕西西安、辽宁大连和山东烟台分列"出口收益率"榜单第 36、42、34、31 和 33 位；同时，入围"出口收益率"榜单而未能进入出口 30 强的城市，其出口规模排名也均较为靠前，如浙江温州、广西崇左、湖北武汉、福建泉州和山东潍坊分别位居出口规模排名第 31、36、32、34 和 37 位。在此背景下，2018 年"出口收益率"前 30 名榜单维持稳定局面，多达 29 座城市连续 2 年入围，仅河南郑州取代辽宁大连进入榜单。尽管出口收益率与出口规模高度相关，但单纯的出口规模绝非决定要素，随着出口导向的外贸发展模式逐渐转变，内资企业参与进出口是否活跃，以及加工贸易国内配套能力是否增强等对该指标影响更为重要，如 2018 年河南郑州内资企业出口大增 18％，其中私营企业出口更是增长 19.7％，同期外商投资企业出口增速放缓至 9.4％，助推其排名由 2017 年的第 32 位升至第 27 位。

2. 外贸发展内生动力增强，东南沿海地区榜单一枝独秀

近年来，面对人口红利逐渐消失、比较成本日趋弱化的不利局面，我国推动外贸发展模式由"大进大出"向"优进优出"转变，本地经济内生动力逐渐增强，内

---

① 出口收益指在出口额基础上，剔除其中加工贸易进口料件以及外商投资企业出口等因素，更直接体现内资企业的实际创收能力。

表8 2018年中国城市外贸效益竞争力30强排名

城市名称	一般贸易出口产品高度化		加工贸易增值率		净出口贸易增长率对GDP增长贡献率		出口收益率		净贸易条件指数		分项得分	分项排名	综合排名
	得分	排名	得分	排名	得分	排名	得分	排名	得分	排名			
浙江省金华市	93.44	49	68.67	71	100.00	1	85.25	7	74.86	94	83.65	1	22
广东省东莞市	99.07	4	64.67	180	91.42	8	86.76	5	77.66	51	83.03	2	3
河南省平顶山市	90.98	117	99.52	5	84.90	129	60.28	176	79.41	31	81.88	3	115
上海市	93.70	44	66.48	111	82.77	263	100.00	1	71.34	179	81.87	4	2
广东省深圳市	97.44	7	63.96	203	79.03	285	100.00	1	74.07	118	81.74	5	1
江苏省苏州市	94.85	27	64.01	199	84.63	180	95.42	3	71.04	185	80.98	6	4
浙江省宁波市	94.63	31	65.75	134	85.62	63	92.56	4	70.62	194	80.98	7	8
湖北省十堰市	90.83	120	99.18	7	84.86	134	60.33	163	74.84	95	80.84	8	106
四川省达州市	89.84	141	100.00	1	84.72	158	60.11	260	70.94	189	79.85	9	141
宁夏回族自治区中卫市	85.77	219	100.00	1	82.60	266	60.12	241	75.80	77	79.76	10	180
湖南省株洲市	93.68	47	82.38	14	88.48	15	60.81	99	74.52	104	79.09	11	80
广东省广州市	94.18	36	64.27	191	83.01	258	85.97	6	71.53	174	79.07	12	7
浙江省台州市	94.16	38	72.54	37	86.86	29	69.18	17	74.97	91	79.00	13	67
河南省鹤壁市	93.36	52	76.76	19	84.93	126	60.16	217	83.82	10	78.96	14	143
浙江省杭州市	93.21	55	67.17	99	83.45	246	78.76	9	74.26	111	78.89	15	21
广西壮族自治区崇左市	92.78	69	66.01	127	96.08	6	66.86	22	75.19	88	78.38	16	35
湖北省武汉市	97.12	9	69.91	57	84.76	150	66.51	24	76.83	61	78.28	17	17
广东省佛山市	95.85	16	64.84	175	89.39	12	75.98	10	69.03	231	78.14	18	19

续表

城市名称	一般贸易出口产品高度化		加工贸易增值率		净出口增长对GDP增长贡献率		出口收益率		净贸易条件指数		分项得分	分项排名	综合排名
	得分	排名	得分	排名	得分	排名	得分	排名	得分	排名			
山西省阳泉市	88.61	166	67.93	86	84.36	214	60.10	273	95.09	3	78.08	19	113
四川省广元市	94.79	28	60.00	262	84.73	154	60.09	281	100.00	1	78.05	20	182
河南省信阳市	87.11	197	98.74	8	84.85	136	60.23	194	65.37	280	77.93	21	112
重庆市	95.72	17	76.55	20	85.82	52	67.65	20	66.99	264	77.80	22	13
山东省枣庄市	87.35	193	85.05	9	85.33	85	60.55	127	74.13	115	77.77	23	142
浙江省温州市	95.69	18	67.93	85	87.16	26	67.93	19	73.76	128	77.74	24	86
河北省邢台市	91.13	109	77.99	18	86.07	40	60.69	112	75.85	75	77.61	25	83
山东省青岛市	89.05	156	67.96	84	84.65	177	74.50	11	73.01	145	77.45	26	15
河南省郑州市	93.72	43	65.00	167	87.35	24	65.19	27	80.08	24	77.40	27	16
山西省朔州市	82.84	243	99.34	6	84.73	155	60.09	282	65.84	277	77.29	28	191
江苏省徐州市	92.22	81	73.24	32	86.19	39	63.28	40	74.48	105	77.21	29	75
辽宁省锦州市	93.20	57	99.75	3	71.64	292	60.31	168	68.11	244	77.17	30	38

资企业参与国际分工的深度、广度不断加强，加工贸易国内产业链不断延伸，均有利于增强出口收益能力。2018 年，我国外贸整体出口增长 7.1%，同期出口收益规模增速高达 15.9%，反映出内资企业活力进一步释放，我国贸易自主性和本土生产实力有所提升。分区域看，东南沿海地区民营企业步入快速发展阶段，2018 年出口 5.4 万亿元，增长 9.1%，与此同时，进入瓶颈后的加工贸易增幅大幅缩水，出口仅增长 5%，导致该地区由内资企业主导的出口收益能力进一步增强。受益于此，2018 年东南沿海地区 22 座城市入围本项指标榜单前 30，其中广东深圳、上海、江苏苏州、浙江宁波、广东东莞、广东广州和浙江金华包揽榜单前 7 名。

（六）净贸易条件指数统计分析

净贸易条件指数是指出口价格指数与进口价格指数之比，用于说明出口商品和进口商品的交换比率关系，是从价格方面衡量对外贸易经济效益的重要指标。净贸易条件指数大于 100，说明出口价格比进口价格相对上涨，贸易条件有利；反之，则贸易条件不利。

1. 国际市场大宗商品行情跌宕起伏，导演了城市指标排名的大起大落

"净贸易条件指数"指标榜单历来由出口资源型产品为主的中西部地区城市主导：国际市场大宗商品价格走高，中西部地区城市优势更加凸显，榜单垄断程度进一步强化，价格一旦走低，也仅使中西部垄断程度稍微减弱。2018 年，国际市场大宗商品价格跌宕起伏，前三季度呈现震荡上升走势，第四季度受全球经济增长前景不佳、中美贸易摩擦加剧等因素影响快速回落。纵观全年行情，国际市场大宗商品价格仍以下跌为主，据国家发展改革委价格监测中心数据显示，2018 年，大宗商品价格指数由年初的 72.97 一度走高至 10 月初的 80.2，此后快速回落至年底的 62.63，全年下跌 14.2%。大宗商品的价格起伏导演了城市排名大起大落的"悲喜剧"。如：近几年煤炭价格波动较大，据西本新干线数据显示，2017 年煤炭价格上涨 5.9%，2018 年又下降 15.1%，煤炭价格的波动给产煤大市山西太原带来了显著影响，加之国家抑制煤炭等资源型产品出口，2018 年该市煤炭出口量下降 75.7%，出口价格下滑 17.2%，直接导致 2018 年该市本项指标排名大幅后退至第 144 位的后排座次。

2. 榜单区域分布高稳定性和上榜城市高更新率并存

从区域看，2018 年"净贸易条件指数"榜单入围城市区域分布依旧维持高度稳定局面，中西部地区 24 城入围，虽较 2017 年减少 3 座，但仍占据榜单垄断地

位；东南沿海地区福建龙岩和江苏连云港联手上榜，比 2017 年增加 1 座；河北邯郸入围，打破环渤海地区无城入围的尴尬局面；吉林四平、辽宁葫芦岛和黑龙江伊春成功上榜，推高东北地区入围数量至 3 座。但在榜单区域分布高度稳定背后，入围城市频繁进出，上演了一出"偷天换日"的大戏，仅内蒙古乌海、河南鹤壁、江西上饶、甘肃武威和贵州六盘水 5 座中西部地区城市连续两年上榜，其余 25 座城市均是榜单新面孔，更新率高达 83.3%。

表 9　2018 年各地区效益竞争力单项指标前 30 名城市分布表　　　　单位：座

地区名称 （所含城市数量）	效益 竞争力	一般贸易出口 产品高度化	加工贸易 增值率	净出口增长对 GDP 增长的贡献率	出口 收益率	净贸易 条件指数
东南沿海地区（55 座）	12	10	1	10	22	2
其中：长三角地区（25 座）	8	3	0	6	13	1
珠三角地区（21 座）	4	7	1	4	6	0
海峡西岸经济区（9 座）	0	0	0	0	3	1
环渤海地区（30 座）	3	1	4	3	4	1
东北地区（34 座）	1	2	4	3	0	3
中部地区（84 座）	9	7	12	8	2	11
西南地区（50 座）	4	8	7	3	2	6
西北地区（45 座）	1	2	2	3	2	7

五、发展篇

（一）发展竞争力评价分析

发展竞争力评价体系构建意义：是否充分有效利用外资、带动产业升级、提高产业集聚力、发挥外贸强市辐射力，是衡量城市外贸发展活力的有效途径。发展竞争力包括"外商投资设备人均进口额""人均实际利用外资额""进入外贸 500 强企业进出口比重""特殊监管区进出口份额" 4 项三级指标。

1. 前 30 榜单基本稳定，东南沿海与中西部地区平分秋色、把控大局

"稳定"成为 2018 年中国城市外贸发展竞争力前 30 强榜单（见表 10）的主旋律，相比 2017 年仅有 3 座城市发生变化：辽宁锦州和河南三门峡分别跃升 70 位和 77 位，江苏常州提升 10 位，取代广西钦州、山西太原和广东惠州登上榜单，榜单更新率 10%，创近 3 年新低。从区域分布看，东南沿海和中西部地区平分秋色，各

有 11 座城市入围，并联手斩获了前 10 名中的 9 个席位。两个地区各具特色，上榜动力各不相同：东南沿海城市区位优势突出、产业配套成熟，保持着对外资的较强吸引力，依靠"外商投资设备人均进口额"和"人均实际利用外资额"两个指标的优势雄踞榜单；中西部地区外贸基数较小，龙头企业影响举足轻重，保税平台发展潜力大，更多是借助"进入外贸 500 强企业进出口比重""特殊监管区进出口份额"两个指标带动排名提升。此外，环渤海地区各项指标较为均衡，连续多年保持 3 座城市入围的稳定表现；东北地区 5 座入围城市特色鲜明，既有辽宁大连、吉林长春这种依靠均衡实力立足的城市，也有黑龙江大庆、辽宁本溪这类充分利用资源禀赋、凭借个别优势指标突出重围的城市。

2. 长三角与珠三角此消彼长，中部地区上榜城市数量虽众但综合实力仍显不足

表 11 为 2018 年各地区发展竞争力单项指标进入前 30 名的城市分布表。东南沿海方面，长三角和珠三角入围城市数量的平衡被打破，江苏常州借助"外商投资设备人均进口额"指标的优异表现，发展竞争力排名提升 9 个位次而一举入围前 30强，将长三角上榜城市数量由 5 座增加至 6 座。此消彼长，珠三角地区席位从 5 个减少到 4 个，上年居于榜单末段的广东惠州排名小幅下滑跌出前 30。虽然入围城市数量减少，但珠三角地区的"尖子生"表现突出。广东深圳以建设粤港澳大湾区为契机，加快构建全面开放新格局，破除发展壁垒，释放经济活力，排名前进 8 个位次一举摘得桂冠。此外，广东东莞和珠海分别居第 4 位和第 7 位，广东广州亦提升7 个位次位列第 22。海西地区的福建厦门继续占据 1 个席位。中部地区占据前 30榜单的 7 个席位，与上年持平。河南三门峡凭借"进入外贸 500 强企业进出口比重"指标的提升而入围，但山西太原排名小幅滑落跌出榜单。上届冠军河南郑州虽然"特殊监管区进出口份额"指标高居榜首，但总得分不敌实力更为均衡的广东深圳，居届榜单次席。中部城市大多依靠单个优势指标的拉升而跻身榜单，整体发展实力仍有进一步提升空间；除河南郑州外，中部地区其他 6 个城市悉数位于榜单后半程。西部地区的广西钦州因"进入外贸 500 强企业进出口比重"和"特殊监管区进出口份额"两项优势指标双双下滑而遗憾落榜，导致该地区入围城市由 5 座减少至 4 座。虽然数量不多，但西部地区同样有成绩亮眼的"优等生"：排名最高的陕西西安保持着榜单第 3 的高位，四川成都、重庆虽排名各下滑 1 位，但仍处于第 5、第 11 的前半程领先位置。东北地区 5 座城市上榜，比上年增加 1 座，其中辽宁锦州"特殊监管区进出口份额"指标大幅提升带动整体排名跃升 70 个位次，居榜单第 23 位；其余 4 座城市均为上年入围城市。环渤海地区依然是天津、北京和山东烟台三强鼎立，均处于榜单中段位置，其中北京排名前进 5 个位次，成功跻身前 10

强，列第 9 位；天津排名则下滑 8 个位次，跌至第 13 位。

（二）外商投资设备人均进口额统计分析

外商投资设备人均进口额：该指标用来衡量各城市吸引外商投资转移的能力，一定程度反映了外资引进水平。

1. 制造业转型升级稳步推进，东南沿海领先优势继续保持

2018 年，外商投资设备人均进口额前 30 榜单有 9 个新上榜城市，榜单更新率达到 30%，其中 4 个城市名次提升在 30 个位次以上。我国制造业吸引和利用外资一直呈现"东高西低"的格局，加上近年来高端制造、智能生产等行业成为外商产业投资新热点，而传统行业的投资增速则呈现放缓趋势，反映到榜单上，在先进制造领域领先一步的东南沿海地区优势明显，环渤海地区上榜城市增加，而西部地区榜单缩水。具体来看，东南沿海地区重点加大战略性新兴产业引资扶持力度，积极打造先进制造产业链，吸引外资向区域内高端产业聚集，带动外资企业投资设备进口值增长，2018 年继续保持明显的领先优势，共夺得前 30 榜单中的 19 个席位，与上年持平。其中，长三角地区共有 10 个城市入围前 30 榜单，比上年减少 2 个，江苏镇江和浙江金华落榜；珠三角地区获得 8 个席位，比上年增加 2 席，广东佛山和广东中山名次提升较快进入榜单；海西地区的福建厦门继续占有一席之地。环渤海地区占据前 30 榜单中的 4 个席位，比上年增加 1 席，其中天津和北京继续上榜，山东日照和烟台冲入榜单前半程，山东东营退出榜单。东北地区比上年增加 1 席，除榜单常客辽宁大连外，吉林长春排名提升 15 个位次成功入围。中部地区保持 4 个席位，安徽合肥提升 4 个位次晋级前 10，打破了东南沿海城市连续两年对榜单前 10 名的垄断。西部地区因重庆和内蒙古呼和浩特位次下降较大跌出榜单，仅余宁夏银川"一棵独苗"。

2. 传统外贸大城市地位稳固，中小城市波动明显更替频繁

东南沿海地区的传统外贸大城市依托先发优势，在新一轮高水平对外开放中走在前列，自贸试验区、自贸港、开发区等创新发展措施不断推出，营商环境持续优化，市场潜力持续释放，制造业对外商投资的吸引力度不减。其中，广东东莞、江苏苏州和江苏常州分居榜单前 3，排名分别比上年提升 1 个、2 个和 3 个位次；广东深圳着力提升创新能力，完善产业体系，吸引一批高端项目落地，2018 年外资企业投资设备进口额大幅增长 34.7%，升至榜单第 4 位，比上年提升 4 个位次，并带动该市发展竞争力排名跃居榜首。此外，江苏南京、上海、广东广州等城市亦能

牢牢占据榜单前 10 之位。相比之下，中小城市外资企业投资设备进口额体量小、基数低，单个龙头项目开展或竣工均可能对进口额产生巨大影响，数据大幅波动之下榜单后半程竞争异常激烈，更迭频繁。如上年凭借外资龙头项目带动排名提升的江西九江、山东东营和内蒙古呼和浩特等城市，后续乏力，排名大幅下跌，无缘榜单前 30。而另一些城市则崭露头角成为后起之秀。如：山东日照的现代派沃泰自动变速箱三工厂项目开工建设，带动外商投资设备投入，其排名由第 95 位跃升至第 14 位；江西宜春依托江西通瑞锂离子电池隔膜项目首期生产线投产，吸引投资设备进口额大幅增长，排名提升 65 个位次；江苏宿迁亦是依靠辖下可达科技项目带动机床设备进口激增，排名从第 63 位提升至第 18 位。

（三）人均实际利用外资额统计分析

人均实际利用外资额：该指标用来衡量各城市投资环境的优劣，折射当地对外开放程度和经济发展水平。

1. 吸引外资优势有所弱化，长三角阵营庞大但指标表现下滑

2018 年，人均实际利用外资额前 30 榜单保持高度稳定，相比 2017 年仅有 1 座城市发生变化——环渤海地区的山东威海代替中部地区的河南鹤壁入围。从区域分布看，东南沿海地区占据 14 个席位，与上年持平。珠三角地区的广东珠海和广东深圳分别摘得状元和探花之位，均比上年前进 1 个位次，广东东莞和广东广州继续入围。以上海领衔的长三角地区仍然是外商投资的热点区域，占据了 9 个席位，但相对较大的人口数量摊薄了平均外资资源，领头羊上海排名第 5，其余城市排名多处于榜单后半程。同时，长三角城市排名呈现连续下滑迹象，2017 年、2018 年入围城市中分别有 5 座和 6 座城市出现排名下滑。海西地区的福建厦门持续上榜且排名稳定。对于以长三角地区为代表的东南沿海地区来说，随着能源、土地、人力资源的约束日益趋紧，外资出现转移是大趋势，增强经济内生动力，摆脱对外资过度依赖，实现内外资"双轮驱动"，方为城市可持续发展之良策。环渤海地区由于山东威海的入选而增加了 1 个席位，4 座城市榜上有名，其中北京排名提升 8 个位次，登上榜单次席。

2. "一带一路"加快中西部地区开放步伐，中西部城市吸引外资能力持续提升

近年来，外资加快北上西进的步伐，特别是"一带一路"建设加快推进，中西部地区逐步从开放末梢走向开放前沿，对外资的吸引力不断增强。近年来中部地区入围该指标前 30 榜单的城市持续增加，2018 年虽因河南鹤壁排名下降 2 位堪堪跌

出前 30 榜单，导致入围城市由 8 座减少为 7 座，但上榜城市除河南郑州外排名均有小幅提升。西部地区 3 座城市上榜，其中内蒙古鄂尔多斯坚持将优化投资环境作为经济发展的重要动能，这座以资源起家的城市正积极把外资引向服务业和制造业，在深化转型发展、振兴实体经济的道路上快马加鞭前进，排名提升 2 个位次至第 4 位，创近年来西部城市该指标最高排名；另外两个西部城市四川成都和陕西西安排名亦分别提升 4 个和 1 个位次。东北地区的吉林长春和辽宁大连继续携手上榜，分别比上年提升 4 个和 1 个位次。

(四) 进入外贸 500 强企业进出口比重统计分析

企业是城市外贸发展的主体，提升城市外贸发展竞争力的根本是提升外贸企业的国际竞争力，该指标反映龙头企业对当地外贸发展的集聚及带动能力。

1. 大企业集聚带动效应突出，外贸总值高基数拉低沿海大城市指标值

2018 年，我国外贸 500 强企业的入围门槛进一步提高，由 2017 年的 59.5 亿元上升至 69.3 亿元，累计进出口值占当年我国外贸总值的比重亦由 2017 年的 34.6% 提升至 36.4%，大企业集聚带动效应进一步加强。同时，500 强企业驻扎的城市范围继续拓宽，分布于全国的 88 座城市，比上年增加 4 座。从城市看，500 强企业数量超过 10 家的城市有 11 座，其中 7 座位于东南沿海地区，2 座位于环渤海地区，西部地区的重庆和东北地区的辽宁大连亦分别拥有 12 家和 11 家 500 强企业。广东深圳、上海、北京和江苏苏州 4 座城市包揽了超过 4 成的外贸 500 强企业，分别拥有 66、55、47 和 41 家 500 强企业，但外贸总值的高基数拉低了其 500 强企业进出口比重，仅有广东深圳和北京 2 城入围前 30 榜单，上海和江苏苏州双双落榜。而中西部地区虽然 500 强企业数量较少，但亦有一些企业表现不俗，如四川成都和陕西西安均有企业进出口迈入千亿元俱乐部行列，对上述城市外贸增长的贡献度分别达到 61.9% 和 39.3%。

2. 龙头企业成外贸发展"擎天柱"，催生中小城市统治榜单局面

2018 年，外贸 500 强企业进出口比重前 30 榜单中，有 4 座城市发生变化，榜单更新率 13.3%。与沿海城市外贸主体多点开花的格局不同，内陆地区中小城市龙头企业优势突出、作用彰显，成为当地外贸发展的领军核心，推动中小城市担当榜单主角。从地区分布看，东北地区保持 6 个席位，其中"钢铁之都"辽宁本溪凭借两家大型钢铁企业的优异表现，由上年的第 3 位升至榜首；上年的榜眼黑龙江大庆排名下降 1 位居第 3。西部地区占据了榜单 11 个席位，比上年增加 3 席，其中，此

前连续 3 年稳居榜首的甘肃金昌后退 1 位屈居第 2；云南昆明、海南海口和四川绵阳分别前进 23 个、24 个和 57 个位次，成功跻身榜单。中部地区的河南三门峡因辖下一家大型企业成功晋级 500 强而成功上榜并高居第 9 位，但安徽马鞍山和湖北黄石双双退出，使得中部地区榜单席位比上年减少 1 个，共获得 7 席。环渤海地区有 3 座城市入围，比上年减少 2 座城市，原因是山东烟台和日照均有企业退出 500 强，城市排名下降较大而双双落榜；其余 3 座入围城市北京、山东菏泽和山东东营排名均有小幅提升。东南沿海地区则延续弱势表现，仅有 3 座城市入围前 30 强，且处于榜单末段。珠三角地区的广东深圳和广东惠州分别位居第 25 位和第 27 位，海西地区的福建龙岩排在第 30 位，而长三角地区无一城市入围，江苏苏州和上海均徘徊在门槛之外，分别位居第 32 位和第 47 位。

（五）特殊监管区进出口份额统计分析

海关特殊监管区是我国改革开放和经济发展的产物，作为经济特区、沿海开放城市和经济技术开发区之后设立的第四类深化改革、扩大开放的先导区和试验台，在连接国内外两个市场、利用两种资源中发挥着越来越重要的桥梁和纽带作用。

特殊监管区域向内陆延伸，中西部城市潜力逐渐释放。2018 年，特殊监管区进出口份额前 30 榜单只有 3 座城市发生变化，比上年减少 2 座，榜单更新率 10%。随着我国区域开放格局的深入推进，海关特殊监管区域逐渐在内陆地区落地生根，成为内陆地区吸引国际和沿海产业转移、参与国际竞争合作的重要载体。前 30 榜单上，中西部地区依然是主角，共有 18 座城市入围前 30，并占据了前 10 名中的 7 个席位。其中，西部地区有 13 座城市上榜，比上年增加 1 座。青海海东、陕西延安和广西南宁 3 座城市新上榜，但甘肃兰州和广西河池排名下滑无缘榜单。其中，位于青海海东的曹家堡保税物流中心是青海申报建设的第一家具有保税物流功能的海关特殊监管区，填补了青藏高原地区海关保税物流监管场所的空白。该保税物流中心自 2016 年底运营以来，有效促进产业和物流集聚发展，2018 年进出口值激增 88.1 倍，带动海东市"特殊监管区进出口份额"排名提升 110 个位次，高居榜单第 3 名。陕西延安依托高新区推动保税仓库申报和建设，为开放型经济奠定坚实基础，指标排名跃升 191 个位次至第 11 位。南宁综合保税区大力发展保税加工、保税物流及跨境电商等重点项目，不断壮大外贸规模，2018 年进出口值激增 9.1 倍，带动广西南宁指标排名上升 47 个位次，成为榜单新贵。中部地区有 5 座城市入选，比上年减少 1 座。河南郑州继续位居榜首，而上年新军安徽蚌埠再次落榜。其余地区"稳"字当头：东南沿海地区依旧占据 7 个名额，其中长三角地区 5 个，珠三角地区 2 个，均为上年旧面孔；环渤海地区 3 座上榜城市不变，排名变动也在 2 个位次之内；东北地区保持 2 个席位，辽宁锦州继上年前进 37 个位次登上榜单后，2018 年再次上升 16 个位次至第 7 位，与辽宁大连携手上榜。

表 10　2018 年中国城市外贸发展竞争力 30 强排名表

城市名称	外商投资设备人均进口额		人均实际利用外资额		进入外贸 500 强企业进出口比重		特殊监管区进出口份额		分项得分	分项排名	综合排名
	得分	排名	得分	排名	得分	排名	得分	排名			
广东省深圳市	76.19	4	91.76	3	78.15	25	68.68	24	78.27	1	1
河南省郑州市	60.09	72	67.64	30	92.30	7	100.00	1	78.26	2	16
陕西省西安市	61.16	36	69.44	23	90.46	8	95.17	2	77.76	3	14
广东省东莞市	100.00	1	73.50	14	74.18	36	66.47	30	77.59	4	3
四川省成都市	60.12	70	71.44	18	87.36	12	91.84	4	76.62	5	18
江苏省苏州市	88.10	2	70.59	21	74.69	32	73.36	14	76.40	6	4
广东省珠海市	70.16	12	100.00	1	73.33	40	65.19	40	76.10	7	5
上海市	74.85	7	80.32	5	71.47	47	77.02	10	75.85	8	2
北京市	63.62	23	93.79	2	87.48	11	62.24	64	75.50	9	10
江苏省无锡市	75.95	5	72.26	15	70.91	50	70.32	19	72.33	10	11
重庆市	60.79	42	64.66	55	79.48	22	86.37	6	72.07	11	13
辽宁省大连市	70.31	11	68.75	25	76.16	29	72.85	17	71.97	12	12
天津市	69.74	13	77.20	8	67.69	54	73.05	15	71.83	13	9
吉林省长春市	63.96	22	76.83	10	87.18	13	60.34	119	71.30	14	30
浙江省舟山市	60.00	87	66.57	35	72.50	46	88.87	5	71.23	15	28
福建省厦门市	73.37	10	77.57	7	66.66	56	66.31	32	70.82	16	6
湖北省武汉市	64.43	20	79.54	6	72.59	44	64.30	49	69.94	17	17
安徽省合肥市	73.53	9	66.40	36	68.53	53	69.74	20	69.50	18	25
山东省烟台市	67.10	15	65.11	48	73.50	39	71.98	18	69.34	19	24
黑龙江大庆市	60.01	84	62.09	99	99.39	3	60.00	184	68.66	20	125
江苏省南京市	75.90	6	68.64	26	65.71	58	64.24	50	68.48	21	20
广东省广州市	74.08	8	71.46	17	63.66	70	65.24	39	68.48	22	7
辽宁省锦州市	60.00	87	60.65	169	73.92	37	81.62	7	68.45	23	38
江西省鹰潭市	60.00	87	63.47	69	94.83	6	60.00	184	68.23	24	68
河南省三门峡市	60.00	87	67.52	32	89.06	9	60.00	184	68.21	25	242

续表

城市名称	外商投资设备人均进口额		人均实际利用外资额		进入外贸500强企业进出口比重		特殊监管区进出口份额		分项得分	分项排名	综合排名
	得分	排名	得分	排名	得分	排名	得分	排名			
辽宁省本溪市	60.00	87	60.13	242	100.00	1	60.00	184	68.21	26	52
安徽省铜陵市	60.00	87	62.40	88	96.19	4	60.00	184	68.18	27	37
甘肃省金昌市	60.00	87	60.00	282	99.57	2	60.00	184	68.10	28	72
江苏省常州市	83.11	3	69.42	24	60.00	82	61.43	77	67.91	29	23
安徽省马鞍山市	60.16	66	76.86	9	74.25	35	60.59	103	67.54	30	32

表11　2018年各地区发展竞争力单项指标进入前30名的城市分布表　　单位：座

地区名称（所含城市数量）	发展竞争力	外商投资设备人均进口额	人均实际利用外资额	进入外贸500强企业进出口比重	特殊监管区进出口份额
东南沿海地区（55座）	11	19	14	2	7
其中：长三角地区（25座）	6	10	9	0	5
珠三角地区（21座）	4	8	4	2	2
海峡西岸经济区（9座）	1	1	1	1	0
环渤海地区（30座）	3	4	4	3	3
东北地区（34座）	5	2	2	6	2
中部地区（84座）	7	4	7	7	5
西南地区（50座）	2	0	1	8	7
西北地区（45座）	2	1	2	3	6

六、潜力篇

（一）潜力竞争力评价分析

资源禀赋、地理位置、政策导向、产业集群、物流规模、内生经济实力等是影响对外贸易持续发展的重要潜力要素，这些要素对厘清未来对外贸易进程中的优、劣势变化，确定城市外贸发展的后期轨迹，具有重要参考价值。

1. 榜单前半程"稳"字当头，后半程竞逐激烈

2018年中国城市外贸潜力竞争力前30强榜单（见表12）变动幅度较上年有所收窄，新上榜城市5座，较上年减少4座，榜单更新率为16.7%。广东深圳、广州

和上海等沿海外贸大城市仍然是榜单前半段常客，前 10 强中仅山东烟台一个新面孔，其依靠内资企业对外贸增长的贡献率提升排名从 2017 年第 20 位提升至第 10 位，前 9 位上榜城市与上年一致，仅位次稍有变动。榜单前排城市势力稳固，后半段则依旧如前几年一样的竞逐激烈，前 30 强的 5 个新上榜城市全部出现在榜单后 15 位。其中，贵州贵阳作为西南重镇，近年来铁路、公路建设加速推进，凭借"人均货运量"和"内资企业对外贸增长的贡献率"两项指标的提升，潜力竞争力排名从 2017 年的第 34 位提升至第 22 位；内蒙古乌海"万人外贸企业数量""人均货运量""内资企业对外贸增长的贡献率"三项指标均有所提升，助推其排名跃升 27 个位次至第 26 位，在所有新进榜城市中提升最快。此外，内蒙古鄂尔多斯、新疆克拉玛依和安徽芜湖凭借内资企业对外贸增长的贡献率的大幅提升，成功跻身前 30 强。有新晋就会有落榜，安徽蚌埠、北京、陕西铜川、四川攀枝花和广东江门因单个或多个指标表现不佳，跌出前 30 强。

2. 东南沿海地区上榜城市数量减少，西北地区上升势头强劲

东南沿海地区外贸发展起步早，产业基础雄厚，水陆交通便捷，是我国外贸发展的"领头羊"，也是近年来我国外贸结构调整的"先行区"，转型升级的阵痛难免。表 13 为 2018 年各地区潜力竞争力单项指标进入前 30 名城市分布表。2018 年，东南沿海地区上榜潜力竞争力前 30 强的城市数量较上年减少 1 座，连续第 3 年下滑。其中，长三角地区上榜城市数量与 2017 年持平，保持在 6 座，上海、江苏苏州排名分别提升 2 个和 1 个位次，分列第 2、第 7 位，加上居第 6 位的浙江宁波，长三角城市在前 10 强中坐拥 3 席，实力不容小觑；珠三角地区发展潜力有所下降，上榜城市数量从 2017 年的 7 座下降至 6 座，广东深圳仍占据冠军宝座，但 10 强中广州、东莞排名分别小幅下降 1 名，广东中山从 2017 年的第 10 位跌至 26 位，广东江门更是跌出了前 30 强榜单。环渤海地区上榜城市也有所减少，从 2017 年 5 座下降至 4 座，天津、山东青岛、烟台和威海仍在榜中，北京在 2017 年重新入围 30 强后，2018 年再次遗憾出局，从 2017 年的 25 位下跌至 34 位。近年来，随着"一带一路"建设的稳步推进，我国与沿线国家经贸往来日趋活跃，中欧班列开行列次大幅增长，西北地区城市货运量明显提升，入围潜力 30 强榜单的城市从 2017 年的 4 座进一步增加至 6 座，内蒙古乌海、鄂尔多斯和新疆克拉玛依成为榜单新贵，陕西铜川则抱憾出局。海西地区的福建厦门、福州常年稳定保持在前 30 强的榜单中。中部地区入围城市数量 3 座，与 2017 年持平，其中，江西新余和湖北武汉连续入围，安徽芜湖则取代安徽蚌埠上榜。西南地区仍保持 2 座城市上榜的表现，其中重庆近年经济增长强劲，外贸潜力也不断提升，从 2017 年的 18 名提升至 2018 年的

16 名，而贵州贵阳则取代四川攀枝花，进入前 30 强。东北地区的辽宁大连仍是唯一上榜城市，位列第 9 名，与 2017 年一致。

(二) 区位优势指数统计分析

国家一类开放口岸是由国务院批准开放的对外经贸往来的门户，以城市拥有的一类开放口岸作为考量对象，结合港口、空港、铁路陆路等多种口岸的类别综合评价，可以较好地衡量城市对外贸易的区位优势、政策导向、辐射范围和外贸载体建设完善程度。

1. 东部沿海地区凭借港口优势继续保持领先趋势，长三角地区表现最佳

2018 年，东部地区 25 座城市入围区位优势指数前 30 强，榜单覆盖率达81.4%。其中，长三角地区凭借良好的空港、海港优势，在东部沿海地区表现最佳，2018 年，区位优势指数入围前 30 榜单的城市高达 13 座，继续居各区域首位，除江苏南通、苏州、盐城和上海分列第 6、12、14 和 19 位外，其余城市均并列第26 位。珠三角地区上榜城市数量仅次于长三角地区，为 9 座，但上榜城市排名居前列，指标前 5 强中，珠三角地区占据 4 席，广东深圳、珠海、广州和江门，分列第1、2、4 和 5 位。环渤海地区上榜城市皆临海，分别是山东烟台、威海、天津、青岛和日照，分列第 6、10、14、14 和 19 位。东北地区由于与多国毗邻或接壤，沿边口岸数量相对较多，占据 5 个席位，分别为辽宁大连以及黑龙江佳木斯、黑河、鹤岗、哈尔滨。

2. 西部地区整体表现稳定，中部地区表现平平

近年来，随着"一带一路"倡议的深入推进，西北地区凭借临近哈萨克斯坦等中亚丝绸之路国家的区位优势，2018 年西北地区入围城市为内蒙古呼伦贝尔和新疆伊犁，在榜单分别排第 18 名和 19 名。西南地区凭借部分省市的沿海沿边优势，与环渤海、东北地区旗鼓相当，2018 年继续占据 5 个席位。其中，广西作为我国西南地区唯一的沿海、沿江、沿边省份，在我国与东南亚的经贸合作中发挥了重要的作用。截至 2018 年，广西已拥有 20 个国家一类开放口岸，防城港和北海分列区位优势指数的第 11 和 26 名；海南以 7 个海（河）运和航空口岸的优势紧跟其后，海口和三亚并列第 26 名。值得关注的是，中部地区由于缺少海运港口及延边的优势，区位优势指数表现略显黯淡，仅湖北武汉拥有 2 个开放口岸，位列第 26 名。

(三) 万人外贸企业数量统计分析

外贸企业是城市发展国际贸易、参与国际经济竞争的基本单位和最重要载体。

从事对外贸易的企业越多，参与生产及对外贸易的聚集效应越显著，外贸发展越有潜力。

1. 榜单区域分布总体稳定，东部地区独领风骚

2018 年，入围万人外贸企业数量指标前 30 位的城市区域分布基本稳定，东部地区继续保持垄断地位，中西部地区无一城入选。2018 年，参评的 298 座城市有进出口记录的企业合计 46.8 万家，较 2017 年增加 8.1%。东部沿海地区 41.3 万家，增加 7.9%，占 88.3%；中部和西部地区分别为 3.2 万家和 2.2 万家，增加 11.2% 和 6.8%。入围前 30 强名单与 2017 年相同，但 13 座城市排名发生小幅变动。东部地区继续包揽前 30 强的所有席位。虽然近年来中西部地区外贸进出口发展趋势良好，但各项基础配套、产业布局、外部营商环境等仍与外贸发达的沿海地区有明显差距。此外，中西部地区对大型外贸企业依赖度较高，辐射带动能力有限，一定程度上影响了该指标的表现。西部地区排名最靠前的新疆乌鲁木齐位列第 36 名，中部地区排名最靠前的河南郑州位列第 44 名。

2. 长三角地区入围城市数量最多，珠三角地区入围城市排名居前

长三角地区凭借良好的交通和外部投资环境，吸引了大批外资、民营外贸企业聚集于此，2018 年，入围该指标前 30 强的城市多达 15 座，在前 10 强中占一半席位，江苏苏州、上海、浙江宁波、绍兴和嘉兴分列第 4、5、6、9 和 10 位。珠三角地区拥有众多运作成熟的优良海港以及加工贸易的先发优势，上榜城市 7 座，略少于长三角地区，但排名靠前，广东深圳、东莞更是分别占据头两名，广东珠海、中山、广州分列第 7 位、第 13 位和第 15 位。环渤海地区依托较为突出的港口集群和产业基础等优势，为外贸企业持续发展提供了良好的基础，山东青岛、山东威海、北京、天津和山东烟台均是榜单常客，其中排名最高的山东青岛继续保持第 8 名。海西地区吸引外贸企业的能力不断增强，福建厦门以雄厚的外贸企业基数及稳健的企业数量增加幅度，稳居榜单季军位置，福建福州位列第 30 名。东北地区仅辽宁大连上榜，排名稳定在第 19 名。

（四）人均货运量统计分析

城市交通运输网络运力水平、货运畅通水平，是衡量城市工业化水平、流通效率和贸易输送潜能的重要标志。

1. 西北地区优势持续提升，东北地区货运水平有所下降

近年来，在"西部大开发"等重大国家战略的推动下，西部地区基础设施建设

力度加大，交通运输不断发展，货运水平明显提升。2018 年，西北地区"人均货运量"前 30 强上榜城市由 2017 年的 10 座增加至 11 座，居全国各区域之首，其中，甘肃嘉峪关稳居冠军地位，内蒙古包头、内蒙古乌海、新疆克拉玛依、内蒙古鄂尔多斯、陕西铜川分列第 4、5、6、9、10 名。中部地区 2018 年入围城市数量与 2017 年持平，仍为 4 座。江西新余凭借货运量的快速增长，排名从 2017 年第 3 名跃居 2018 年第 1 名。安徽蚌埠、马鞍山、芜湖分列第 14、21、28 名，2017 年上榜的安徽滁州抱憾出局。东北地区近年来由于面临转型阵痛，经济存在一定下行压力，2018 年货运水平有所下降，上榜城市从 2017 年的 4 座下降至 2018 年 3 座。辽宁盘锦、辽阳和营口继续保持在榜单之中，分列第 12、22 和 30 名。辽宁大连从 2017 年第 27 名跌至 31 名，抱憾出局。西南地区上榜城市稳定在 3 座，四川攀枝花、贵州贵阳、遵义依然"坚守阵地"，分列第 11、17、18 名，其中贵州遵义提升幅度较大，较 2017 年提升 11 名。海西地区表现稳定，上榜城市仍为福建厦门，但其排名有所下降，从 2017 年的第 5 名跌至第 8 名。

2. 长三角地区表现稳中有进，珠三角地区保持稳定

长三角地区继续保持 2 座城市上榜，2018 年，宁波舟山港年货物吞吐量再超 10 亿吨，继续保持唯一的超 10 亿吨超级大港地位，全球港口排名实现"十连冠"，因此浙江舟山表现抢眼，继续保持榜眼的位置，同时浙江宁波地位小幅提升，从 2017 年的 20 名提升至 19 名。珠三角地区上榜城市稳定在 6 座，广东广州、中山、珠海、东莞、佛山和深圳作为榜单的常客，分列第 7、13、15、23、26 和 27 名。

（五）特殊经济区个数比重统计分析

特殊经济区是继经济特区、沿海开放城市之后，我国在深化改革开放进程中设立的第三类先导区，作为我国对外开放的窗口与基地，先行地与试验场，其建设发展对吸引外资、参与国际分工与合作、加快国际贸易步伐、带动区域经济发挥着重要的作用。

1. 中部地区继续保持冠军的地位，环渤海地区位居亚军

近年来，中部地区逐步承接东部产业转移，特殊区域数量明显增加，入围前 30 榜单的城市从 2017 年 11 座增加至 2018 年 14 座，为蝉联上榜城市最多的地区冠军。随着马鞍山综合保税区、常德高新技术开发区的获批运作，安徽马鞍山和湖南常德排名稳中有进，从 2017 年的并列 50 名，提升至 2018 年的并列 29 名。环渤海地区随着特殊区域配套政策逐步完善，外贸发展潜力明显提升，2018 年上榜城市继续保持 10 座，位居地区亚军。其中，天津、北京并列第 4 名。西南地区上榜城市 6 座，与上年一致，重庆、云南昆明、四川成都排名靠前，分列第 2、13、13 位，海南海口、四川绵阳并列第 21 位，贵州贵阳列第 29 位。西北地区上榜城市稳定在 4 座，省会城市优势明显，新疆乌鲁木齐位列第 13，陕西西安、甘肃兰州和青海西宁并列第 29 位。

2. 东部沿海地区继续包揽榜单前列

东部沿海地区先行优势依然较为明显，2018 年，特殊区域个数比重指标排名前 10 位（涉及 12 座城市）入围 9 座城市，占据绝对优势，其中，上海以 16 个特殊经济区的绝对优势继续稳居榜首，在国内特殊经济区的发展上处于遥遥领先的地位；江苏苏州以 11 个特殊经济区的优势紧随其后；广东广州、浙江宁波、天津、北京并列第 4，广东深圳位列第 8，福建厦门和福州、辽宁大连、山东青岛并列第 9。

（六）内资企业对外贸增长的贡献率统计分析

内资企业指国内资产投资创办的企业，主要有国有企业、集体企业和民营企业。内资企业对外贸易的发展水平提升有利于降低市场风险，促进我国对外贸易的全面发展、内生动力和自主水平。内资企业在外贸领域的产业链水平、盈利水平和抗风险能力，是衡量各城市对外贸易发展潜力的重要因素。

1. 环渤海地区入围城市数量大幅增加，成"最大赢家"

2018 年，内资企业对外贸增长的贡献率指标排名前 30 强城市名单变动频繁，仅河北秦皇岛和河南新乡 2 座城市实现连续两年上榜。但从区域分布看，环渤海地区入围城市数量大幅增加，从 2017 年的 4 座增加至 2018 年的 11 座，除河北秦皇岛外，河北邢台、保定以及山东烟台、临沂、泰安、枣庄等 10 座城市均为新上榜城市。中部地区上榜城市较 2017 年出现明显下滑，从 2017 年的 14 座减少至 2018 年的 5 座。东南沿海外商投资企业占外贸总量的比重居高不下，内资企业对外贸增长的贡献相对较低，导致该项指标表现一般。2018 年，东南沿海地区上榜城市与 2017 年持平，保持 6 座。其中珠三角地区由 5 座减至 4 座，分别为广东茂名、梅州、河源、肇庆；长三角地区保持 1 座，仅江苏南京上榜；海西地区在 2017 年颗粒无收后，福建莆田成功入围榜单。

2. 西部地区内生动力不断加强，开放进程逐步加快

西部地区主要以内资企业为主，外资企业占比相对较低，近年来随着"一带一路"倡议和中欧班列的持续推进，西部地区开放型经济发展取得一定成效，内生动力不断加强。2018年，西部地区上榜城市增加4座至6座，分别为陕西商洛、内蒙古通辽、甘肃兰州、内蒙古呼和浩特、广西来宾和四川遂宁。东北地区"内资企业对外贸增长的贡献率"前30强排名中，上榜城市有2个，与上年持平，分别为黑龙江双鸭山、黑河。

表 12　2018 年中国城市外贸潜力竞争力前 30 强排名表

城市名称	区位优势指数		万人外贸企业数量		人均货运量		特殊经济区个数比重		内资企业对外贸增长的贡献率		分项得分	分项排名	综合排名
	得分	排名	得分	排名	得分	排名	得分	排名	得分	排名			
广东省深圳市	100.0	1	100.0	1	76.6	27	72.7	8	77.2	174	84.5	1	1
上海市	67.1	19	75.1	5	74.8	36	100.0	1	77.2	173	78.1	2	2
广东省广州市	81.1	4	66.7	15	91.9	7	75.0	4	76.2	209	77.7	3	7
福建省厦门市	65.7	26	84.1	3	91.9	8	70.4	9	77.1	182	77.3	4	6
广东省珠海市	82.2	2	70.7	7	82.7	15	66.0	21	76.0	214	75.3	5	5
浙江省宁波市	65.7	26	75.0	6	79.3	19	75.0	4	77.7	145	74.4	6	8
江苏省苏州市	71.0	12	76.0	4	64.3	188	85.2	2	76.7	194	74.3	7	4
广东省东莞市	64.8	45	89.6	2	78.0	23	61.9	54	78.5	39	73.9	8	3
辽宁省大连市	77.7	6	65.3	19	75.8	31	70.4	9	76.6	200	73.0	9	12
山东省烟台市	77.7	6	62.8	29	67.8	96	64.0	29	92.1	4	72.1	10	24
浙江省舟山市	65.7	26	62.0	35	100.0	2	60.0	113	77.3	169	71.7	11	28
广东省佛山市	76.7	9	66.2	18	76.7	26	61.9	54	77.3	136	71.6	12	19
天津市	69.5	14	63.9	23	70.6	60	75.0	4	79.1	27	71.4	13	9
山东省青岛市	69.5	14	70.5	8	66.8	120	70.4	9	77.1	179	70.8	14	15
内蒙古自治区包头市	60.4	127	60.3	133	99.3	4	61.9	54	77.5	159	70.5	15	42
重庆市	65.7	26	60.4	126	66.9	116	85.2	2	76.6	199	70.4	16	13
甘肃省嘉峪关市	60.0	132	60.2	182	100.0	1	60.0	113	78.1	87	70.1	17	76
江苏省南通市	77.7	6	63.4	26	65.8	150	66.0	21	76.7	196	69.7	18	34
山东省威海市	73.5	10	66.2	17	68.0	90	64.0	29	77.1	178	69.6	19	43
福建省福州市	69.5	14	62.6	30	68.6	81	70.4	9	77.8	144	69.6	20	36
江西省新余市	60.0	132	60.5	106	100.0	3	61.9	54	72.3	248	69.5	21	55

续表

城市名称	区位优势指数		万人外贸企业数量		人均货运量		特殊经济区个数比重		内资企业对外贸增长的贡献率		分项得分	分项排名	综合排名
	得分	排名	得分	排名	得分	排名	得分	排名	得分	排名			
贵州省贵阳市	62.1	89	60.3	150	86.5	11	64.0	29	78.2	64	69.5	22	93
广东省中山市	63.5	49	67.5	13	84.7	13	61.9	54	72.0	264	69.5	23	29
湖北省武汉市	65.7	26	61.4	50	74.9	33	68.2	13	77.3	172	69.2	24	17
新疆维吾尔自治区乌鲁木齐市	62.1	89	61.9	36	77.5	25	68.2	13	78.2	61	69.2	25	89
内蒙古自治区乌海市	60.0	132	60.2	179	94.0	5	60.0	113	78.0	117	69.2	26	162
内蒙古自治区鄂尔多斯市	62.1	89	60.1	207	90.3	9	60.0	113	77.4	168	69.0	27	54
新疆维吾尔自治区克拉玛依市	60.0	132	60.4	128	92.1	6	60.0	113	78.0	106	69.0	28	185
安徽省芜湖市	63.5	49	60.8	74	76.4	28	66.0	21	80.0	16	68.9	29	44
浙江省嘉兴市	63.5	49	68.2	10	73.5	40	61.9	54	77.4	166	68.7	30	27

表 13 2018 年各地区潜力竞争力单项指标进入前 30 名城市分布表　　单位：座

地区名称（所含城市数量）	潜力竞争力	区位优势指数	万人外贸企业数量	人均货运量	特殊经济区个数比重	内资企业对外贸增长的贡献率
东南沿海地区（55 座）	14	25	24	9	14	6
其中：长三角地区（25 座）	6	13	15	2	9	1
珠三角地区（21 座）	6	9	7	6	3	4
海峡西岸经济区（9 座）	2	3	2	1	2	1
环渤海地区（30 座）	4	5	5	0	10	11
东北地区（34 座）	1	5	1	3	5	2
中部地区（84 座）	3	1	0	4	14	5
西南地区（50 座）	2	5	0	3	6	2
西北地区（45 座）	6	2	0	11	4	4

备注：因"区域优势指数"指标和"特殊经济区个数比重"指标存在并列排名，故累计结果超过 30 座。

2019 年中国民众幸福感及获得感状况分析

胡以松　王卫东

2019 年是中华人民共和国成立 70 周年。回顾过去 70 年，中国经济取得了举世瞩目的成就，中国经济总量跃居世界第二，而为中国人民谋幸福一直是我党关注的重中之重。党的十九大报告进一步强调要"不断满足人民日益增长的美好生活需要，促进社会公平正义，形成有效的社会治理、良好秩序，使人民获得感、幸福感、安全感更加充实、更有保障、更可持续"，这一论断说明美好生活需要的满足与获得感、幸福感和安全感等密切相关。当前我国民众的获得感、幸福感、安全感现况如何？不同特征民众获得感、幸福感以及安全感存在什么特点是值得关注的课题。2019 年中国民众幸福感及获得感状况是采用计算机辅助的电话调查（CATI）的方式，于 2019 年底对中国（不包括港澳台）民众开展的主观调查，主要包括幸福感、获得感、安全感、公平感四个方面，同时，调查还访问了民众的基本公共服务满意度、对未来发展的信心以及与百姓生活密切相关的时政问题。本次调查通过对全国（不包括港澳台）31 个省区市 334 个地级市全覆盖的代表性样本（样本量 1 550 人）调查，实现对全国总体情况的估计，为我国民生相关问题研究和政策制定提供数据支撑。

一、调查方法

（一）问卷设计

本调查主问卷内容包括幸福感、获得感（教育机会、文化体育、医疗卫生、住房条件、生活尊严、养老保障、生活水平、权力保障、就业机会、环境问题、食品安全和个人收入）、安全感（社会安全、自己及家人的人身及财产安全、环境问题、食品安全)、公平感(教育机会、医疗卫生服务和收入分配)、公共服务满意度(包括基本公共教育、基本劳动就业创业、基本住房保障、基本社会保险、基本医疗卫生、基本社会服务、基本公共文化与体育、残疾人基本公共服务)、对未来发展的信心等内容,以及受访者个人基本情况。

(二)抽样设计

综合考虑有效性、成本、时间等多重因素,此调查采用随机数字电话拨号方式(RDD)进行,调查的抽样框为中国移动、中国电信、中国联通及虚拟运营商的手机号码。具体抽样时,将以手机号前 7 位号段为基础随机抽取,抽取后运用尾数添加法生成 11 位电话号码,然后进行空号扫描,排除空电话号码后利用 CATI 系统进行拨打。具体抽样设计为分层随机不等概率抽样,将全国 31 个省区市分成 31 个层,然后各层成功访问 50 份问卷,总样本量 1 550 人,总体设计仅对全国进行估计,有效受访对象为 18 岁及以上的中国居民。

(三)调查实施

本调查完全采用市场化的方式进行调查的组织实施,所有的访员均通过各种方式包括网站、公众号和朋友圈推送等进行招募,经初步简历筛选后进行严格面试,由经验丰富的专业督导进行培训,考核合格后方能进行电话调查的正式工作。访问工作期间会对访员进行严格的质量控制,发现问题第一时间反馈并进行再培训,对有作弊行为的访员依规进行警告或劝退处理。

(四)质量控制

整个调查采用 CATI 方式进行,与纸质调查不同,CATI 调查具有巨大的优势。开展调查前,依据系统要求将设计的纸质问卷进行电子化,具体包括问卷录入、合法值设置、逻辑校验、跳转设置等。正式调查开始前,进行试调查,依据试调查结果对 CATI 系统进行修改、完善和再测试,提高系统稳定性。同时,根据试调查结果估计平均问卷访问时长以及总体调查的工作量,按照总体工作量对整个调查组织需要的时间、人员进行合理安排。

电话调查采用三种方式进行正式调查质量控制,分别是现场监听、数据核查和录音核查。电话调查督导会实时对访问员的访问过程进行监听,对监听过程中发现的问题及时反馈给访问员,及时纠正其访问行为。数据核查是录音核查的前提,项目组每天上午对前一天提交的数据进行数据核查,找出存疑问卷并创建录音核查任务。

根据数据核查的结果，确定需要核查的问卷数据，由录音核查员进行核查。录音核查的标准主要包括以下三点：一是完整念读问题和选项；二是模糊答案要适当追问；三是保持态度中立。根据以上标准，视访问违规行为的不同严重程度作警告或废卷处理。

（五）统计分析

1. 权数调整

为了保证调查结果能够对全国外推，同时考虑电话调查样本应答人群的分布特点，本报告根据2010年第六次人口普查数据，以性别、学历、年龄三个变量对原始成人样本进行事后分层加权调整，见表1。

表1 成人权数计算表

性别（六普）	学历（六普）	年龄组（六普）	联合百分比（六普）	原始样本结构	权数调整系数
男	大专以下	18—30	10.204%	5.18%	1.969 947
男	大专以下	31—45	14.424%	6.88%	2.096 488
男	大专以下	46—60	11.708%	9.61%	1.218 306
男	大专以下	60以上	7.518%	10.44%	0.720 123
男	大专及以上	18—30	2.994%	8.22%	0.364 228
男	大专及以上	31—45	1.957%	7.13%	0.274 531
男	大专及以上	46—60	0.846%	3.28%	0.257 972
男	大专及以上	60以上	0.374%	1.65%	0.226 663
女	大专以下	18—30	10.131%	3.35%	3.024 307
女	大专以下	31—45	14.543%	6.42%	2.265 242
女	大专以下	46—60	11.885%	9.22%	1.289 077
女	大专以下	60以上	8.228%	8.70%	0.945 698
女	大专及以上	18—30	3.056%	8.84%	0.345 704
女	大专及以上	31—45	1.527%	7.34%	0.208 046
女	大专及以上	46—60	0.457%	2.60%	0.175 929
女	大专及以上	60以上	0.147%	1.13%	0.129 814

2. 描述统计

数据分析使用Stata14进行描述统计，主要描述变量的均值和百分比指标，同时从居住地、性别、年龄、学历等方面进行分层分析，反映不同民众各指标的变化和差异性。

3. 主要变量解释

性别分组：电话调查结束后，根据受访者的声音对性别进行判断。

居住地分组：按照受访者目前常住的地区，划分为城市和农村两组。

年龄分组：年龄分 18—30 岁、31—45 岁、46—60 岁、60 岁以上四组。

学历分组：学历分初中及以下、高中/中专/技校、大学专科及以上三组。

二、样本特征分析

（一）样本居住地分布

如图 1 所示，本次调查的有效样本中，居住在城市的受访者 947 例，占 61.1%，居住在农村的受访者 603 例，占 38.9%，城市比例高于农村。

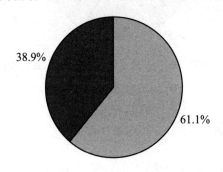

图 1 调查样本居住地分布

（二）样本性别分布

如图 2 所示，本次调查的有效样本中，男性受访者 971 例，占 62.6%，女性受访者 579 例，占 37.4%，男性比例高于女性。

（三）样本年龄分布

如图 3 所示，本次调查的有效样本中，18—30 岁的受访者 606 例，占 41.1%；31—45 岁的受访者 508 例，占 34.5%；46—60 岁的受访者 274 例，占 18.6%；60 岁以上的受访者 86 例，占 5.8%。

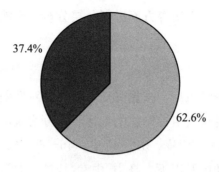

37.4%

62.6%

□男性　■女性

图 2　调查样本性别分布

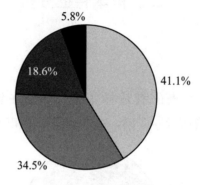

5.8%

18.6%

41.1%

34.5%

□18—30岁　■31—45岁　■46—60岁　■60岁以上

图 3　调查样本年龄分布

(四) 样本教育程度分布

如图 4 所示，本次调查的有效样本中，学历为初中及以下的受访者 417 例，占 27.0%；学历为高中/中专/技校的受访者 366 例，占 23.7%；学历为大学专科及以上的受访者 761 例，占 49.3%。

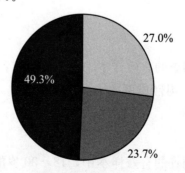

27.0%

49.3%

23.7%

□初中及以下　■高中/中专/技校　■大学专科及以上

图 4　调查样本教育程度分布

三、调查结果

（一）八成民众生活幸福，但幸福感在不同特征民众存在差异

如图 5 的调查显示，有八成民众生活幸福，其中 56.0% 比较幸福，24.6% 非常幸福，而非常不幸福和比较不幸福的民众比例均不到 5%。

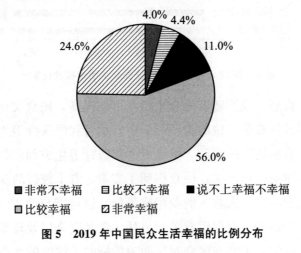

图 5　2019 年中国民众生活幸福的比例分布

将"比较幸福"和"非常幸福"合并为"生活幸福"后，从不同特征民众生活幸福的比例来看，生活幸福的比例城市民众（81.6%）高于农村民众（79.6%），这可能与城市有更好的物质资源基础或者地区优势有关，从而让城市民众有更高的幸福感；女性民众（83.8%）生活幸福的比例高于男性（77.4%），与很多研究结果相一致；年龄与幸福感的关系呈现 U 形，31－45 岁组生活幸福的比例最低（77.5%），60 岁以上民众生活幸福的比例最高（85.3%），这可能与中年人面临的"上有老下有小"的各种压力有关；随着学历的增加，民众幸福感有上升趋势，初中及以下学历生活幸福的比例最低（76.8%），而大学专科及以上学历生活幸福的比例最高（84.4%）。具体如图 6 所示。

（二）民众在教育机会、文化体育和医疗卫生方面获得感最强

本次调查从 12 个方面测量民众不同项目的获得感，具体包括：教育机会、文化体育、医疗卫生、住房条件、生活尊严、养老保障、生活水平、权利保障、就业机会、环境问题、食品安全和个人收入。如图 7 的结果显示，12 个项目中，民众在教育机会方面获得感最强，这与中国政府近些年来在教育上的大力投入显著相关；

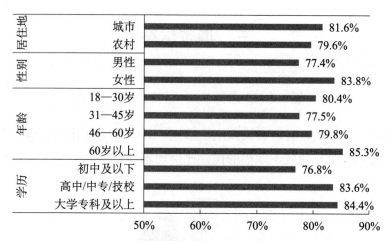

图6　2019年中国不同特征民众生活幸福的比例

其次是文化体育获得感，说明随着民众生活水平的提高，民众文化体育活动进一步得到了丰富；获得感排在第三位的为医疗卫生，尽管我国医疗卫生方面还存在一定程度的"看病难、看病贵"的问题，但是近些年医疗卫生方面取得的进步，例如人均期望寿命的逐年增加，也确实让民众得到了实惠，有了较强的获得感。

同时，值得注意的是个人收入的获得感最低，这可能与2019年物价上涨过快，抵消了部分收入增长带来的获得感有关。另外，食品安全以及环境问题的获得感分别排在倒数第二、三位，可能与民众对这两项指标的关注度较高有关。

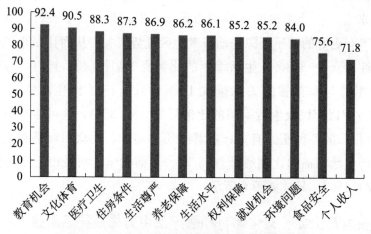

图7　2019年中国民众不同项目的获得感程度

从获得感的综合评分来看，不同特征民众的总体获得感评分均在80分以上，但不同特征民众之间的获得感评分仍然略有差异。具体来看，总体获得感评分农村略高于城市，性别间差别不大；从年龄来看，18—30岁和31—45岁组间获得感差异不大，46—60 岁和 60 岁以上组间获得感差异不大，而 45 岁以下获得感低于 45 岁以上民众；从学历来看，高中/中专/技校学历获得感最低，而初中及以下与大学专科及以上学历获得感相对较高，且此两组间相差不大。具体如图 8 所示。

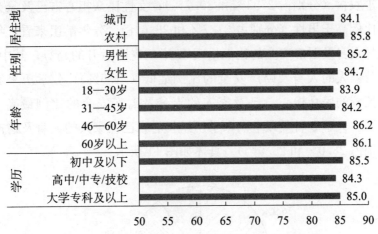

图 8 2019 年中国不同特征民众生活获得感程度

（三）超九成民众认为我国社会安全，但超六成民众认为食品安全问题严重

本次调查从 4 个方面测量了民众的安全感，包括社会安全、自己及家人的人身及财产安全、食品安全、环境问题。如图 9 的结果表明，超九成民众认为我国社会安全，其中认为比较安全的占 43.9%，非常安全的占 49.4%，认为不太安全或很不安全的比例一共不超过 3%，这与习总书记提出的"人民安全是国家安全的宗旨"是密不可分的。将比较安全和非常安全合并分析后，超过九成民众认为我国社会安全，而且不同特征民众（分居住地、性别、年龄和学历）间差异不大。

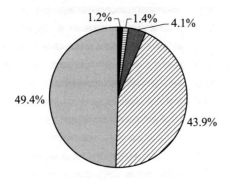

图 9 2019 年中国民众对社会安全的看法

如图10所示，对于自己及家人的人身及财产安全，有近三成的民众表示担心，其中非常担心的比例占10.3%，比较担心的比例占18.8%。分不同民众特征来看，将非常担心和比较担心合并进行分析，城市的民众担心自己及家人的人身及财产安全的比例低于农村（分别占27.5%和30.7%）；女性民众担心自己及家人的人身及财产安全的比例高于男性（分别占31.7%和26.6%）；分年龄组来看，年龄和担心自己及家人的人身及财产安全的比例呈现U形的先降后升的趋势，其中46—60岁组担心自己及家人的人身及财产安全的比例最低（21.5%）；分学历来看，学历为高中/中专/技校的民众担心自己及家人的人身及财产安全的比例最高（31.3%），而初中及以下、大学专科及以上两个学历组担心自己及家人的人身及财产安全的比例略低（分别占28.0%和25.0%）。具体如图11所示。

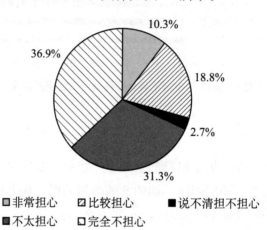

图10　2019年中国民众对自己及家人的人身及财产安全的担心情况

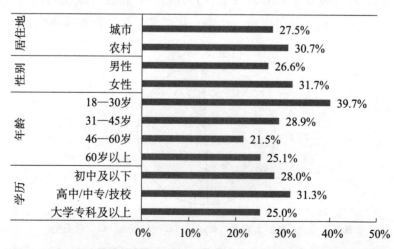

图11　2019年中国不同特征民众担心自己及家人的人身及财产安全的比例

如图 12 的调查结果表明，有超六成的民众认为食品安全问题严重，其中 29.3％认为非常严重，34.6％认为比较严重，这一结果与食品安全排倒数第二位的获得感结果互相验证，一方面和媒体报道食品安全问题有关，另一方面也反映了民众对于食品安全问题的关注和担忧。分不同民众特征来看，把认为比较严重和非常严重的民众比例合并计算，城市的民众认为食品安全问题严重的比例高于农村（分别占 70.3％和 57.5％）；女性民众认为食品安全问题严重的比例高于男性（分别占 67.8％和 60.0％）；分年龄组来看，年龄和认为食品安全问题严重的比例呈现倒 U 形的先升后降的趋势，其中 46－60 岁组认为食品安全问题严重的比例最高（70.2％），这可能与该年龄组为人父母后更多关注食品安全问题有关；分学历来看，高中/中专/技校学历的民众认为食品安全问题严重的比例最高（68.0％），而初中及以下、大学专科及以上两个学历组认为食品安全问题严重的比例差不多（分别占 60.9％和 61.7％）。具体如图 13 所示。

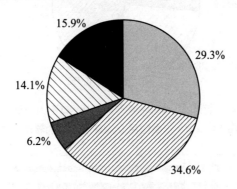

图 12　2019 年中国民众对食品安全问题的看法

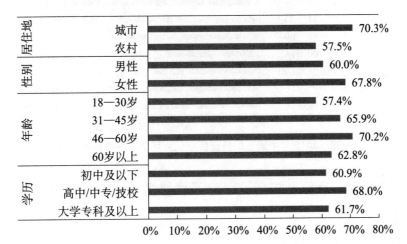

图 13　2019 年中国不同特征民众认为食品安全问题严重的比例

如图 14 所示，有超四成的民众认为环境问题严重，其中 14.1% 认为非常严重，26.3% 认为比较严重，这项结果和获得感的结果互相印证，同时也和食品安全问题有较强的相关性。分不同民众特征来看，把认为比较严重和非常严重的民众比例合并计算，城市的民众认为环境问题严重的比例高于农村（分别占 43.3% 和 37.3%）；男性和女性认为环境问题严重的比例基本相当（分别占 40.1% 和 40.6%）；分年龄组来看，年龄和认为环境问题严重的比例呈负相关，随着年龄的增加，认为环境问题严重的比例呈下降趋势；分学历来看，随着学历的上升，认为环境问题严重的比例呈上升趋势。具体如图 15 所示。

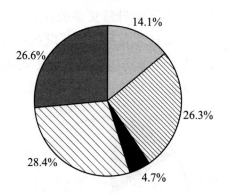

■ 非常严重　■ 比较严重　■ 说不清严不严重　■ 不太严重　■ 不严重

图 14　2019 年中国民众对环境问题的看法

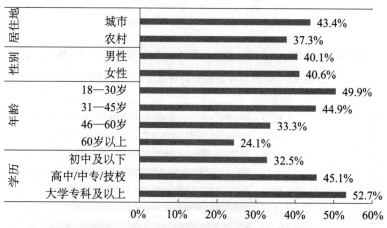

图 15　2019 年中国不同特征民众认为环境问题严重的比例

（四）超八成民众同意教育机会、医疗卫生服务更加公平，但认为收入分配公平的不到一半

本次调查询问了 3 个方面的公平性，包括教育机会、医疗卫生服务和收入分

配。如图 16 的结果表明，有超过八成的民众同意教育机会更加公平，其中 52.3%完全同意，34.1%比较同意，比较不同意和完全不同意的比例共占 11%。

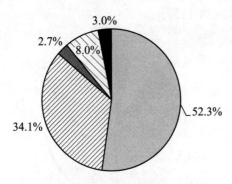

□完全同意 □比较同意 ■说不清 □比较不同意 ■完全不同意

图 16　2019 年中国民众教育机会公平感情况

　　将完全同意和比较同意受教育机会更加公平的比例合并为同意进行分析，不同特征民众同意受教育机会更加公平的比例均超过八成，这和教育机会的获得感有一定相关性，但与排在第一位的教育机会获得感相比，仍然存在一定距离，说明对于教育机会问题，在提高民众获得感的同时，教育公平性的问题需要同时予以重视。从不同特征的民众来看，同意受教育机会更加公平的比例城市低于农村（分别占83.2%和 89.6%），男性低于女性（分别占 85.0%和 87.8%）；分年龄组来看，同意受教育机会更加公平的比例 60 岁以上组最低（占 82.8%），46－60 岁组的比例最高（占 89.4%）；分学历来看，同意受教育机会更加公平的比例初中及以下组最高（占 88.2%），高中/中专/技校和大学专科及以上组相当（分别占 84.7%和85.3%）。具体如图 17 所示。

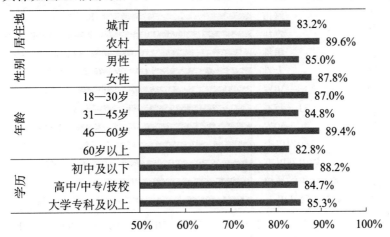

图 17　2019 年中国不同特征民众同意受教育机会更加公平的比例

如图 18 所示，医疗卫生服务的公平感方面，有超过八成的民众同意能享受更加公平的各种医疗卫生服务，其中 50.3％完全同意，35.3％比较同意，比较不同意和完全不同意的比例共占约 10％。

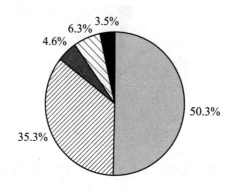

图18　2019 年中国民众享受各种医疗卫生服务公平感情况

将"完全同意"和"比较同意"能享受更加公平的医疗卫生服务的比例合并为"同意"进行分析，不同特征民众同意能享受更加公平的医疗卫生服务的比例有所不同。同意能享受更加公平的医疗卫生服务的比例城市低于农村（分别占 82.0％和 89.3％），男性低于女性（分别占 84.2％和 87.1％）；分年龄组来看，同意能享受更加公平的医疗卫生服务的比例 60 岁以上组最低（占 78.8％），46—60 岁组的比例最高（占 88.0％）；分学历来看，同意能享受更加公平的医疗卫生服务的比例，高中/中专/技校组最低（占 83.7％），初中及以下和大学专科及以上组相差不大（分别占 86.6％和 88.1％）。具体如图 19 所示。

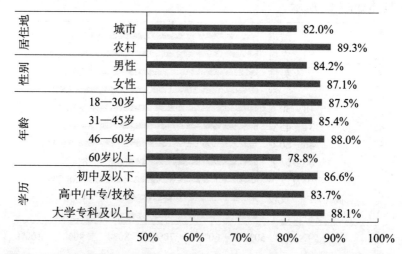

图19　2019 年中国不同特征民众同意能享受更加公平的医疗卫生服务的比例

如图 20 所示，相对教育和医疗的公平感而言，民众对收入分配的公平感最低，仅有不到一半（46.8%）的民众认为收入分配公平，另外 25.8% 的民众认为比较不公平，16.1% 的民众认为完全不公平。这个结果与个人收入的获得感排倒数第一位的结果互相印证，反映了我国社会经济在高速发展的过程中，要想让所有人都能够分享改革发展的成果，充分体现社会主义制度的优越性，需要进一步践行先富帮后富，才能最终实现共同富裕的目标。

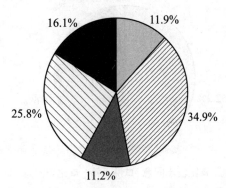

图 20　2019 年中国民众收入分配公平感情况

将认为收入分配完全公平和比较公平的比例合并计算，不同特征民众认为收入分配公平的比例有所不同。认为收入分配公平的比例城市低于农村（分别占 42.3% 和 51.4%），男性略低于女性（分别占 46.3% 和 47.4%）；分年龄组来看，认为收入分配公平的比例随着年龄的增加呈逐渐下降趋势，18－30 岁组最高（占54.4%），60 岁以上组的比例最低（占 37.6%）；分学历来看，认为收入分配公平的比例随着学历的上升呈逐渐上升趋势，初中及以下组比例最低（占 44.5%），大学专科及以上组最高（占 55.7%）。具体如图 21 所示。

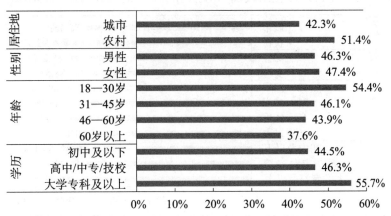

图 21　2019 年中国不同特征民众认为收入分配公平的比例

（五）近九成民众认同劳动者权利得到更好的保障，超八成民众认为基本医疗保障有改善

如图22的调查结果表明，近九成民众认同劳动者各方面权利得到了更好的保障，其中52.3%完全同意，36.6%比较同意，而不同意此说法的民众不足7%。

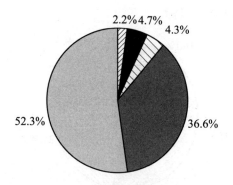

□完全不同意　■比较不同意　□说不清　■比较同意　□完全同意

图22　2019年中国民众对劳动者各方面权利得到更好的保障的看法

就劳动者各方面权利得到更好的保障而言，将完全同意和比较同意的比例合并计算，不同特征民众表示同意的比例还是有所不同。同意劳动者各方面权利得到更好的保障的比例城市低于农村（分别占85.4%和92.3%），男性和女性基本相当（分别占89.2%和88.5%）；分年龄组来看，同意劳动者各方面权利得到更好的保障的比例，在18—30岁组、31—45岁组、46—60岁组基本相当（分别占89.8%、89.5%和90.1%），这三个年龄组均高于60岁以上组（占82.0%）；分学历来看，同意劳动者各方面权利得到更好的保障的比例在高中/中专/技校组比例最低（占85.4%），而在初中及以下、大学专科及以上组较高（分别占91.1%和91.7%）。具体如图23所示。

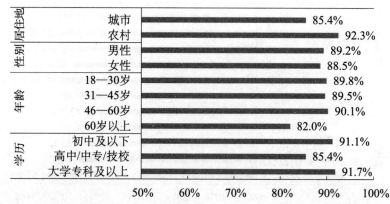

图23　2019年中国不同特征民众同意劳动者各方面权利得到更好保障的比例

如图 24 所示，对于基本医疗保障，有超八成的民众认为有改善，其中 44.8%的民众认为有很大改善，39.7%的民众认为有一些改善。这个结果和获得感的结果基本相匹配。

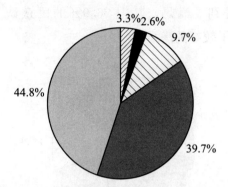

图 24　2019 年中国民众对基本医疗保障的看法

将认为基本医疗保障"有很大改善"和"有一些改善"的比例合并为"有改善"进行分析，不同特征民众认为基本医疗保障有改善的比例有所不同。认为基本医疗保障有改善的比例城市和农村基本相当（分别占 84.3%和 84.6%），男性略高于女性（分别占 85.4%和 83.5%）；分年龄组来看，认为基本医疗保障有改善的比例随着年龄的增加呈下降趋势，18—30 岁组最高（占 89.1%），60 岁以上组的比例最低（占 78.8%）；分学历来看，认为基本医疗保障有改善的比例高中/中专/技校组最低（占 81.5%），大学专科及以上组最高（占 91.3%）。具体如图 25所示。

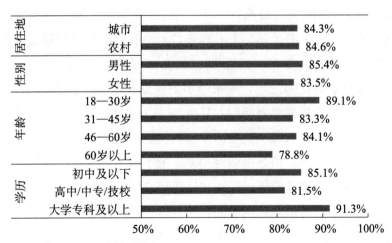

图 25　2019 年中国不同特征民众认为我国基本医疗保障有改善的比例

（六）仅七成民众认同基本居住需求得到满足，有四成民众担心将来养老问题

住房是民众重点关注的问题之一，如图 26 的调查结果表明，对于基本居住需求，仅七成民众认为得到了满足，其中 26.9％的民众认为得到了很好的满足，43.5％的民众认为得到了较好的满足。

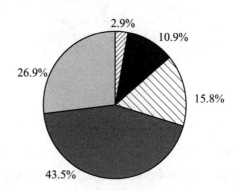

图 26　2019 年中国民众对基本居住需求满足情况的看法

将认为基本居住需求"得到了很好的满足"和"得到了较好的满足"的比例合并为"满足"进行分析，不同特征民众认为基本居住需求得到满足的比例有所不同。认为基本居住需求得到满足的比例城市和农村基本相当（分别占 70.3％和 70.5％），男性略低于女性（分别占 69.9％和 70.9％）；分年龄组来看，认为基本居住需求得到满足的比例随着年龄的增加呈逐渐上升趋势，18－30 岁组最低（占 64.4％），60 岁以上组的比例最高（占 79.5％）；分学历来看，认为居住需求得到满足的比例随着学历的上升呈逐渐上升趋势，初中及以下组比例最低（占 69.4％），大学专科及以上组最高（占 75.4％）。具体如图 27 所示。

随着我国人口老龄化的进展，越来越多的民众关心养老问题。如图 28 的调查发现，有四成民众担心将来养老问题，其中 16.5％非常担心，23.5％比较担心，不担心养老问题的民众不足六成。这个结果和获得感的结果稍有不同，反映了尽管养老保障有了较高的获得感，但是民众对于未来的不确定性的担忧依然存在。

将对将来养老问题"非常担心"和"比较担心"的比例合并为"担心"进行分析，不同特征民众担心将来养老问题的比例有所不同。担心将来养老问题的比例城市略高于农村（分别占 40.9％和 39.1％），男性低于女性（分别占 34.5％和 45.5％）；分年龄组来看，担心将来养老问题的比例，18－30 岁组最低（占

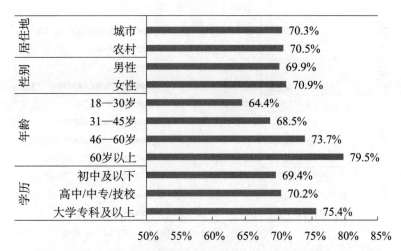

图 27　2019 年中国不同特征民众认为基本居住需求得到满足的比例

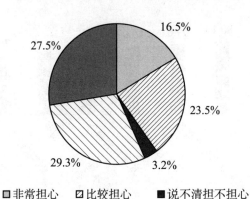

□ 非常担心　☒ 比较担心　■ 说不清担不担心
□ 不太担心　▨ 完全不担心

图 28　2019 年中国民众对将来养老问题的担心情况

32.9%），31－45 岁年龄组最高（占 45.5%），从该年龄组往后，随着年龄的增加，担心将来养老问题的比例呈逐渐下降趋势；分学历来看，担心将来养老问题的比例在大学专科及以上组最低（占 31.7%），在高中/中专/技校组最高（占 43.1%）。具体如图 29 所示。

（七）民众对基本公共教育满意度最高，对基本住房保障的满意度最低

本次调查询问了民众八项公共服务满意度，具体包括：基本公共教育、基本劳动就业创业、基本住房保障、基本社会保险、基本医疗卫生、基本社会服务、基本公共文化与体育、残疾人基本公共服务。如图 30 的结果发现，民众对基本公共教育的满意度最高，而对基本住房保障的满意度最低。

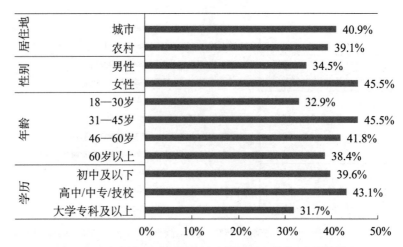

图29 2019年中国不同特征民众担心将来养老问题的比例

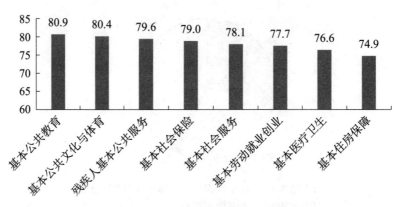

图30 2019年中国民众对各项公共服务满意度评分

（八）民众认为基本公共教育、基本医疗卫生、基本劳动就业创业方面政府应该加强发展

本次调查询问了民众政府最应该在哪方面加强发展，如图31所示，排在前三位的依次是基本公共教育（占23.1%）、基本医疗卫生（占21.4%）、基本劳动就业创业（占16.5%）。百年大计，教育为本，尽管基本公共教育的满意度最高，但该结果也反映出民众对于教育问题的期望也最高。基本医疗卫生和基本劳动就业创业的满意度相对不高，民众认为政府最应该加强发展这两方面也是情有可原。另外，本次还询问了基本公共服务的分布均衡性、供给充足性、获得便利性和普惠性程度，如图32所示，在基本公共服务供给充足性、获取便利性和普惠性程度上，均有超过七成的民众表示满意，但只有超过六成的民众对于分布的均衡性表示满

意，有近 20％的民众表示不太满意或非常不满意。

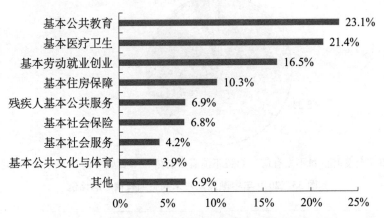

图 31　2019 年中国民众认为政府最应该加强发展的方面

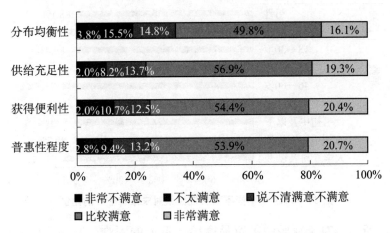

图 32　2019 年中国民众对基本公共服务供给方面的看法

（九）近九成民众对未来有信心，超八成民众对克服中美贸易摩擦困难有信心

如图 33 所示，对于中国未来的发展，有近九成的民众有信心，其中 26.1％比较有信心，63.3％非常有信心，而只有 6.1％的民众对未来的发展没有信心。

将"比较有信心"和"非常有信心"合并为"有信心"后，从不同特征民众对未来有信心的比例来看，城市略低于农村（分别占 88.4％和 90.4％），男性略低于女性（分别占 88.1％和 90.7％）；从年龄分组来看，46—60 岁对未来有信心的比例最高（91.5％），而 60 岁以上最低（87.9％）；从学历来看，随着学历的上升，民众对未来有信心的比例呈逐渐上升趋势，初中及以下组最低（88.9％），大学专科及以上组最高（91.3％）。具体如图 34 所示。

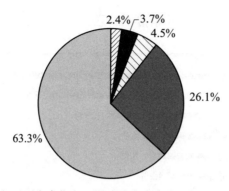

完全没信心 ■不太有信心 说不清有没有信心 ■比较有信心 非常有信心

图 33　2019 年中国民众对未来更加有信心的比例

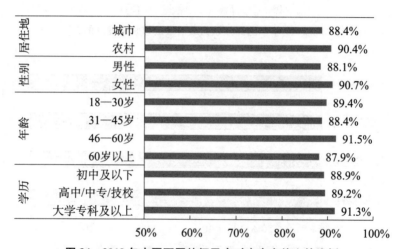

图 34　2019 年中国不同特征民众对未来有信心的比例

如图 35 所示，对于克服中美贸易摩擦所造成的困难，有超八成的民众表示有信心克服，其中 54.0% 非常有信心，27.8% 比较有信心。

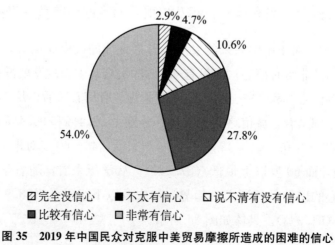

完全没信心　　■ 不太有信心　　说不清有没有信心

■ 比较有信心　　非常有信心

图 35　2019 年中国民众对克服中美贸易摩擦所造成的困难的信心

对克服中美贸易摩擦所造成的困难,将"非常有信心"和"比较有信心"合并成"有信心"进行分析,不同特征民众有信心的比例有所不同,城市高于农村(分别占 83.1%和 80.5%),男性略高于女性(分别占 82.3%和 81.3%);从年龄来看,31—45 岁有信心的比例最高(83.3%),而 46—60 岁组和 60 岁以上组相对较低(分别占 80.1%和 80.7%);从学历来看,随着学历的上升,民众有信心的比例呈逐渐上升趋势,初中及以下组最低(79.7%),大学专科及以上组最高(88.7%)。具体如图 36 所示。

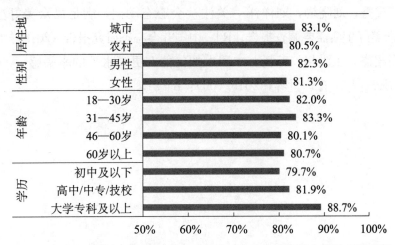

图 36 2019 年中国不同特征民众认为有信心克服中美贸易摩擦困难的比例

四、小结

2019 年调查结果显示:幸福感方面,中国八成民众生活幸福,但幸福感在不同特征民众存在差异;获得感方面,民众在教育机会、文化体育和医疗卫生方面获得感最强,个人收入的获得感最低;安全感方面,超九成民众认为我国社会安全,但超六成民众认为食品安全问题严重,超四成民众认为环境问题严重;公平感方面,超八成民众认为教育机会、医疗卫生服务更加公平,但认为收入分配公平的不到一半;社会保障方面,近九成民众认同劳动者权利得到更好的保障,超八成民众认为基本医疗保障有改善;仅七成民众认同基本居住需求得到满足,有四成民众担心将来养老问题;基本公共服务满意度方面,民众对基本公共教育满意度最高,对基本住房保障的满意度最低,民众认为基本公共教育、基本医疗卫生、基本劳动就业创业政府应该加强;对于未来发展的展望,近九成民众对未来有信心,超八成民众对克服中美贸易摩擦困难有信心。

参考文献

[1] 国务院发展研究中心"中国民生指数研究"课题组，张玉台，吴晓灵，韩俊，叶兴庆，葛延风，金三林. 我国民生发展状况及民生主要诉求研究——"中国民生指数研究"综合报告 [J]. 管理世界，2015（02）：1-11.

[2] 王俊秀，谭旭运，刘晓柳. 民众安全感、获得感与幸福感的提升路径 [R]. 中国社会心态研究报告（2018）：001-019.

[3] 王俊秀，刘晓柳，刘洋洋. 关注社会心态动向，满足民众美好生活需要：2019年民众美好生活需要调查报告 [R]. 中国社会心态研究报告（2019）：001-015.

[4] 周绍杰，王洪川，苏杨. 中国人如何能有更高水平的幸福感——基于中国民生指数调查 [J]. 管理世界，2015（06）：8-21.

人口老龄化与劳动力老化背景下中国老年人力资本存量与开发现状

陶　涛　金光照　刘安琪

一、引言

人口老龄化是 21 世纪的重要议题。目前，世界发达国家和部分发展中国家先后完成了人口再生产类型从高出生率、高死亡率、低自然增长率向低出生率、低死亡率、低自然增长率的转变。医疗水平提高导致的人口平均预期寿命不断延长和生育率的持续下降，使得世界人口老龄化程度持续加深。与国际相比，中国进入老龄化阶段较晚，2000 年中国 60 岁及以上人口比重刚超过 10%，2001 年 65 岁及以上人口比重超过 7%。[①] 但由于生育率持续降低以及新中国成立初期生育高峰的人口逐步进入老龄阶段，中国人口老龄化正处于加速推进阶段。联合国估计中国 65 岁及以上老年人口规模将在 2025 年突破 2 亿，2035 年突破 3 亿，2050 年达到 3.66亿，在加速老龄化的过程中，逐步转向重度老龄化（United Nations，2019；陈卫，2016）。

人口老龄化不仅仅是老年人口占比的变化，更将重塑人口年龄结构。与人口老龄化相伴随的是劳动年龄人口老化。劳动年龄人口的年龄的结构变化比规模变化更加重要，比规模缩减更重要的问题在于劳动年龄人口本身在老化。从 1990 年到2010 年，中国已从快速急剧的生育率下降带来的双重人口红利中受益，即劳动年龄人口（15~64 岁）的比例和壮年劳动人口（30~54 岁）的比例都升高了。然而，这一时期的双重人口红利正在消失，今后两个年龄组的人口数量会急剧下降，先是

---

①　通常将 60 岁及以上人口占总人口比重的 10% 或 65 岁及以上人口占总人口比重的 7% 作为进入老龄化社会的标准，2000 年数据来源于第五次人口普查，2001 年数据来源于《中国统计年鉴 2019》。

2015 年开始的劳动年龄人口比例下降，接着是 2020 年壮年劳动年龄人口比例下降，劳动力老化无可避免（Gomez & Lamb，2013）。

中国几千年来的人口形态和社会形态正发生重大转变，一个老年人口占比越来越大、劳动年龄人口逐渐老化的全新社会将对经济社会发展带来一系列机遇与挑战。基于上述背景，本文首先从全国层面和省级层面对人口老龄化和劳动力老化现状进行分析，再探讨世界各国应对人口老龄化和劳动力老化的政策前景，进而对中国老年人力资本存量及其变化进行分析，探讨目前中国老年人力资本开发的现状及存在的问题。

二、中国及各省人口老龄化与劳动力老化状况

（一）中国及各省人口老龄化状况

根据世界卫生组织对老龄化程度的划分标准，65 岁及以上人口占总人口的比重达到 7%，标志着该地区进入"老龄化社会"（Aging Society）；该比重达到 14% 时，标志着该地区进入"老龄社会"（Aged Society）；该比重达到 20% 时，标志着该地区进入"超老龄社会"（Hyper-aged Society）。有学者结合世界各国实际，将"老龄化社会"进一步划分为浅度老龄化（7%～10%）和深度老龄化（10%～14%）（王志宝等，2013）。如图 1 所示，中国自 21 世纪以来人口老龄化水平呈现不断上升的趋势，从 2001 年的 7.1% 持续上升到 2018 年的 11.94%，已经从浅度老龄化步入深度老龄化阶段，且时间越靠后增速越大，呈现加速老龄化趋势。

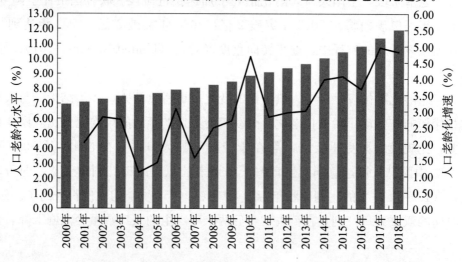

图 1　2000—2018 年中国人口老龄化水平及增速情况

数据来源：数据根据国家统计局、《中国统计年鉴 2019》计算。

分省份来看，最早进入老龄化阶段的是上海，于 1979 年步入老龄化。最晚进入老龄化阶段的三个省份为西藏、青海和宁夏，时间分别为 2009 年、2012 年和 2013 年。换言之，到 2013 年为止，中国所有省份均已达到过人口老龄化水平。截至 2018 年，中国已有 9 个省份处于浅度老龄化水平，15 个省份处于深度老龄化水平，6 个省份处于老龄社会水平，省级层面的人口老龄化亦需引起重视。

为了更加全面地展示各省人口老龄化的动态演变，本研究进一步探讨各省进入 21 世纪以来的人口老龄化情况。根据上述提到的人口老龄化分类标准，对 2000—2018 年各省的人口老龄化水平进行重新赋值，未达到浅度老龄化水平的赋值为 0，达到浅度老龄化水平的赋值为 1，达到深度老龄化水平的赋值为 2，达到老龄社会水平的赋值为 3，然后根据聚类分析[1]对不同省份的人口老龄化演变历程进行分类，如表 1 所示。

第一类为稳定型准老龄化地区，包括西藏、新疆、青海以及宁夏。主要特征表现为在 2018 年以前 65 岁及以上老年人口比重都曾经达到过 7% 以上的水平，但在长时期内都低于此水平，这些地区长时间处于较稳定的成年型社会。[2] 4 个省份中，新疆、青海、宁夏的老年人口比重均呈波动上升，人口老龄化趋势显著；西藏地区虽然整体人口老龄化趋势较不明显，人口结构处于相对稳定的状态，但藏族、纳西族、哈萨克族等少数民族已呈现出老龄化形态，部分地区也进入了浅度老龄化阶段（段玉珊等，2013）。

第二类为稳定型浅度老龄化地区，这类地区覆盖了中国除港澳台外将近一半的省份，包括海南、广东、福建、云南、江西、内蒙古、广西、山西、河南、陕西、甘肃、贵州、黑龙江、吉林、河北。该老龄化类型的特征是在统计时期内的大部分时段处于浅度老龄化阶段，该类型的部分省份已经逐渐步入深度老龄化阶段。与第一类地区相比，第二类地区在统计区间的老龄化趋势更为显著，整体老龄化水平处于上升状态，只有极少数回落。

第三类为稳定型深度老龄化地区，包括天津、北京、浙江。这类省份的特征是在统计时期初便处于较高的老龄化水平，并且在统计时期处于较为稳定的状态，大量的人口流入对缓解其老龄化有重要作用。

---

① 首先根据层次聚类法（Ward 法）对各省份人口老龄化水平的演变进行初步分类，确定分类数为 5，再使用迭代聚类法（K-means 聚类法）重新进行分类，这样可以有效规避层次聚类法只能单向进行聚类的缺点，也能缓解迭代聚类法对初始分类的敏感度。

② 联合国规定 65 岁及以上的人口超过 7% 的国家或地区称为老年型社会，4%～7% 为成年型社会，4% 以下为年轻型社会。

表 1 各省区市人口老龄化水平变动

类型	省份	2000	2001	2002	2003	2004	2005	2006	2007	2008	2009	2010	2011	2012	2013	2014	2015	2016	2017	2018
一	西藏	0	0	0	0	0	0	0	0	0	1	0	0	0	0	0	0	0	0	0
	新疆	0	0	0	0	0	0	0	0	1	0	0	0	0	0	0	1	1	1	1
	青海	0	0	0	0	0	0	0	0	0	0	0	0	0	1	1	1	1	1	1
	宁夏	0	0	0	0	0	0	0	0	0	0	0	0	0	1	0	1	1	1	1
二	海南	0	1	1	1	1	1	1	1	1	1	1	1	1	1	1	1	1	1	1
	广东	0	0	1	1	1	1	1	1	1	1	1	1	1	1	1	1	1	1	1
	福建	0	1	1	1	1	1	1	2	0	2	0	1	0	1	1	1	1	1	1
	云南	0	0	1	1	1	1	1	1	1	1	1	1	1	1	1	1	1	1	1
	江西	0	0	1	0	1	1	1	1	1	1	1	1	1	1	1	1	1	1	1
	内蒙古	0	0	1	1	1	1	1	1	1	1	1	0	1	1	1	1	1	2	1
	广西	1	1	1	1	1	1	1	1	1	1	1	1	1	1	1	1	1	1	2
	山西	0	0	0	0	0	1	0	1	1	1	1	1	1	1	1	1	1	1	2
	河南	0	1	1	1	1	1	1	1	1	1	1	1	1	1	1	1	2	2	2
	陕西	0	0	1	1	1	1	1	1	1	1	1	1	1	1	2	2	2	2	2
	甘肃	0	0	0	0	1	1	1	1	1	1	1	1	1	1	1	2	1	2	2
	贵州	0	0	0	1	0	1	1	1	1	1	1	1	1	1	1	1	1	1	2
	黑龙江	0	0	0	1	1	1	1	1	1	1	1	1	1	1	2	2	2	2	2
	吉林	0	0	0	0	1	1	1	1	1	1	1	1	1	1	1	2	2	1	2
	河北	0	1	1	1	1	1	1	1	1	1	1	1	1	1	1	2	2	2	2

续表

类型	省份	2000	2001	2002	2003	2004	2005	2006	2007	2008	2009	2010	2011	2012	2013	2014	2015	2016	2017	2018
三	天津	1	1	2	2	2	1	2	2	2	2	1	1	2	2	2	2	2	2	2
	北京	1	1	2	2	2	2	2	2	2	2	1	1	1	1	1	2	2	2	2
	浙江	1	2	2	2	1	2	2	2	2	2	1	2	2	1	1	2	2	2	2
	湖南	1	1	1	1	1	2	2	2	2	2	1	2	2	2	2	2	2	2	2
	湖北	0	1	1	1	1	1	1	1	2	2	1	2	2	1	2	2	2	2	2
	安徽	1	1	1	1	1	2	2	2	2	2	2	2	2	2	2	2	2	2	2
四	江苏	1	1	1	2	2	2	2	2	2	2	2	2	2	2	2	2	2	2	3
	重庆	1	1	1	2	2	2	2	2	2	2	2	2	2	2	3	2	2	3	3
	辽宁	1	1	1	1	1	1	2	2	2	2	2	2	1	2	2	2	2	3	3
	四川	1	1	1	1	1	2	2	2	2	2	2	2	2	2	2	2	2	2	3
	山东	1	1	1	1	1	1	1	1	1	1	2	1	1	2	1	2	2	2	3
五	上海	2	2	2	3	3	2	3	3	2	3	2	1	2	2	1	2	2	3	3

数据来源：数据根据国家统计局，2001 年、2003—2019 年的《中国统计年鉴》计算，其中 2001 年的各省份的老龄化水平由线性插值法估算求得。

第四类为增长型深度老龄化地区，包括湖南、湖北、安徽、江苏、重庆、辽宁、四川、山东。这类省份的特点是从 2000 年至 2018 年，期初的人口老龄化水平相对较低，但是其后呈现快速增长，部分省份在统计时期末已经步入老龄社会阶段。其中，山东的老龄化在 2018 年处于全国最高水平（15.16%），其次是四川和辽宁，分别达 14.99% 和 14.98%。

第五类为稳定型老龄社会地区，主要是上海。这类地区的特点是在统计时期内多次经历过老龄社会阶段，人口老龄化始终维持在较高的水平。相对于前四类老龄化地区，该类型地区在统计时期的平均老年人口比重明显较高。上海在 2018 年的人口老龄化水平仅次于山东、四川和辽宁，达 14.95%。

从老龄化程度的地理分布来看，老龄化程度较高的省份主要分布在长江沿岸和环渤海地区，西部地区的人口老龄化程度较低。就老龄化变化幅度而言，最大的省份是四川，18 年间提升了 7.55 个百分点，其次是辽宁（7.14%），再次为山东（7.13%）。越来越多的省份呈现老龄化加速推进的态势，人口老龄化形势越来越严峻。

（二）中国及各省劳动力老化状况

一个国家或地区的劳动力是否老化以及老化程度，不仅能够直接影响当时的社会活动效益，而且能够直接影响未来全体人口年龄结构以及老化趋势（刘长茂，1991）。一个年长的劳动力一方面意味着更丰富的经验和更多的技能，但另一方面也意味着更多的刚性、更少的地域和职业流动、不那么充沛的体力和精力、对经济变化和市场变化更差的适应性，以及对创新的妨碍（Chesnais，2000）。联合国国际劳工组织把劳动年龄人口中 45 岁及以上的劳动力划为大龄劳动力人口，劳动力老化表现为在劳动年龄人口的年龄结构中，大龄劳动力人口比重上升的动态过程（熊必俊，2002）。劳动力老化水平等于 45～64 岁大龄劳动力人口占 15～64 岁劳动年龄人口的比重，该比重越高，劳动力老化水平越高。从理论上讲，假如劳动人口在年龄上是均匀分布的，45～64 岁组人口比例应占 15～64 岁组人口的 40%，超过这个临界值则说明劳动年龄人口"金字塔"很可能已呈现上宽下窄的趋势，劳动年龄人口呈现老化，因此本文将 40% 作为判断 15～64 岁组劳动年龄人口老化的临界值。

如图 2 所示，从 2000 年至 2018 年，中国大龄劳动力人口占劳动年龄人口比重整体处于上升状态，虽然 2009 年至 2010 年劳动力老化水平有所下降，可能是抽样误差和第六次人口普查（简称六普）中的重报及漏报所导致的，但是并不影响对整体趋势的判断。2017 年中国的劳动力老化水平已经超过 40% 的临界值，截至 2018

年已达 41.36%。统计时期劳动力老化增速保持相对稳定,绝大多数年份劳动力老化增速为正,大龄劳动力人口占劳动年龄人口的比重的上升,意味着劳动年龄人口的结构性老化正日益严峻。

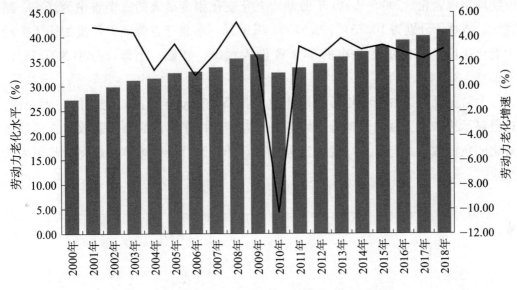

图 2　2000—2018 年中国劳动力老化水平及增速情况

数据来源:数据根据国家统计局、2002—2019 年(除 2003、2011 年)的《中国统计年鉴》及第六次人口普查数据计算,其中 2001、2002 年数据由线性插值法估算所得。

根据五普(第五次人口普查)与六普数据,对中国各省份 2000—2010 年大龄劳动力占劳动年龄人口比重与 2000—2010 年劳动力老化变动幅度进行测量(见图 3),2000—2010 年劳动力老化水平等于 2010 年和 2000 年劳动力老化水平的均值,2000—2010 年劳动力老化水平变化幅度等于 2010 年和 2000 年劳动力老化水平的差值。根据 2000—2010 年各省劳动力老化水平的均值和劳动力老化变动幅度的均值,可以将各省划分为"高水平高增长""低水平高增长""低水平低增长""高水平低增长"四类,在图 3 中表现为第一、二、三、四象限,分别包含 9 个、4 个、10 个、8 个省份,劳动力老化水平较高的省份较多。

2000—2010 年各省劳动力老化水平大致呈正态分布。内蒙古、贵州、山西劳动力老化接近平均水平,分别为 29.31%、29.21%、29.09%;辽宁、重庆的劳动力老化水平远高于平均水平,辽宁和重庆在统计期间年轻劳动力外流带来低龄劳动力减少,人口流动成为其劳动力老化的主要原因,上海则是由于人口年龄结构本身老化水平较高并且映射在劳动年龄人口之中;西藏、广东、新疆地区劳动力老化水平则远低于平均水平,分别为 22.02%、22.27%、24.13%,西藏和新疆较高的生育水平带来较为年轻的人口年龄结构，劳动力老化水平相对较低，广东则是因为在统计时期大量的年轻劳动力流入从而产生较为年轻的劳动年龄人口结构。

2000—2010年各省劳动力老化水平变动幅度均大于0，说明各省劳动力在统计时期均呈现老化。2000—2010年劳动力老化变化幅度最大的三个省份为辽宁、黑龙江、吉林，分别为10.75%、9.97%、9.90%，东北三省劳动力外流加快了劳动力老化速度。变化幅度最小的三个省份为西藏、新疆、上海，分别为1.31%、3.25%、3.30%。

大龄劳动人口占劳动年龄人口比重的提高是劳动年龄人口老化的一大表现。这也显示出未来大量的大龄劳动力将进入老年人口序列，如果不采取措施缓解老龄化的负面效应，老年人口规模迅速膨胀，养老和社会保障体系也将面临更大的挑战。

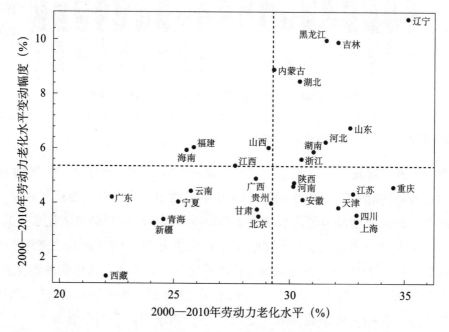

图3 各省区市劳动力老化水平与变动幅度

数据来源：根据国家统计局，第五次人口普查数据、第六次人口普查数据计算。其中竖虚线表示2000—2010年各省劳动力老化水平的均值，横虚线表示2000—2010年各省劳动力老化变动幅度的均值。

三、应对人口老龄化与劳动力老化的政策前景

面对人口老龄化与劳动力老化，最直接的后果就是劳动力短缺与第一次人口红

利的逐渐消失，但与此同时，也带来了第二次人口红利窗口的逐步开放[①]（Lee，Mason，2006）。第一次人口红利与第二次人口红利没有明显的分界，两者相互重叠（原新等，2017），在其间的过渡阶段实现人口利用结构的转型有助于提供更加强劲和持久的发展动力。蔡昉（2009）认为第二次人口红利主要通过三种作用途径实现：一是通过教育深化提高劳动生产效率；二是通过养老保障制度安排创造新的储蓄源泉；三是通过劳动力市场制度安排，增加人口老龄化时期的劳动力资源和人力资本存量。对于第三种途径，世界各国共同的做法一方面是鼓励生育，另一方面是促进老年人力资本的开发。从鼓励生育角度而言，尽管近年来中国逐步实施了"双独二孩""单独二孩"和"全面两孩"等一系列政策，但多年以来，城市人口生育意愿低迷、农村长期以来实际上普遍生育两孩的情况，使得"全面两孩"政策带来的短期内的人口出生小高峰和生育累积效应释放在当下乃至未来一段时期内，在缓解人口老龄化方面收效甚微。与鼓励生育相比，世界各国在老年人力资本开发方面的实践似乎更加切实可行。

2002年，世界卫生组织将积极老龄化作为政策框架写入《政治宣言》，倡议老年人要积极参与，成为社会发展重要的组成部分（WHO，2002）。发挥老年人力资本的作用已逐渐形成了共识，各国纷纷采取相应措施。例如：英国通过提高女性退休年龄来均衡男女的退休年龄；德国、意大利限制提前获得退休福利；日本、德国逐渐提高有资格获得退休福利的年龄；德国、日本、意大利都采取了减少福利的措施；德国、韩国提供适合老年人的就业岗位；奥地利给雇佣老年员工的企业提供奖励（Zoubanov，2000）。老年人力资本的开发在一定程度上缓解了人口老龄化带来的社会负担加重的问题。

各国老年人力资本开发的实践和中国人口老龄化的持续酝酿，引发了中国政府对老年人力资本开发的关注。2016年5月，习近平指出要着力发挥老年人的积极作用，健全老龄工作体制机制；同年12月，国务院发行的《国家人口发展规划（2016—2030年）》强调，要创造有利于发展的人口总量势能、结构红利和素质资本叠加优势，提出积极开发老年和大龄劳动力人力资本；2017年2月，《"十三五"国家老龄事业发展和养老体系建设规划》增强扩大老年人社会参与，鼓励专业技术领域人才延长工作年限，促进老年人口就业，发展老年志愿服务。学界也逐渐对老年人力资本的开发加以重视，认为伴随着老年人口规模的增长、劳动意愿的增强、健

[①] 第一次人口红利是指一个国家的劳动年龄人口占总人口比重较大，抚养比较低，为经济发展创造了有利的人口条件；第二次人口红利是指由人口年龄结构老化带来的老年人力资源的开发，老年人力资本和储蓄的积累促进第二次人口红利窗口的开启。

康状况的改善和受教育程度的提高，老年人所具有的经验优势、智能优势和文化优势，能在社会经济、政治、文化、生态文明等方面继续发挥积极作用，满足老年人实现自我价值需求，促进老年人身心健康，缓解劳动力短缺，缩小养老金缺口，促进国民经济稳定健康发展（陈磊等，2015；王树新、杨彦，2005；穆光宗，2011；巴曙松等，2018）。在此背景下，中国老年人力资本的存量如何？中国老年人力资本存量的变化趋势如何？老年人力资本的开发现状如何？了解这些问题对缓解人口老化压力有重要意义。

四、中国老年人力资本测算数据、变量与方法

（一）数据来源

本文采用中国综合社会调查数据（Chinese General Social Survey，CGSS）对老年人力资本存量及其变化进行度量。中国综合社会调查始于 2003 年，由中国人民大学中国调查与数据中心负责执行，是中国最早的全国性、综合性、连续性学术调查项目。该调查项目采用多阶段分层概率抽样设计，系统、全面地收集社会、社区、家庭、个人多个层次的数据，总结社会变迁的趋势，是研究中国社会最主要的数据来源之一。本文选用 CGSS 2010、2012、2013、2015 年数据对中国 65 岁及以上老年人力资本进行测量。排除缺失关键变量的样本后，4 个年份最终获得的有效数据分别为 1 753、2 158、2 036、2 420 个，老年人平均年龄分别为 72.58、72.91、72.88、73.00 岁。

（二）变量构成

"人力资本"的概念最早可以追溯到 20 世纪 60 年代，由美国经济学家舒尔茨（Theodore W. Schultz）提出，后经贝克尔（Gary Stanley Becker）等人补充和发展，最终形成人力资本理论。人力资本理论认为人力资本是资本的重要组成部分，它虽具有物质资本的一些基本属性，但不同于物质资本，它是通过对人的教育、培训、实践经验、迁移、保健等方面的投资而获得的知识和技能的积累，是一种无形资本，有形的只是它的作用（Schultz，1960；Becker，et al.，1993；刘树成，2005）。

人力资本可以划分为各种不同的形态存在于个体中，发挥相应的功能与价值。一般来讲，人力资本可以划分为三种形态：一是体能或身体素质，即健康资本，表现为体力、耐力和寿命期等；二是智能或科技文化素质，即知识技术资本，表现为

受教育水平、操作技能、认知能力等；三是道德素质，即素质资本，表现为道德水准、意志品格与生活态度等（高素英，2010；杨菊华、谢永飞，2016）。对老年人力资本的度量不仅要考虑人力资本具有的一般内容，还要选取能够反映老年人口特色的指标进行描述分析。借鉴人力资本的基本概念与一般形态，结合老年人口自身的特点，本文从健康资本、知识技术资本、心理素质资本三个维度描述老年人力资本存量及其变化。指标及其描述如表 2 所示。

表 2　老年人力资本综合指数构成

维度指数（i）	维度权重[①]	指标（j）	指标权重（x）[①]	指标描述	指标阈值
健康资本指数	1/3	自评身体健康	1/2	1＝非常不健康；2＝比较不健康；3＝一般；4＝比较健康；5＝非常健康	[1,5]
		健康问题影响工作与生活的频率	1/2	1＝总是；2＝经常；3＝有时；4＝很少；5＝从不	[1,5]
知识技术资本指数	1/3	受教育年限	1/3	未上过学＝0；小学＝6；初中＝9；高中/中专＝12；大学专科/本科＝16；研究生及以上＝18	[0,18]
		普通话（听）	1/3	1＝完全听不懂；2＝比较差；3＝一般；4＝比较好；5＝很好	[1,5]
		普通话（说）	1/3	1＝完全不能说；2＝比较差；3＝一般；4＝比较好；5＝很好	[1,5]
心理素质资本指数	1/3	心情抑郁的频率	1/2	1＝总是；2＝经常；3＝有时；4＝很少；5＝从不	[1,5]
		主观幸福感	1/2	1＝完全不幸福；2＝比较不幸福；3＝一般；4＝比较幸福；5＝非常幸福	[1,5]

老年人的健康资本即身体健康状况，其对老年人劳动参与决策具有显著影响，健康状况的恶化会降低老人的劳动参与率（童玉芬、廖宇航，2017），本文用"自评身体健康"和"健康问题影响工作与生活的频率"两个变量进行衡量。自评身体健康得分越高、健康问题影响工作与生活的频率越低，老年人健康资本存量越大。

知识技术资本，一方面包括科学文化素质，即人掌握的科学文化知识以及运用这些知识的能力，一般用"受教育年限"来反映（武洁、陈忠琏，1998；肖周燕，2013）；另一方面考虑到老年人随年龄增长而导致的身体机能的衰退会影响其听说能力，进而影响其知识技术资本的发挥，因而将"普通话（听）""普通话（说）"变量放入进行考量。平均受教育年限越长、普通话听说能力越好，老年人知识技术

---

① 在研究中无法确定哪一维度对界定老年人力资本更加重要，也无法确定各维度内哪一指标对该维度更加重要，即使各个维度（指标）的重要性程度不一定完全相同，但也没有显著差异（Atkinson, et al. , 2002），因此本文采取等权重法。

资本存量越大。

心理素质资本主要由老年人的生活态度反映。乐观的生活态度有助于建立良好的人际关系并促进身体健康，可以用"心情抑郁的频率"和"主观幸福感"两个变量来测度。心情抑郁的频率越低、主观幸福感评分越高，老年人心理素质资本存量越大。

（三）分析方法

为了更加直观地展现老年人力资本的综合变化，本文借鉴联合国开发计划署（UNDP）构造的人类发展指数，基于上述老年人力资本指标，构建老年人力资本综合指数。老年人力资本综合指数由 3 个维度指数和 7 个指标构成（见表2）。具体构建步骤如下：

首先设定 7 个指标的最大值和最小值，用最大值与最小值对各个指标的观测值进行无量纲化。因为最终由加权几何平均数合成老年人力资本综合指数，所以最大值并不影响不同时期的对比。最小值会影响比较，因而将能被视为最低标准的合适的数值和"自然的"零值作为最小值（UNDP，2010）。各个指标无量纲化的公式为：

$$M_{ij} = \frac{\alpha_{ij} - \mathrm{Min}\beta_{ij}}{\mathrm{Max}\beta_{ij} - \mathrm{Min}\beta_{ij}} * 100$$

其中 M_{ij} 表示指标（$i = 1,2,3 ; j = 1,2,3$）无量纲化后的标准值，α_{ij} 表示观测到的实际值，$\mathrm{Min}\beta_{ij}$ 表示最小值，$\mathrm{Max}\beta_{ij}$ 表示最大值。无量纲化后的指标取值范围为 $[0,100]$。

其次，根据各个指标的权重对无量纲化后的指标进行加权几何平均，然后再次进行无量纲化得到维度指数。各个维度指数的阈值为 $[0,100]$。维度指数构成的公式为：

$$N_i = \frac{\prod_1^j (M_{ij}{}^x) - 0}{100 - 0} * 100$$

其中 $Ni(i = 1,2,3)$ 表示维度指数，x 表示指标权重。维度指数的取值范围为 $[0,100]$。

最后，对各个维度指数进行几何平均得到老年人力资本综合指数，公式如下：

$$老年人力资本综合指数 = \prod_1^i (N_i^{\frac{1}{i}})$$

无量纲化后的指标、各个维度指数、老年人力资本综合指数分别适用于不同时期不同地区之间不同形态老年人力资本存量的比较。同时，通过观察不同的维度指数对老年人力资本综合指数的贡献率，可以进一步反映老年人力资本的不同方面对老年人力资本的贡献程度。

五、中国老年人力资本存量、变化与开发现状

（一）中国老年人力资本存量及其变化

首先对 2010—2015 年老年人力资本 7 个分指标的观测值及其变化情况进行分析，见表 3。整体看来，老年人力资本 7 个分指标的观测值在统计时期保持相对稳定，部分指标的观测值有增长态势。

从健康资本维度来看，2010 年至 2015 年的老年人，自评身体健康状况有所改善，从 2010 年的 2.97 分上升到 2015 年的 3.10 分，好于"一般"状态并向"比较健康"状态迈进；同时，健康问题影响工作与生活的频率保持稳定，处于"有时"和"很少"影响之间。知识技术资本方面，老年人口的受教育年限在统计时期稳中有增；普通话听能力保持稳定，普通话说能力出现一定的增长，有助于工作和生活生活中的交流，但是普通话听能力仍明显好于普通话说能力，普通话听说能力有待进一步的协调。从心理素质资本角度来看，2010—2015 年老年人心情抑郁的频率稳中有降，逐渐向"很少"抑郁的状态转变；主观幸福感也从 2010 年的 3.85 分上升到 2015 年的 3.95 分，更多的老人处于"比较幸福"与"非常幸福"的状态。

表 3　2010—2015 年中国老年人力资本指标观测值

维度指数	指标	2010 年	2012 年	2013 年	2015 年
健康资本指数	自评身体健康	2.97 (1.10)	2.94 (1.06)	3.04 (1.09)	3.10 (1.07)
	健康问题影响工作与生活的频率	3.35 (1.27)	3.34 (1.21)	3.38 (1.15)	3.38 (1.13)
知识技术资本指数	受教育年限	5.57 (5.04)	5.71 (4.96)	5.23 (4.93)	5.70 (4.80)
	普通话（听）	3.27 (1.19)	3.25 (1.10)	3.26 (1.06)	3.29 (1.09)
	普通话（说）	2.51 (1.23)	2.50 (1.20)	2.54 (1.19)	2.62 (1.20)
心理素质资本指数	心情抑郁的频率	3.66 (1.07)	3.67 (1.05)	3.74 (0.97)	3.72 (0.92)
	主观幸福感	3.85 (0.90)	3.89 (0.85)	3.81 (0.88)	3.95 (0.84)

注：各个指标第一行表示均值，第二行表示标准差。

对 2010—2015 年老年人的健康资本指数、知识技术资本指数、心理素质资本指数和老年人力资本综合指数进行计算和汇总，对老年人力资本的分维度变化状况和整体变化状况进行探讨，见表 4。表中指数分值越高，表明老年人在该维度的人力资本存量越大。

2010—2015 年，中国老年人口的健康资本指数、知识技术资本指数和心理素质资本指数均呈现稳中有增的态势。以 2010 年作为起点，2012 年老年人的健康资本指数有所下降，但是知识技术资本指数和心理素质资本指数有明显增长；2013 年相较于 2010 和 2012 年，老年人的健康资本指数有明显增长，但知识技术资本指数相对下滑，心理素质资本指数较 2012 年也有所降低；2015 年各维度指数达到最大值。在统计时期，老年人力资本综合指数有所转好，中国 65 岁及以上人口的人力资本存量整体呈现稳中有增态势。

综合老年人力资本的维度指数和综合指数，2010—2015 年间，中国老年人力资本存量保持相对稳定且有上升趋势，具有开发的可能性和长远性。此外，机器使用的普及使得工作对于体力的要求降低，而对于工作经验的要求提高，这使得目前的老年人力资本可以满足工作对于雇员的要求，为开发老年人力资本提供了客观条件。

表 4　2010—2015 年中国老年人力资本维度指数与综合指数变化状况

年份		2010	2012	2013	2015
指标无量纲化结果	自评身体健康	49.27	48.51	51.09	52.60
	身体健康影响工作与生活的频率	58.64	58.45	59.57	59.56
	受教育年限	30.97	31.75	29.06	31.69
	普通话（听）	56.66	56.31	56.41	57.25
	普通话（说）	37.69	37.58	38.42	40.57
	心情抑郁的频率	66.61	66.80	68.52	67.93
	主观幸福感	71.19	72.18	70.25	73.72
维度指数	健康资本指数	53.75	53.24	55.17	55.97
	知识技术资本指数	40.44	40.65	39.79	41.91
	心理素质资本指数	68.87	69.44	69.38	70.77
老年人力资本综合指数		53.10	53.17	53.40	54.96

观察不同维度对老年人力资本的贡献率（见图 4），可以发现心理素质资本在统计时期对老年人力资本的贡献率最高，其次是健康资本，再次是知识技术资本。如

果各个维度对老年人力资本的贡献率相等，则各个维度的贡献率应均为33.3％，即理想贡献率。统计时期内老年人心理素质资本的贡献率最高，健康资本的贡献率居次，而知识技术资本的贡献率则相对较小。从贡献率的变化情况来看，2010—2015年，健康资本和知识技术资本的贡献率有所上升，心理素质资本的贡献率略有下降，各维度资本贡献率逐渐向理想贡献率靠近，老年人力资本结构有所优化。

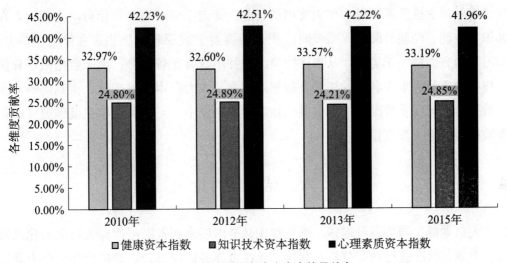

图4　各维度对老年人力资本的贡献率

（二）中国老年人力资本开发现状

本文根据CGSS 2010、2012、2013、2015年的数据，从就业活动方面对中国老年人力资本开发现状进行尝试性的分析，发现中国老年人力资本尚存在开发规模不足、开发层次较低、开发结构不合理等问题。

1. 老年人就业比例较低且持续下降，老年人力资本开发规模不足

65岁及以上人口的就业比例从2010年的24.13％下降到2012年的24.05％，再降到2013年的22.45％，到2015年仅剩17.48％。2010、2012、2013、2015年受调查老年人中因离退休离开工作岗位的比例分别达54.89％、54.48％、48.39％、48.92％，离退休成为老年人离开劳动力市场的主要原因。

2. 就业老年人受教育水平偏低，老年人力资本开发层次较低

2010、2012、2013、2015年就业老年人的平均受教育年限分别为4.13、4.51、4.04、4.97年，呈现稳中有增，但是远低于各年份全体老年人平均受教育年限。未上过学和小学受教育水平的老年人成为就业老年人群的主体，2010、2012、2013、

2015 年就业老年人中分别有 80.38％、81.70％、82.93％、79.67％的老年人的受教育水平为小学及以下。

3. 就业老年人以务农为主，老年人力资本开发结构不合理

2010、2012、2013、2015 年就业老年人中务农比例分别为 85.22％、85.38％、81.82％、80.07％，呈现下降趋势，但是仍处于较高水平。老年人口的就业主要倾向于第一产业这类需要较多体力支出的行业。而老年劳动力与青年劳动力相比，在知识、技能、经验、阅历等需要时间积累的要素上表现较为突出，在体力、精力、学习能力方面都处于劣势，从事体力型工作并不具有比较优势。由于数据限制和统一口径的考量，本文利用抽样调查数据观察老年人力资本开发现状，得到的绝对水平数据可能与现实状况有一定偏差。在后续的研究中，可以利用覆盖范围更广的普查数据展开进一步观察。

六、结论与讨论

人口老龄化趋势不可逆转，本文首先从全国层面和省级层面对人口老龄化以及劳动力老化状况进行动态分析，紧接着探讨世界各国应对人口老龄化和劳动力老化的政策前景，进而对中国老年人力资本存量及其变化进行分析，探讨目前中国老年人力资本开发的现状及存在的问题。

2000—2018 年，全国与各省人口老龄化水平均呈上升趋势，截至 2018 年，接近 1/2 的省份处于深度老龄化水平。对中国各省的老龄化历程进行聚类分析，研究发现 15 个省份属于稳定型浅度老龄化地区，8 个省份属于增长型深度老龄化地区，北京、天津、浙江属于稳定型深度老龄化地区，上海已成为稳定型老龄社会地区，各省老龄化形势日益严峻。全国 45 岁及以上的大龄劳动人口占劳动年龄人口比重于 2000—2018 年间波动上升，并于 2017 年超过劳动力老化水平的临界值，至 2018 年劳动力老化水平为 41.36％。根据五普与六普数据，2000—2010 年各省劳动力也呈现老化态势，其中辽宁的劳动力老化状况最为严重且增速较快。国际经验表明，抓住第二次人口红利机会，合理开发老年人力资本，是满足老年人实现自我价值需求、促进老年人身心健康、缓解劳动力短缺、缩小养老金缺口和促进国民经济稳定健康发展的重要举措。

相对于物质资本，人力资本因其能动性和创造性有着更大的增值空间，成为生产效率提高和现代经济增长的重要源泉。本文从健康资本、知识技术资本和心理素质资本三个维度选取能够反映老年人口特色的指标，采用无量纲化方法构造老年人

力资本维度指数和综合指数对中国 65 岁及以上老年人口的人力资本进行测量。根据 CGSS 2010、2012、2013、2015 年数据，中国老年人力资本的 7 个指标的观测值在统计时期保持相对稳定，部分指标的观测值有增长态势。老年人的健康资本指数、知识技术资本指数和心理素质资本指数亦呈现稳中有增的态势，老年人力资本综合指数稳定增长，老年人力资本存量不断增长，为老年人力资本的开发提供了基础。与此同时，健康资本、知识技术资本和心理素质资本对老年人力资本的贡献率逐渐趋近理想贡献率，老年人力资本结构有所优化。

但是从已有数据来看，目前中国老年人力资本仍存在开发规模不足、开发层次较低、开发结构不合理等问题，开发潜力较大。关注老年人的就业需求，充分发挥老年人工作经验丰富的特点而非拼体力，转变老年人力资本开发结构，探索多样化的老年人力资本开发途径，是未来老年人力资本开发的重点。同时要消除年龄歧视，促进老少平等，拓宽老年人再就业渠道，降低老年人再就业成本。对老年人力资本的开发和利用不仅包括老年人直接就业，也包括老年人为所在行业提供经验知识，提升本行业人力资源质量，提升人力资源利用率。除了直接就业和间接经验传授，志愿服务是老年人发挥自身人力资本的重要途径，政府和社会应继续完善老年人参与志愿服务的机制，丰富志愿服务形式，拓宽志愿服务参与渠道，支持老年人志愿活动。此外，大量中间层子女因抚育和赡养负担而将更多的时间和精力用于工作，使隔代抚育日渐成为家庭照料的重要方式。老年人在隔代抚育中对孙子女的教育、日常生活照料亦是发挥自身素质资本的重要途径。

参考文献

［1］ United Nations. World Population Prospects：The 2019 Revision ［DB/OL］. https：//population. un. org/wpp/Download/Standard/Population/［2020 - 05 -30］.

［2］陈卫. 国际视野下的中国人口老龄化 ［J］. 北京大学学报（哲学社会科学版），2016 （6）：82 - 92.

［3］ Gomez R，Lamb D. Demographic origins of the great recession：implications for China ［J］. *China & World Economy*，2013，21 （2）：97 - 118.

［4］王志宝，孙铁山，李国平. 近 20 年来中国人口老龄化的区域差异及其演化 ［J］. 人口研究，2013 （1）：66 - 77.

［5］段玉珊，王娜，李伟旭. 西藏人口老龄化现状与发展趋势预测 ［J］. 西北人口，2013 （6）：19 - 24.

［6］刘长茂．劳动力老化和中国劳动力老化趋势［J］．中国人口科学，1991（3）：38－40．

［7］Chesnais J. The inversion of the age pyramid and the future population decline in France：Implications and policy responses［C］．Expert Group Meeting on Policy Responses to Population Ageing and Population Decline. New York：United Nations Population Division，2000：1－15．

［8］熊必俊．人口老龄化与可持续发展［M］．北京：中国大百科全书出版社，2002：56．

［9］Lee R，Mason A. What is the demographic dividend? ［J］．*Finance & Development*，2006（43）：16－17．

［10］原新，高瑗，李竞博．人口红利概念及对中国人口红利的再认识：聚焦于人口机会的分析［J］．中国人口科学，2017（6）：19－31．

［11］蔡昉．未来的人口红利：中国经济增长源泉的开拓［J］．中国人口科学，2009（1）：2－10．

［12］WHO. Active ageing：a policy framework［J］．*The Aging Male*，2002，5（1）：1－37．

［13］Zoubanov A. Population ageing and population decline：government views and policies，October 16－18，2000［C］．New York：United Nations Population Division，2000：1－33．

［14］陈磊，周丽苹，班茂盛，郑运鸿．基于聚类分析的中国低龄老年人力资源水平区域差异研究［J］．人口学刊，2015（4）：55－65．

［15］王树新，杨彦．老年人力资源开发的策略构想［J］．人口研究，2005（3）：63－69．

［16］穆光宗．如何掘金老年人口红利［J］．人民论坛，2011（20）：174－176．

［17］巴曙松，方堉豪，朱伟豪．中国人口老龄化背景下的养老金缺口与对策［J］．经济与管理，2018，32（06）：18－24．

［18］Schultz T W. Capital formation by education［J］．*The Journal of Political Economy*，1960，68（6）：571－583．

［19］Becker G S. Human capital：a theoretical and empirical analysis，with special reference to education［M］．3rd ed. Chicago：University of Chicago Press，1993．

［20］刘树成．现代经济词典［M］．南京：凤凰出版社，2005：849．

［21］高素英．人力资本与经济可持续发展［M］．北京：中国经济出版社，2010：5．

［22］杨菊华，谢永飞．人口社会学［M］．北京：中国人民大学出版社，2016：274－275．

［23］童玉芬，廖宇航．健康状况对中国老年人劳动参与决策的影响［J］．中国人口科学，2017（6）：105－116．

［24］武洁，陈忠琏．中国各地区人口素质差异的主成分和聚类分析［J］．数理统计与管理，1998（6）：42－48．

［25］肖周燕．人口素质、经济增长与 CO_2 排放关联分析［J］．干旱区资源与环境，2013（10）：25－31．

［26］UNDP. Human Development Report 2010（20th Anniversary Edition）［M］. US：Consolidated Graphics，2010：215－220．

［27］Atkinson A B，Cantillion B，Marlier E，Nolan B. Social Indicators. The EU and Social Inclusion［M］. Oxford：Oxford University Press，2002．

东亚四个社会家庭生态的比较研究

——基于 EASS 2016 的实证研究

唐丽娜

　　家庭是社会的基本构成单位，是社会存续的基础。每个社会都有家庭，都有对家庭概念的本土理解，但理解各异。尽管不同社会对家庭的理解各有不同，不同家庭的具体生态模式各有特点，唯一不变的是家庭生态模式一直在变。特别是进入 21 世纪后，伴随着生产力的快速提高以及随之引起的生产方式的深刻变革，作为社会传统生产单位的家庭无论在功能上还是在具体形态上也在经历多元化变革，直观的表现为选择单身和同居的人口比例上升、独生子女家庭比例增加、越来越多的老年人接受并选择机构养老等。本文将基于最新的国际抽样调查数据，展示并考察东亚社会的家庭生态模式，并做初步的社会比较。

　　本文所用数据来自东亚综合社会调查（Eastern Asian Social Survey，EASS）2016 年的调查数据，有效样本量为 9 867 人，调查对象都是年满 18 周岁的居民，其中中国大陆的有效样本量是 4 132 人、日本的有效样本量是 2 660 人、韩国的有效样本量是 1 051 人、中国台湾的有效样本量是 2 024 人，这些有效样本都是按照科学的随机抽样方法在所在社会抽选出来的，有足够的代表性。EASS 始于 2006 年，由四个学术性团队——中国大陆的中国综合社会调查项目组、日本的日本综合社会调查项目组、韩国的韩国综合社会调查项目组以及中国台湾的台湾社会变迁调查项目组——分别在四个社会中执行，隔年调查一次，截至 2020 年已完成 7 次实地调查，生成的数据是研究东亚社会的重要国际性数据。2016 年的 EASS 实际是 2006 年的重复调查，调查主题是东亚家庭文化，涉及的内容包括基本的人口背景变量、家庭构成、性别观、育儿观、亲子关系、养老观念与模式、孝道等。本文的研究重点在家庭构成及基本情况、成年子女的亲子模式和养老与赡养观念。

　　特别需要说明的是，囿于数据收集的有限性，对家庭某些方面的测量并不完备，有待未来更全面的数据做补充研究。

一、家庭基本构成及整体家庭生态的社会比较

根据 EASS 2016 的数据显示（见表 1），四个社会的调查对象的性别比大致相当。在年龄结构上，日本的平均年龄最高约 55 周岁，其次是中国大陆约 51 周岁，韩国的平均年龄约 50 周岁，而中国台湾的平均年龄最小，约 46 周岁。年龄超过 60 周岁的调查对象百分比，日本最高是 42.2%，其次是中国大陆 32.5%，韩国是 30.5%，中国台湾是 22.7%。在最高受教育程度上，中国大陆、日本、韩国和中国台湾的平均（中位数）最高受教育程度分别是初中、高中、大学专科、高中。在居住地类型上，中国大陆、日本、韩国和中国台湾的中位数分别是城镇/小城市、城镇/小城市、大城市的郊区、大城市的郊区，城镇人口所占百分比分别是 58.5%、65.0%、82.1% 和 82.8%。在工作状况上，中国大陆、日本、韩国和中国台湾的平均情况都是自雇佣，有工作的人口百分比分别是 54.3%、62.7%、54.1% 和 67.1%。总体而言，四个社会的调查对象在年龄和工作状况上的差异最大，而年龄与工作状态又密切关联，中国台湾的调查对象的平均年龄最年轻，60 周岁以上的人口比重最小，因此就业人口百分比也最高，值得注意的是虽然日本调查对象的平均年龄最大且 60 周岁以上的人口也比重最大，但就业百分比却很高。

表 1　EASS 2016 调查对象的基本情况

地区	调查内容	有效样本量	均值	中位数	标准差	最小值	最大值
中国大陆	性别	4 132	1.54	2	0.50	1	2
	年龄	4 132	50.95	52	16.92	18	96
	受教育程度	4 126	2.25	2	1.52	0	6
	居住地类型	4 132	2.88	3	1.75	1	5
	工作状况	4 058	3.13	2	1.78	1	5
日本	性别	2 660	1.53	2	0.50	1	2
	年龄	2 660	54.95	56	17.37	20	89
	受教育程度	2 649	3.49	3	1.07	1	6
	居住地类型	2 660	3.14	3	0.88	1	5
	工作状况	2 654	2.71	1	1.87	1	5

续表

地区	调查内容	有效样本量	均值	中位数	标准差	最小值	最大值
韩国	性别	1 051	1.55	2	0.50	1	2
	年龄	1 051	49.59	49	18.61	18	99
	受教育程度	1 051	3.52	4	1.68	0	6
	居住地类型	1 048	2.38	2	1.08	1	5
	工作状况	1 051	3.11	3	1.85	1	5
中国台湾	性别	2 024	1.50	1.5	0.50	1	2
	年龄	2 024	45.96	45	17.26	18	97
	受教育程度	2 024	3.45	3	1.66	0	6
	居住地类型	2 009	2.38	2	1.04	1	5
	工作状况	2 024	2.66	2	1.82	1	5

　　家庭结构是家庭生态的基础，随着社会的演变，特别是生产力的改进与生产方式的改变对家庭结构的影响，家庭结构日趋多元化。家庭人口规模是反映家庭构成的重要指标之一，由于生产力的飞速发展，家庭人口规模不断缩小，近年来单身人口及丁克家庭比例的攀升就是一个例证。

　　根据 EASS 2016 年的调查数据（见表 2），东亚这四个社会的人口规模大致在 1～15 人，其中 1 人家庭的比例是 12.6%，2 人的比例是 27.7%，3 人的是 21.6%，4 人的是 18.7%，家庭人口数超过 4 人的百分比是 19.20%。表 2 显示东亚四个社会的平均家庭人口规模都不大，其中中国大陆、日本和韩国的平均家庭人口数基本都是 3 人，比较而言，中国台湾的平均家庭人口数最多，约为 4 人。

表 2　东亚四个社会的家庭规模概况

家庭人口数	有效样本量	均值	中位数	标准差	最小值	最大值
中国大陆	4 129	2.8	2	1.4	1	12
日本	2 657	3.2	3	1.5	1	10
韩国	1 051	2.6	3	1.3	1	8
中国台湾	2 023	4.4	4	2.1	1	15
总计	9 860	3.2	3	1.7	1	15

　　下面以三口之家为分类标准，把四个社会的家庭进一步分为家庭成员少于 3 人的家庭、三口之家、家庭成员多于三人的家庭，更细致地考察家庭成员数量的异同。

　　从表 3 可以看到，以三口之家为分类标准，四个社会的差异非常明显。在第一类家庭——家庭成员少于 3 人的家庭中，中国大陆所占的比重最大，为 51.2%，其次是韩国，有 49.8％，百分比最低的是中国台湾，只有 16.9％。在第二类家庭——家庭成员数是 3 人的家庭里，中国大陆、日本和韩国的比重相差不大，都在 1/5 左右，中国台湾的比例较之少了约 10 个百分点。在第三类家庭——家庭成员数大于 3 人的家庭内，相应地中国台湾的比重最大，高达 67.2％，比中国大陆和韩国多 1 倍多，日本有 39.2％。尽管四个社会共享一些普遍的家庭文化惯例，但家庭人口规模上的差异是多种因素复杂作用的结果，既有宏观方面的因素，例如政策、经济水平，也有微观方面的原因，例如生育观念。举例来看，中国大陆的家庭人口规模相对小一些，很大程度上与计划生育政策有关，而计划生育政策反过来也会作用于居民的生育观念，因此尽管中国大陆放开二孩政策已多年，但生育率并没有预期的那么高。

表 3 东亚四个社会的家庭规模详细比较

	有效样本量	均值	中位数	标准差	最小值	最大值
家庭成员少于 3 人的家庭						
中国大陆	2 112 (51.2％)	1.7	2	0.5	1	2
日本	991 (37.3％)	1.7	2	0.4	1	2
韩国	523 (49.8％)	1.5	2	0.5	1	2
中国台湾	342 (16.9％)	1.7	2	0.5	1	2
总计	3 968 (40.2％)	1.7	2	0.5	1	2
家庭成员等于 3 人的家庭						
中国大陆	927 (22.5％)	3	3	0	3	3
日本	624 (23.5％)	3	3	0	3	3
韩国	256 (24.4％)	3	3	0	3	3
中国台湾	321 (15.9％)	3	3	0	3	3
总计	2 128 (21.6％)	3	3	0	3	3
家庭成员大于 3 人的家庭						
中国大陆	1 090 (26.4％)	4.8	4	1.1	4	12
日本	1 042 (39.2％)	4.8	4	1.1	4	10
韩国	272 (25.9％)	4.3	4	0.7	4	8
中国台湾	1 360 (67.2％)	5.4	5	1.7	4	15
总计	3 764 (38.2％)	5.0	5	1.4	4	15

生活满意度和婚姻满意度是家庭生态整体运行状态的重要衡量指标，表 4 是调查对象对当前生活状况的满意程度，四个社会的调查对象对自己当前生活状况的满意程度的分布异同并存。从相同的方面讲，四个社会的调查对象对当前生活状况非常不满意和不满意的分布大致相当，都在 10％左右，其中不满意率（包括"非常不

满意"和"不满意")最高的国家是韩国，为 13.29%。从不同的方面看，中国大陆大部分调查对象（76.34%）对当前生活状态满意（包括"满意"和"非常满意"），日本对生活感到满意的比例是 49.82%，韩国的比例是 46.66%，中国台湾的居民对生活满意的百分比最高（82.54%）。在折中选项"无所谓满不满意"上的分布呈现很大不同，其中在韩国，有超过 40% 的调查对象选择此项，而在中国台湾只有 7.32% 的人持这种态度。

表4　对当前生活状况的满意程度

	中国大陆	日本	韩国	中国台湾	算术平均数
非常不满意	1.77	1.70	2.77	1.63	1.83
不满意	8.45	10.97	10.52	8.51	9.36
无所谓满不满意	13.44	37.52	40.06	7.32	21.50
满意	64.03	38.73	35.76	63.85	54.17
非常满意	12.31	11.09	10.90	18.69	13.14
总计	100.00	100.00	100.00	100.00	100.00
$\chi^2 = 1.2e+3$, df=12, p=0					

婚姻中唯一不变的事实就是婚姻形式一直在变，现代人对婚姻的质量要求越来越高，那么东亚四个社会的人们对自己婚姻生活的满意程度如何呢？表5给出了答案。婚姻生活满意度的分布与生活满意度的分布无论在分布还是在社会差异方面都呈现出一致性。中国大陆和中国台湾的调查对象对婚姻感到满意（包括"满意"和"非常满意"）的比重都高于其他两个社会，分别是 88.18% 和 83.20%，远高于日本的 66.52% 和韩国的 62.17%。在对婚姻的满意评价上，日本和韩国分别有 25.27% 和 29.38% 的人持中立态度。

表5　对婚姻生活的满意程度

	中国大陆	日本	韩国	中国台湾	算术平均数
非常不满意	0.23	1.85	2.60	1.76	1.16
不满意	2.68	6.36	5.84	3.61	4.15
无所谓满不满意	8.91	25.27	29.38	11.43	15.76
满意	68.57	42.55	40.42	54.35	56.35
非常满意	19.61	23.97	21.75	28.85	22.59
总计	100.00	100.00	100.00	100.00	100.00
$\chi^2 = 1.2e+3$, df=12, p=0					

综上，中国大陆、日本、韩国和中国台湾这四个在地理位置和文化传统上都非

常接近的社会在家庭规模、生活状况的满意度和婚姻生活的满意度上各有特点，其中，中国大陆和中国台湾文化上一脉相承，因此在生活状况和婚姻生活的满意度方面的相似度较高。

二、家人相处模式的社会比较

家人之间的相处是维持家庭运转最重要的家庭实践。在现代社会，交通工具的持续改进确实在一定程度上缩短了时空距离，但也在某种程度上拉长了家人之间的距离。由于便捷发达的交通，现在的家庭成员有更多的机会分布在全国各地甚至世界各地，人们和自己的父辈、祖辈以及大家庭之间的情感联系变得相对松散和薄弱，而家庭基本构成的变化也会强化家人相处模式的改变。下面分别从家人一起吃晚饭（发生频率较高的家人互动行为）的频率和家人一起休闲娱乐（发生频率不高的家人互动行为）的频率来比较东亚四个社会的家人相处模式，随后基于子女与父母的居住地间的距离、与父母见面的频率以及与父母联系的频率来展示东亚四个社会的成年子女与父母之间的相处模式。

表6展示的是东亚四个社会的调查对象与家人一起吃晚饭的频繁程度，这是一项测量家人互动与关系亲疏的经典题项，共有9个选项，频繁程度从最频繁的"几乎每天"到最极端的"从不"。表6的频数分布显示四个社会的人们与家人一起吃晚饭的频繁程度各异，四个社会在这个题项上的平均数（众数）都是"几乎每天"与家人一起吃晚饭，而且选择第二高的选项都是"一周数次"，与此同时选择"从不"的比例都非常低，这也在一定程度上表明东亚大部分家庭很注重家人联系，家庭成员之间几乎每天都有互动。但经常互动的家庭比重在程度上差异显著，中国大陆有74.64％的人几乎每天都和家人一起吃晚饭，相比之下，韩国只有39.77％，值得注意的是韩国有1/5的人选择了"我不与家人住在一起"这个选项，远高于其他三个社会。如果把"几乎每天"和"一周数次"合并考虑，中国大陆、日本、韩国和中国台湾的百分比分别是81.85％、81.17％、63.18％和76.88％。

表6　与家人一起吃晚饭的频繁程度

	中国大陆	日本	韩国	中国台湾	算术平均数
几乎每天	74.64	65.49	39.77	56.52	64.74
一周数次	7.21	15.68	23.41	20.36	13.92
约一周1次	2.88	4.77	8.94	8.84	5.26

续表

	中国大陆	日本	韩国	中国台湾	算术平均数
约一月1次	2.66	2.59	3.71	4.74	3.18
一年数次	3.87	3.72	1.33	3.46	3.48
约一年1次	0.58	0.34	0.10	0.54	0.46
一年少于1次	0.77	6.69	0.19	0.59	2.27
从不	0.19	0.71	2.38	0.10	0.55
我不与家人住在一起	7.19	0.00	20.17	4.84	6.15
总计	100.00	100.00	100.00	100.00	100.00
$\chi^2 = 1.2e+3$, df$=12$, p$=0$					

和"与家人一起吃晚饭"的频率相比,"与家人一起休闲娱乐"的频繁程度要低得多(详见表7),数据结果与日常生活的逻辑一致:吃晚饭是生存必要行为,几乎每天都发生,但休闲娱乐是非必要行为,因此发生的频率本来就低。而且,影响休闲娱乐的因素也很多,比如:休闲时间的多少、经济条件是否充裕、休闲娱乐的观念意识等。详细查看表7的分析结果,表7显示中国大陆在这个测量上的平均情况(众数)是"几乎每天",日本的平均情况(众数)是"一年数次",韩国的平均情况(众数)是"约一月1次",中国台湾的平均情况(众数)是"约一周1次"和"几乎每天"。但是,后两个社会的众数的代表性不如前两个社会的众数的代表性,换句话说,韩国在这件事情上的选择相对更分散一些。同时,中国大陆的居民与家人一起休闲娱乐的发生频率最高,而日本民众与家人一起休闲娱乐的发生频率最低。

表7 与家人一起休闲娱乐的频繁程度

	中国大陆	日本	韩国	中国台湾	算术平均数
几乎每天	27.06	0.38	5.04	18.38	15.74
一周数次	15.73	1.95	10.75	15.91	11.52
约一周1次	11.18	7.14	15.03	18.58	12.02
约一月1次	11.42	14.55	21.69	15.17	14.13
一年数次	13.41	32.63	14.75	17.14	19.50
约一年1次	3.73	14.66	3.62	4.25	6.77
一年少于1次	9.41	15.90	6.57	5.63	10.08
从不	0.70	0.00	2.38	0.10	0.57
我不与家人住在一起	7.36	12.78	20.17	4.84	9.67
总计	100.00	100.00	100.00	100.00	100.00
$\chi^2 = 1.2e+3$, df$=12$, p$=0$					

综上，相对其他三个社会的人们来说，无论是和家人一起吃晚饭还是与家人一起休闲娱乐，中国大陆的人们表现得都更积极、更活跃，因此可以从侧面说明中国大陆的家人之间有更多的互动与交流。

下面考察的是成年子女与父母的相处模式，分别从居住距离、见面情况和联系情况三个维度考量。

表8和表9分别描述的是调查对象与父亲、母亲居住地间的距离远近。首先，表8和表9的分布很相似，这也在情理之中，通常情况下，如果父母没有离异且都健在，他们应该住在一起，因此对父母没有离异且健在的调查对象来说，大部分在这两道题上的选择都一样，最终这两道题的结果分布就很近似。对父母离异或只有一方健在的调查对象来说，其与父亲、母亲居住地的距离很有可能不同。

在表8和表9中，中国台湾的分布显著不同于其他三个社会，分别有57.14%和54.08%的调查对象是与自己的父亲、母亲住在一起，相比之下中国大陆在这个选项上的比重最低，分别是19.89%和21.64%，而韩国和日本都有1/3左右的调查对象与自己的父亲、母亲住在一起。中国大陆有20.8%和18.47%的人的居住地距离父亲、母亲的居住地"车程3小时以上"，这也许和中国大陆的领土远远大于其他三个社会有一定的关系。

表8　调查对象与父亲居住地间的距离

	中国大陆	日本	韩国	中国台湾	算术平均数
住在一起	19.89	31.74	29.44	57.14	32.88
隔壁、同栋楼、同邻巷	6.63	3.13	3.25	1.51	4.15
走路15分钟内	12.23	6.74	4.11	4.63	8.12
车程30分钟以内	18.37	20.31	12.77	12.68	16.85
车程30分钟至1小时	11.80	14.45	11.04	8.15	11.49
车程1小时至3小时	10.28	11.62	23.16	8.25	11.57
车程3小时以上	20.80	12.01	16.23	7.65	14.94
总计	100.00	100.00	100.00	100.00	100.00

$$\chi^2 = 1.2e+3, \ df = 12, \ p = 0$$

表9　调查对象与母亲居住地间的距离

	中国大陆	日本	韩国	中国台湾	算术平均数
住在一起	21.64	31.77	27.39	54.08	32.93
隔壁、同栋楼、同邻巷	7.21	3.16	4.38	2.33	4.58
走路15分钟内	12.53	7.32	5.02	5.67	8.56

续表

	中国大陆	日本	韩国	中国台湾	算术平均数
车程30分钟以内	19.85	21.36	14.42	13.99	18.23
车程30分钟至1小时	10.74	14.30	10.21	8.94	11.24
车程1小时至3小时	9.57	11.55	23.34	7.61	11.24
车程3小时以上	18.47	10.54	15.24	7.38	13.22
总计	100.00	100.00	100.00	100.00	100.00
$\chi^2=1.2e+3$, df$=12$, p$=0$					

　　成年子女与父母居住地之间的距离会直接影响到下面两个测量维度：与父母见面次数、与父母通过其他方式联系的次数。如果距离近，特别是住在一起，自然就每天或常常见面；如果距离远，自然见面的次数相对少些，通过电话等其他方式联系的频率就可能相对多些。

　　表10和表11分别描述的是调查对象与父亲、母亲见面的频繁程度，其分布情况暗合表8和表9的分布情况。在不考虑其他因素的情况下，在与父母见面频繁程度上东亚四个社会存在明显的差异性，中国大陆在表10和表11中的分布最分散，中国台湾的分布最集中，四个社会都有过半居民与父母见面频率一周不低于1次，低于一年1次的比例都非常小，意味着东亚四个社会的成年子女与父母的见面互动频繁，来往密切。特别需要说明的是：文中与父亲、母亲住在一起的比例在不同的表中略有差异，主要是由于每道题都有因拒答、父亲/母亲去世导致的缺失，导致每道题的有效样本量都略有不同。

表10　调查对象与父亲见面的频繁程度

	中国大陆	日本	韩国	中国台湾	算术平均数
住在一起	16.00	31.28	29.44	57.03	31.18
几乎每天	15.82	5.77	3.03	4.82	9.24
一周数次	12.61	5.20	6.49	4.02	8.01
约一周1次	12.12	8.76	10.17	8.23	10.13
约一月1次	15.76	20.12	25.54	13.15	17.31
一年数次	21.15	20.40	20.35	8.73	17.89
约一年1次	5.03	3.56	2.38	1.71	3.57
一年少于1次	1.52	4.91	2.60	2.31	2.68
总计	100.00	100.00	100.00	100.00	100.00
$\chi^2=1.2e+3$, df$=12$, p$=0$					

表 11　调查对象与母亲见面的频繁程度

	中国大陆	日本	韩国	中国台湾	算术平均数
住在一起	20.04	33.72	32.33	61.05	34.84
几乎每天	14.94	6.20	3.00	4.94	8.90
一周数次	13.48	5.88	6.93	5.05	8.74
约一周1次	12.01	9.24	9.47	8.53	10.17
约一月1次	13.69	20.27	25.64	11.67	16.29
一年数次	20.04	18.70	18.71	6.06	16.18
约一年1次	4.68	3.57	2.08	0.90	3.18
一年少于1次	1.12	2.42	1.85	1.80	1.70
总计	100.00	100.00	100.00	100.00	100.00

$$\chi^2=1.2e+3,\ df=12,\ p=0$$

表 12 和表 13 测量的是除见面外，调查对象通过其他方式与父亲、母亲联系的情况。人的行为模式通常都是一致的：一方面，这两个表的分布规律与表 10 和表 11 的分布规律有一定的相似性；另一方面，对不与父母住在一起的人来说，和见面相比，通过打电话、发送电子邮件等方式联系的成本更低、更高效，因此表 12 和表 13 的行为发生的频率相对表 10 和表 11 更高频一些。

表 12　调查对象与父亲联系（电话、书信或电子邮件等，见面除外）的频繁程度

	中国大陆	日本	韩国	中国台湾	算术平均数
住在一起	16.49	31.31	29.44	57.03	31.43
几乎每天	17.84	3.37	15.15	6.33	11.13
一周数次	29.26	9.44	22.73	9.74	18.85
约一周1次	18.75	13.39	16.23	10.84	15.22
约一月1次	9.16	19.56	9.31	6.53	11.15
一年数次	4.34	11.85	3.90	4.42	6.19
约一年1次	0.67	2.22	0.65	0.80	1.09
一年少于1次	3.48	8.86	2.60	4.32	4.94
总计	100.00	100.00	100.00	100.00	100.00

$$\chi^2=1.2e+3,\ df=12,\ p=0$$

表 13　调查对象与母亲联系（电话、书信或电子邮件等，见面除外）的频繁程度

	中国大陆	日本	韩国	中国台湾	算术平均数
住在一起	19.62	33.68	32.33	61.12	34.72
几乎每天	18.64	6.40	16.17	7.64	12.55

续表

	中国大陆	日本	韩国	中国台湾	算术平均数
一周数次	30.87	12.07	23.56	12.25	20.69
约一周1次	17.30	14.80	15.94	9.44	14.60
约一月1次	7.17	19.83	8.31	4.72	9.98
一年数次	3.87	8.50	2.54	2.02	4.46
约一年1次	0.35	0.84	0.23	0.34	0.46
一年少于1次	2.18	3.88	0.92	2.47	2.54
总计	100.00	100.00	100.00	100.00	100.00
$\chi^2=1.2e+3$, df$=12$, p$=0$					

中国大陆的调查对象通过其他方式与父母高频（几乎每天、一周数次）联系的比重最高，分别是 47.1％ 和 49.51％，极有可能是因为中国大陆的成年子女与父母住在一起的比例相对最低，每天见面的比例相应也最小，反过来，通过其他方式联系的比例就更高一些。

概言之，通过上述测量指标的分析可知：东亚四个社会的居民大部分都比较重视家庭、家人，看重与家人的联系、互动和沟通。成年子女与父母的联系也相对较多。

即便到了现在，主流观点仍然认为，家庭的基石是互帮互助，尽管这种观点也受到了很多质疑。以往大量的经验研究都发现，家庭生活中存在各种各样的不平等，有些成员从中受益，另一些则处于弱势地位，比如在传统的东方文明中，夫家比妻家更重要。

家人之间的相互帮助主要体现在两个方面：物质和精神，其中物质方面常见的是给予经济资助、帮助料理家务和照顾家人，在精神方面体现在沟通与交流上。在 EASS 2016 的数据中，分别有六道题测量成年子女与父母之间的互相帮助，例如：在过去一年中，您是否经常为自己父母提供以下帮助：给钱、帮助料理家务或照顾家人、听他（她）们的心事或想法；在过去一年中，您自己父母是否经常为您提供以下帮助：给钱、帮助料理家务或照顾家人、听您的心事或想法。令人遗憾的是，只有中国台湾调查过"听他（她）们/您的心事或想法"这两道题，因此囿于数据在精神支持方面无法做东亚的社会比较。

首先查看的是成年子女与父母之间的经济往来。表14和表15分别描述了过去一年，调查对象给自己父母经济支持的情况与调查对象父母给自己经济支持的情况。孩子是父母一生的牵绊，表14和表15的分布大致相反。过去一年，在日本，一方面，有41.35％的人从没给过父母钱，有32.03％的父母从没给过调查对象钱；

另一方面，有 14.82％的父母过去一年经常（很经常、经常）给调查对象钱，而调查对象过去一年经常给父母钱的比例只有 9.85％。有意思的是，中国大陆在这两道题上的分布与日本大为不同，在中国大陆，有 15.11％的人过去一年没给过父母钱，40.04％的人的父母在过去一年没给过自己钱；经常给父母钱的人口比例是32.72％，父母经常给调查对象钱的人口比例是 17.11％。在中国台湾，成年子女与父母之间的经济往来相对最少，有 31.47％的人过去一年没给过父母钱，63.24％的调查对象表示过去一年父母没给过自己钱。在韩国，成年子女与父母之间的经济往来相对更多，一方面，过去一年，只有 16.82％的人没给过父母钱，27.48％的人表示过去一年父母没给过自己钱；另一方面，27.57％的人过去一年经常给父母钱，28.41％的调查对象的父母在过去一年经常给调查对象钱，这一比例远高于其他三个社会。

表 14 过去一年，是否给过父母钱

	中国大陆	日本	韩国	中国台湾	算术平均数
很经常	7.14	4.17	7.94	12.54	7.72
经常	25.58	5.68	19.63	16.13	17.18
有时	34.20	18.24	35.20	20.72	26.68
很少	17.98	30.56	20.40	19.14	21.98
完全没有	15.11	41.35	16.82	31.47	26.44
总计	100.00	100.00	100.00	100.00	100.00

$\chi^2=1.2e+3$, df$=12$, p$=0$

表 15 过去一年，父母是否给过钱

	中国大陆	日本	韩国	中国台湾	算术平均数
很经常	4.43	5.80	15.68	5.68	6.36
经常	12.68	9.02	12.73	7.55	10.45
有时	21.26	26.92	21.27	11.15	20.39
很少	21.59	26.23	22.83	12.37	20.78
完全没有	40.04	32.03	27.48	63.24	42.02
总计	100.00	100.00	100.00	100.00	100.00

$\chi^2=1.2e+3$, df$=12$, p$=0$

需要说明的是，这里关于经济支持的测量只是对频繁程度的测量，无法测量经济支持的数量，也许有的调查对象并不经常给父母钱，但一次会给很多，而另有的调查对象经常给父母钱，但每次都不是很多。EASS 2016 的数据中没有相关测量，但有一道题是："结婚以来，您父母是否在金钱上帮助过您，例如买（租）房子或做生意？给了多少钱？"虽然这答题测量的是父母对已婚子女的经济支持量，但非常有参考价值与研究意义，不过遗憾的是这道题只有中国大陆的数据，因此无法做社会比较。

在东亚社会，家庭成员之间的互帮互助是一种历史悠久的传统，尽管受生产力和生产关系以及社会观念的影响，传统的大家庭逐渐分解为核心家庭，但家人之间互帮互助的传统没有被完全抛弃。成年子女与父母之间最常见的互帮互助模式就是父母帮助子女带孩子，成年子女照料年老的父母。自工业社会以来，养育子女在某种程度上变成了一种负担，在经济和时间上都是如此，这也是现在很多国家生育率下降的一个主要原因。很多双职工家庭的父母因没有足够的时间养育孩子，不得已选择把未成年子女送到自己的父母家里，这样孩子的祖辈不得已承担起养育孙辈的重任。如果父母的居住地离子女的居住地不是很远，他们也很有可能会拿出一定的时间帮助子女打扫收拾住处，反之亦然。

表 16 和表 17 描述的是过去一年，调查对象是否帮助父母或接受父母帮助照料家务（例如打扫、准备晚餐、买东西、代办杂事或照顾小孩或其他人），显然东亚四个社会的成年子女与父母之间存在彼此互相帮助照料家务/家人的行为，且发生比例很高。两个量表的一个明显差异是：在过去一年，父母没有给自己提供这类帮助的比重都大大低于自己没有给父母提供这类帮助的比重。仔细分析表 16 中的统计数据可知，在日本这个社会中，有超过一半的调查对象在过去一年很少或没有帮助父母照料家务或家人，在这方面，社会的总体人口结构可能是重要的结构性影响因素。以日本社会为例，众所周知，日本早就步入老年社会，日本总务省发布的2015 年 1‰人口抽样调查结果显示，65 周岁以上老年人占总人口的比例达到了自1920 年开始调查以来的最高值，为 26.7%，每 4 人中超过 1 人为老年人。在这种情况下，一方面，老年调查对象的父母已经过世的可能性较高，因此就不存在为父母提供帮助的可能性与现实需要；另一方面，老年调查对象的父母如果已经过世，也就不存在为自己提供帮助的可能性，因此在这两个表中，日本父母子女双方极少或没有为彼此提供这类帮助的比例（都超过 50%）都明显高于其他三个社会。

表 16 的描述结果显示在过去一年，中国大陆的成年子女帮助过（很经常、经常、有时）父母照料家务或家人的比例最高，为 67.06%，其次是韩国和中国台湾，分别是 65.42% 和 56.41%，日本最低，为 47.13%。

在表 17 中，过去一年父母帮助过调查对象自己照料家务/家人的比例也都不低，其中，韩国在这方面的百分比最高，是 53.53％，其次是中国台湾和中国大陆，分别是 50.36％ 和 48.87％，日本最低，为 44.75％。

表16　过去一年，是否帮助父母照料过家务或小孩及家人

	中国大陆	日本	韩国	中国台湾	算术平均数
很经常	8.28	7.37	8.72	9.89	8.47
经常	26.31	9.77	20.25	19.28	19.42
有时	32.47	29.99	36.45	27.24	30.98
很少	24.06	24.13	23.99	20.93	23.32
完全没有	8.88	28.73	10.59	22.65	17.82
总计	100.00	100.00	100.00	100.00	100.00

$$\chi^2 = 1.2e + 3,\ df = 12,\ p = 0$$

表17　过去一年，父母是否帮助照料过家务或小孩及家人

	中国大陆	日本	韩国	中国台湾	算术平均数
很经常	6.46	12.18	19.41	17.05	12.02
经常	19.88	11.93	15.65	18.85	16.98
有时	22.53	20.64	18.47	14.46	19.61
很少	19.83	19.70	17.21	9.71	17.07
完全没有	31.31	35.54	29.26	39.93	34.32
总计	100.00	100.00	100.00	100.00	100.00

$$\chi^2 = 1.2e + 3,\ df = 12,\ p = 0$$

综上，在东亚四个社会中，家人之间无论在居住距离还是亲密联系方面都呈现出"亲近"的特点，但由于四个社会既存在文化上一衣带水，也存在制度、地理、人口构成上的特殊性，因此在这些方面彼此间又有一定的差异性。

三、养老和赡养观念的社会比较

在个人方面，如今，很多成年人发现照顾八九十岁的老年人和照看幼童一样，对时间、精力、经济有着很高的要求，而且预期寿命的增加也意味着这方面责任的增加。在宏观方面，老龄人口的增长将会在许多方面改变我们的社会。随着退休人数增多，无工作人口比重加重，意味着需要更多的医疗保健及其他相关服务，甚至对建筑物的设计都要加入新的考虑因素。

深受儒家传统文化影响的东亚社会，在很长一段历史时期里的养老传统都是儿子承担赡养父母的责任。现如今，中国大陆、日本、韩国和中国台湾的人们依然持这种赡养老人的观念吗？表12是"您认为谁（以及或他的家庭成员）最应该负担起照顾年迈父母的责任？"的调查结果。文化和观念的变迁具有一定的滞后性，尽管东亚四个社会的经济发展速度和水平都很高，但仍有一部分调查对象认为儿子（长子＋儿子）最应该负起照顾年迈父母的责任，中国大陆、日本、韩国和中国台湾分别有18.01%、13.07%、27.31%和15.1%的调查对象持这种赡养观念，值得注意的是在韩国这个社会中，有22.55%的调查对象认为长子最应该负起照顾年迈父母的责任，是其他三个社会的两倍还多。另一方面，认为女儿最应该负担起照顾年迈父母的责任的人的比例都非常低分别是1.36%、0.68%、1.05%和0.35%。

东亚四个社会在表18赡养观念的分布上表现出一定的相似性与独特性。首先，四个社会的平均数（这里取众数）都是"所有儿女都应该"，且这个平均数具有很高的代表性，中国大陆、日本、韩国、中国台湾分别是62.44%、61.57%、30.45%和71.00%，这也从一个侧面证明传统重男轻女的观念发生了转变，男女平等意识加强。其次，与传统儒家赡养观完全背离的一种观念是"儿女没有责任照顾年迈父母"，根据表12的分析结果，认为儿女不应负起照顾年迈父母责任的比重在中国大陆、韩国和中国台湾都很低，分别是1.12%、0.57和0.89%，日本最高，是10.45%。最后，在韩国这个社会中，至少在赡养老人方面仍然存在非常明显的性别差异。

表18　调查对象认为谁最应该负起照顾年迈父母的责任？

	中国大陆	日本	韩国	中国台湾	算术平均数
长子	10.15	11.82	22.55	3.33	10.53
儿子	7.86	1.25	4.76	11.77	6.56
女儿	1.36	0.68	1.05	0.35	0.94
儿子或女儿都可以	16.48	12.85	38.44	12.36	17.01
所有儿女都应该	62.44	61.57	30.45	71.00	60.54
儿女没有责任	1.12	10.45	2.19	0.30	3.57
无所谓	0.58	1.37	0.57	0.89	0.86
总计	100.00	100.00	100.00	100.00	100.00
$\chi^2 = 1.2e+3$, df=12, p=0					

俗语有"嫁出去的女泼出去的水"，在传统东亚文化中，夫家与妻家的地位不对等，传统是女儿以夫家为重，儿子负责养老送终。表19和表20更为细致地呈现

出赡养观和赡养行为的性别差异，是调查对象对"已婚男性应该给自己父母生活费"和"已婚女性应该给自己父母生活费"的态度。在中国大陆、日本、韩国和中国台湾，同意（非常同意、相当同意、有些同意）"已婚男性应该给自己父母生活费"的比例分别是85.71％、53.70％、75.55％、88.74％，同意（非常同意、相当同意、有些同意）"已婚女性应该给自己父母生活费"的比例分别是81.93％、43.72％、71.64％、74.60％，中国台湾和中国大陆同意这两种观点的比例最高，日本赞成这两种观点的比例最低，且不同意（有些不同意、相当不同意、非常不同意）这两种观点的比例最高，是17.52％，是其他三个社会的3倍多。从性别差异的角度看，同意"已婚男性应该给自己父母生活费"的百分比确实高于同意"已婚女性应该给自己父母生活费"，这种性别差异在中国台湾最高，其次是日本，在中国大陆和韩国虽有差异，但差异不大。

表 19　已婚男性应该给自己父母生活费

	中国大陆	日本	韩国	中国台湾	算术平均数
非常同意	27.33	5.85	16.46	28.00	20.59
相当同意	36.32	20.48	23.22	30.99	29.60
有些同意	22.06	27.37	35.87	29.75	26.53
无所谓同意不同意	9.33	28.79	15.03	3.69	13.96
有些不同意	3.77	6.74	5.52	5.93	5.19
相当不同意	0.90	8.66	2.09	1.00	3.11
非常不同意	0.29	2.12	1.81	0.65	1.01
总计	100.00	100.00	100.00	100.00	100.00

$$\chi^2 = 1.2e+3, \ df=12, \ p=0$$

表 20　已婚女性应该给自己父母生活费

	中国大陆	日本	韩国	中国台湾	算术平均数
非常同意	24.02	4.01	13.51	15.56	15.84
相当同意	34.11	15.73	20.93	22.49	25.43
有些同意	23.80	23.98	37.20	36.55	27.90
无所谓同意不同意	11.21	35.00	17.60	6.58	17.28
有些不同意	5.13	8.29	6.66	14.16	7.98
相当不同意	1.29	10.41	1.81	2.81	4.08
非常不同意	0.44	2.58	2.28	1.86	1.50
总计	100.00	100.00	100.00	100.00	100.00

$$\chi^2 = 1.2e+3, \ df=12, \ p=0$$

　　表 21 和表 22 更为细致地呈现出赡养观和赡养行为的性别差异，是调查对象对"已婚男性应该给配偶的父母生活费"和"已婚女性应该给配偶的父母生活费"的态度。需要说明的是：中国台湾的调查问卷中没有这道问题，因此表 21 和 22 中不含中国台湾。与表 19、表 20 相比，这两个表的分布更一致，且同意的占比更高，换句话说，调查对象对同不同意已婚男性与已婚女性给配偶父母生活费的态度非常一致，中国大陆、日本和韩国的调查对象同意（非常同意、相当同意、有些同意）已婚男性应该给配偶父母生活费的比例分别是 91.53%、77.57% 和 89.43%，同意（非常同意、相当同意、有些同意）已婚女性应该给配偶父母生活费的比例分别是 91.07%、76.98% 和 90.19%。

表 21　已婚男性应该给配偶的父母生活费

	中国大陆	日本	韩国	算术平均数
非常同意	19.13	2.89	12.27	12.77
相当统计	31.47	13.84	18.93	23.87
有些同意	26.99	23.79	38.34	27.46
无所谓同意不同意	13.94	37.05	19.89	22.48
有些不同意	6.13	9.41	6.18	7.23
相当不同意	1.75	10.10	2.19	4.60
非常不同意	0.58	2.93	2.19	1.59
总计	100.00	100.00	100.00	100.00

$$\chi^2 = 1.2e+3,\ df=12,\ p=0$$

表 22　已婚女性应该给配偶的父母生活费

	中国大陆	日本	韩国	算术平均数
非常同意	18.65	3.12	12.84	12.67
相当同意	30.89	14.04	18.84	23.62
有些同意	26.75	24.80	37.77	27.59
无所谓同意不同意	14.78	35.02	20.74	22.36
有些不同意	6.48	9.22	5.61	7.28
相当不同意	1.80	10.76	2.28	4.86
非常不同意	0.66	3.05	1.90	1.63
总计	100.00	100.00	100.00	100.00

$$\chi^2 = 1.2e+3,\ df=12,\ p=0$$

四、小结

本文基于最新的东亚综合社会调查数据分析东亚四个社会的家庭生态基本情况，分析的维度包括：家庭规模、生活与婚姻满意度、家人相处互动交流模式、家人互助形式以及养老赡养观。东亚四个社会的平均家庭规模不大，平均家庭人口数在 3～4 人之间，只有中国台湾的家庭人口数平均超过 4 人且家庭成员数大于 3 人的家庭比例最高，剩下三个社会的平均家庭规模都约 3 人左右，且这三个社会中家庭人口数少于 3 人的占比最高。四个社会大部分调查对象对当前生活状况和婚姻生活感到满意，其中中国大陆和中国台湾的满意比例最高。数据显示东亚社会的大部分调查对象都非常看重家人，体现在大部分调查对象都经常与家人一起吃晚饭、与家人一起休闲娱乐，特别是中国大陆和中国台湾的人们相比之下更加看重。在与父母联系方面，因受地理因素的影响，中国大陆呈现出与其他三个社会不同的特点，父母与成年子女之间居住的距离相对较远，因此见面的频繁程度相对低一些，而通过其他方式联系的频繁程度相对较高一些。此外，成年子女与父母在生活上互帮互助，经济上往来频繁，而且彼此互相帮助照料家务/家人。受人口构成的影响，日本与其他三个社会在养老观与赡养观上的差异较大，不过四个社会的调查对象都认为成年已婚子女应该承担照顾年迈父母的责任。概述之，东亚四个社会在家庭生态模式上的相似性大于异质性。

参考文献

［1］［英］安东尼·吉登斯，菲利普·萨顿. 社会学基本概念［M］. 王修晓，译. 北京：北京大学出版社，2019.

［2］［美］约翰·J. 麦休尼斯. 社会学［M］. 风笑天等，译. 北京：中国人民大学出版社，2015.

我国保险金融集团的发展与监管研究

祁 乐

一、引言

    20 世纪七八十年代以来，金融集团作为金融行业中综合经营的一种主要形式大量涌现，目前已经在金融市场中占据举足轻重的地位。从国外角度看，20 世纪 80 年代英国、日本先后进行了金融体制改革，对金融业放松监管力度，逐步取消分业经营的限制，并针对综合经营的形式设立统一的监管机构，以提升本国金融业的国际竞争力（徐凤，2008）；1999 年 10 月 20 日美国国会通过的《金融服务现代化法案》也标志着美国分业经营格局的结束、混业经营新纪元的开始（王姝，2013）。从我国国内看，尽管早期金融业处于"大一统"的状态，具有初步混业经营的特点，比如商业银行经营表内业务的同时也可以投资入股信托、证券等金融机构，甚至在银行内部设立相关部门直接从事证券代理买卖业务等，但是在缺乏有效监管的前提下，这种初步的混业经营模式反而加剧了风险的积聚，严重影响了金融秩序。因此我国金融业开始走向分业经营，1995 年《中华人民共和国商业银行法》、1998 年《中华人民共和国证券法》的颁布也使得金融分业经营的地位得到了法律上的认可（徐培华等，2001）。然而，尽管我国金融运行模式具有分业经营、分业监管的特点，但是在分业的前提下各金融机构在部分业务及资金上均合作存在着广泛合作，比如银行与证券机构互相参股、银行代理保险业务等。特别是随着 2006 年通过"十一五"规划纲要与 2007 年的全国金融会议提出"稳步推进金融业综合经营试点"等观点，国内也逐步放开混业经营的限制（苏阳，2014）。2012 年9 月，经由国务院批准、"一行三会"等部门联合发布的《金融业发展和改革"十二五"规划》中也明确提出"推动中信集团公司和光大集团公司深化改革，办成真正的金融控股集团"的要求。

目前，随着经济与市场的不断完善与发展，金融集团种类逐渐趋于多样化，围绕不同的主业形成了银行控股集团、保险金融集团、实业控股集团等多种形式。以保险金融集团为例，发展保险金融集团的必要性一方面在于控股的形式可以集中统一管理各项资金，享受规模经济、范围经济带来更加低廉的单位成本、更加全面的产品服务，同时通过保险集团控股的形式，也可以保持原有财、寿险及相关业务的相对独立性，在集团内部不同金融业务之间形成良好的"防火墙"，从而有效控制风险，提升参与国际竞争的能力（霍炜，2001）；从客观环境看，信息技术革命的出现以及金融工程技术、金融衍生品的发展也为提升金融机构运作效率、金融跨业经营与扩张提供了极其便利的条件。然而，作为一种组织架构以及内部控制关系比较复杂的集团公司，金融集团不仅在集团内部各机构中容易出现利益冲突，"风险溢出"效应也会使得某个集团子公司发生的风险极易转移到集团内其他金融机构，同时由于在风险传递过程中表现出"雪球效应"的特征，将进一步使风险加剧，甚至增加整个金融体系的不稳定性（康华平，2006）。也正因如此，金融集团一直是监管的重中之重。尤其国务院出台了《关于实施金融控股公司准入管理的决定》，人民银行也于 2020 年 7 月 23 日审议通过了《金融控股公司监督管理试行办法》，这对于金融控股公司的监管可谓迈出了重要的一步。但不可否认，在分业监管体制下，我国对金融集团乃至保险金融集团的监管仍然面临着诸多问题与挑战。因此，本研究将聚焦于我国的保险金融集团，从其发展现状出发，试图对其监管体制进行研究讨论，这对于我国保险业集团化经营具有重要意义。

二、研究综述

1. 概念界定

金融集团，在由联合论坛、巴塞尔银行监管委员会等组织联合发布、银监会于 2012 年译制版的《金融集团监管原则》中，被定义为"在受监管的银行业、证券业或保险业中，实质性地从事至少两类金融业务，并对附属机构有控制力和重大影响的所有集团公司，包括金融控股公司"。连平（2018）将金融控股公司定义为"在银行、证券、保险、基金、信托、期货、金融租赁等两个或两个以上金融领域拥有牌照、实际经营或实际控制该金融机构的金融集团"。而中国台湾地区所谓的《金融控股公司法》中定义金融控股公司为"对银行、保险公司或证券公司有控制性持股，并依本法所设立的公司，其中'控制性持股'是指持有银行、保险公司或证券公司已发行有表决权股份总数或资本总额超过，或直接、间接选任或指派银行、保险公司或证券公司过半数之董事"。

在金融集团概念的基础上，进一步提出了保险金融集团的概念，但目前口径尚未统一。《保险公司偿付能力监管规则（17 号）》中定义保险金融集团为"由一家保险集团（控股）公司或保险公司与受其直接或间接控制、共同控制的一家或多家保险公司以及其他非保险机构所共同形成的企业集合，该保险集团中的母公司为一家保险集团（控股）公司或保险公司"。万峰（2013）认为，保险金融集团是指"直接或间接控制保险公司、以经营保险业务为主的保险控股公司，主要由两个及以上保险公司组成，或者保险业务在经营中占主导地位的保险控股公司"。赵孟华（2009）对保险金融集团的定义为"经营金融业务的公司或法律实体的联合体。其经营范围包括保险业务和银行业务，并可能涵盖信托、证券业务。其中保险业务在集团经营中居于主导地位，表现为保险子公司利润占比、资产规模等财务指标与集团内其他金融机构相比具有显著优势地位"。

基于上述研究，本文认为，保险金融集团首先作为金融集团的一种特殊形式，必然具备金融集团自身的一般特性，即从集团的业务层面看，保险金融集团应至少涉及保险、银行、证券、基金、信托、期货、金融租赁等其中两个或两个以上的领域，实现多元化的金融业务经营，从而有利于资源整合、降低经营成本。除此之外，与金融集团相比，保险金融集团其特殊之处在于保险业务在集团中占据的主体地位。这种主体地位可以通过保险公司对其他子公司的直接或间接控股体现，也可以表现为保险子公司利润占比、资产规模等财务指标在整个集团中的绝对优势地位。

2. 相关研究

保险的集团化发展不仅是金融机构间的简单联合或者经营业务方面的扩张，其出现对我国现行监管制度以及风险管理也带来了巨大冲击（万峰，2013）。尽管 Slikerman 等（2013）以欧洲银行业和保险业为例，通过极值法计算出两个行业相关性较低，进而在现代投资组合理论的基础上得出结论，综合经营可以降低总体的风险，但是却无法避免市场系统风险的提高。Zhang 等（2015）对美国银行控股公司进行了财务困境的影响因素分析，最终得出结论：资本监管约束对控制违约风险有重要作用。而 Talyer 等（2018）对非洲国家肯尼亚、尼日利亚和南非的银行控股公司监管规则进行了对比，并提出建立泛非监管准则的想法。

从风险管理的角度看，我国保险金融集团中仍然存在"官本位"的缺陷（孔令学，2004），管理者有追求高风险高收益的偏好。因此在加强内部风险管理的同时，更需要加强外部监管。同时，金融风险的外部性也决定了监管的必要性，对于股权结构比较复杂的保险金融集团进行监管，克服其外部性也是关键所在（阎彬，2003）。目前，我国金融领域的监管还处于分业监管的模式，但是随着金融业综合经营的稳步推进，类似平安集团等机构业已形成（丁玲华，2007），对金融监管的要求也随之提高。由于保险金融集团中包含不同行业的子公司，而不同行业的监管标准、监管方法不尽相同，例如对资本要素的定义、对资产负债的评估方法、对资本充足水平的要求等。这种分业监管体系中存在着监管原则上的差别，使得保险金融集团可能采取规避监管的行为，建立一种阻力最小的组织模式使控股公司成员的资产朝向监管尺度宽松的部门移转，造成整个公司整体风险的提高（雷兴虎，2009）。郑晓霞（2014）认为，分业监管体制的存在一方面使得保险金融集团内部各子公司的独立业务可以受到较为严格的外部监管，但保险金融集团的存在本身就直接导致各子公司之间的业务联系增多，监管主体应当转变监管理念，建立协调监管机构，从而有效避免重复监管、监管漏洞，变"业务监管为主"为"风险监管为主"。在金融功能观的基础上，丁玲华（2007）也曾明确提出功能监管的优势在于信息的集中、沟通和披露，有利于监管责任的明确。她认为在保留功能性监管的同时，实行伞形监管或牵头监管是一种可行的方式。除此之外，从公司治理的角度看，外部监管的有效性仍有待检验。以平安集团为例，其治理模式主要为集团母公司通过上市实现外部资本市场对公司治理的规范，同时核心子公司不上市，保证母公司对子公司的绝对控制权。然而在国内资本市场外部监管力度不够的前提下，如何实现高效协同管理与风险管控的平衡更是值得思考的问题之一（徐金麟，2020）。

三、发展现状与监管

在本小节中，研究者将首先对我国保险金融集团的发展现状进行简要分析，然后对我国现行的保险金融集团监管模式进行研究讨论，并从中总结出我国保险金融集团监管政策方面的改进建议。

1. 我国保险金融集团发展现状

（1）保险金融集团数量稳中有升。

根据国家统计局官网数据，研究者绘制了 2010—2018 年度保险金融集团数量条形图，见图 1。由图 1 可见，随着社会经济水平的不断发展与进步，我国保险金融集团的数量逐步增加，但态势相对平稳。截至 2018 年底，我国已出现了 12 个保险金融集团，分别为人保集团、国寿集团、中再集团、中华联合集团、平安集团、太平洋集团、阳光集团、泰康集团、华泰集团、富德集团、安邦集团、太平集团。

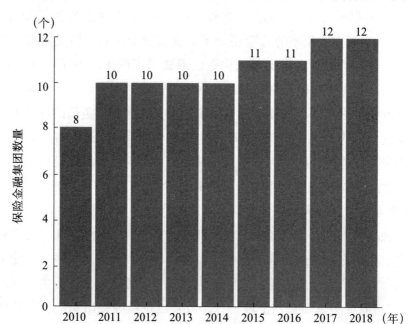

图1　2010—2018年度保险金融集团数量条形图

数据来源：中国国家统计局官网

在上述12个保险金融集团中，唯二的有限责任制公司就是国寿集团与太平集团。其中，人保集团、中再集团、太平洋集团和平安集团均已上市。2018年平安集团、国寿集团、人保集团、太平洋集团、太平集团和泰康集团还进入《财富》世界500强的榜单（蔡琴，2019）。

（2）保险金融集团经营业务范围广泛，但目前主要集中在保险业务。

从上述保险金融集团的经营业务看，其涵盖范围均较为广泛，但目前主要还集中在保险业务，比如常见的财险、寿险业务，还有养老险、健康险、再保险、资产管理、保险经纪、保险代理等。其中，一部分保险金融集团还涉足银行、信托、基金、证券等领域，通过直接设立子公司或资本运作参股其他金融或非金融机构，以实现规模经济、范围经济带来的较低经营成本，具体情况参见表1。

表1　2019年我国保险金融集团业务经营

	寿险	财险	健康险	养老险	再保险	资产管理	保险经纪	保险代理	银行	信托	基金	证券	投资
安邦	✓	✓	✓	✓		✓	✓	✓	✓				✓
富德	✓	✓				✓		✓	✓				

续表

	寿险	财险	健康险	养老险	再保险	资产管理	保险经纪	保险代理	银行	信托	基金	证券	投资
国寿	✓	✓	✓										✓
华泰	✓	✓				✓	✓	✓			✓		
平安	✓	✓	✓	✓		✓			✓	✓	✓	✓	✓
人保	✓	✓	✓	✓	✓	✓	✓						✓
太平洋	✓	✓											
太平	✓	✓			✓			✓					
泰康	✓	✓		✓		✓							
阳光	✓	✓				✓							
中再		✓			✓	✓	✓						
中华	✓	✓											✓

资料来源：保监会网站，集团门户网站及蔡琴（2019）

同时，通过对比可以发现，在上述保险金融集团中，平安集团的业务范围最广，持有的金融机构牌照最为齐全，除了涉及寿险、财险、养老险、健康险等不同险种外，也经营着银行、证券、信托、基金和资产管理等多种业务。

（3）保险金融集团在国内市场占主导地位，在规模上具有绝对优势。

从我国保险金融集团的经营规模看，保险集团在国内保险市场占领着主导地位，在规模上具有绝对优势。《中国金融市场发展报告》显示，2018 年全年保险业总资产年末余额 183 308.92 亿元，同比上升 9.45%，实现原保费收入总计 38 016.63 亿元，同比上升 3.92%。对比来看，保险金融集团总资产占全国保险公司总资产的比例高达 85.72%，其原保费收入在全国保险公司中也占比达 69.43%。

在上述保险金融集团中，由于经营业务较为广泛，平安集团的总资产规模最大，约为 7.14 万亿元，2019 年平安集团的总资产规模更是超过 8.2 万亿元。相比之下，富德集团、华泰集团、中华联合集团等的总资产规模较低，具体情况参见表 2。

表 2　2018 年我国各保险金融集团经营状况①　　　　　　　　　单位：百万元

	总资产	净资产	营业收入	保险业务收入	原保费收入	利润总额
安邦	—	—	—	—	—	—
富德	4 275	3 615	510	—	—	130

---

① 数据均保留整数

续表

	总资产	净资产	营业收入	保险业务收入	原保费收入	利润总额
国寿	3 984 383	181 566	768 438	646 350	646 294	−9 680
华泰	46 772	13 995	14 480	13 813	13 407	752
平安	7 142 960	683 643	976 832	719 556	719 441	163 151
人保	1 031 690	205 426	503 799	498 611	496 798	27 868
太平洋	1 335 959	154 048	354 363	321 895	320 337	28 008
太平	660 406	65 854	181 810	168 377	157 089	10 608
泰康	806 022	58 820	164 915	132 014	127 162	16 767
阳光	291 453	43 538	86 573	72 740	72 650	4 702
中再	340 907	87 254	120 361	122 257	42 740	5 085
中华	69 470	17 144	43 423	43 654	43 574	1 489

资料来源：中国保险年鉴 2019

2. 监管体制

由上述分析可知，我国保险金融集团在数量与规模上占据着优势地位。然而，我国现行的金融监管体制为分业监管，这种业务经营与监管层面的不相适应性也为我国金融监管体制带来了较大挑战。

（1）现行监管体制。

2018 年国家机构改革前，我国的金融监管体制呈现为"一行三会"的形式。其中，"一行"指中国人民银行，其主要职责为制定、执行货币政策，防范化解金融风险，维护金融稳定；"三会"分别指保监会、证监会、银监会，分别对保险业、从事证券、期货、证券投资基金等机构，以及商业银行、信用合作社等经由银监会批准设立的其他金融机构进行监管。

然而这种分业监管的体制随着金融综合经营试点的不断推进，面临着一系列挑战。因此，我国政府与监管机构也在近年来陆续出台了相关政策，通过明确主体的监管职责、管理要求，加强对金融混业经营的风险监督，同时也开始建立监管机构间的信息共享机制，逐渐放松了分业监管的限制。例如：2006 年国务院发布的《关于保险业改革发展的若干意见》中提出，稳步推进保险公司综合经营试点，探索保险业、银行业、证券业更广领域、更深层次的合作；2008 年银监会与保监会签署《关于加强银保深层次合作和跨业监管合作谅解备忘录》，对于加强、改进金融监管，健全监管协调机制具有重要意义；2009 年银监会发布的《商业银行投资保险公司股权试点管理办法》不仅允许商业银行对保险公司试点进行股权投资，也明确了银监会对投资入股保险公司的商业银行进行并表监管，并根据相关监管信息共享机制及时通报重大监管信息；2012 年保险会颁布《保险公司控股股东管理办法》，界定了保险公司控股股东，并对其可控制行为与交易行为予以规范，明确了保监会有权采取的监管措施。2020 年出台的《关于实施金融控股公司准入管理的决定》《金融控股公司监督管理试行办法》，是我国金融监管体制里程碑式的进步。

2018 年国家机构改革前，对于保险金融集团，主要由保监会负责审批其准入资格，同时根据《三大金融监管机构金融监管分工合作备忘录》，对其集团层面依据其主要业务性质归属相应监管机构，对其内部相关机构及其业务的监管，可以按照业务性质实施分业监管。尽管对于金融控股公司的监管规则与交叉性金融业务标准、规范主要由中国人民银行会同金融监管部门制定，然而目前还并未形成一套完整的体系。

（2）我国保险金融集团监管面临的挑战。

目前，我国保险金融集团监管仍然面临着一系列的冲击与挑战，具体来看有以下几点：

第一，保险金融集团内部子公司众多，除寿险、财险、资产管理公司外，还常常涉足银行、基金、信托等领域。平安集团就是典型案例，其复杂的组织架构一方面容易使得客户资源与信息资源发生滥用和共享，另一方面使得集团内保险子公司的流动性资金拆借、彼此间的资金融通等关联交易日益增多。在我国保险金融集团成立时间有限、风险管控能力不足的前提下，也给监管机构识别、监管不良关联交易带来难度。

第二，保险金融集团由于规模庞大、组织结构复杂，其在管理上的不透明，会降低监管有效性。事实上，实现对保险金融集团有效的外部监管的前提是，消费者、评级机构和监管机构能获取到关于其的准确信息。但是，保险金融集团庞大的规模、复杂的结构，不但会影响集团内部各部门之间的协调沟通，诱发内部违规行为，混乱的股权结构往往也会导致资本的重复计算，种种现象均会导致公开信息缺乏真实性、准确性，进而加大了金融监管部门和监管对象之间的信息不对称，使得监管部门难以准确评估并有效控制金融集团的真实风险。

第三，金融混业经营对监管水平提出了更高的要求。我国现阶段金融混业经营程度还不高，主业划分比较清晰，通过中国人民银行与金融监管机构共同制定交叉性金融业务标准、规范在一定程度上可以避免监管重叠与监管盲区等问题。但是，由于在金融监管协调上缺乏明确的法律制度与组织机构保障，该制度在执行时存在问题，其效果也会大打折扣（万峰，2013）。在无法可依的前提下，如何实现对保险金融集团合理、高效的监管，是对相关监管机构的考验，也对监管水平提出了更高的要求。

四、结论与建议

从我国保险金融集团发展情况看，随着社会经济水平的不断提升与进步，保险金融集团不论是从数量还是规模上看，都在我国保险市场上占据了绝对优势地位。因此，建立健全与之相适应的金融监管体制，促进保险金融集团进一步良性发展是现今金融监管的重中之重。

从我国保险金融集团监管层面看，由于我国保险金融集团发展时间较短、经受市场考验较少，分业监管体制与混业经营模式的不相适应给我国保险金融集团的监管带来了巨大冲击。基于上述讨论，首先我国应当在充分了解金融混业经营优劣势的前提下，依据国情选择适当的金融监管模式。当前背景下，我国金融业混业经营趋势日益明显，我们既要认识到其资源整合的突出优势，也要从国际金融危机的爆发中看到它暴露出的缺陷与问题。我国发展金融混业经营必须要以严格监管为前提条件，由我国金融发展需要为出发点，适当把控金融混业经营的程度。

其次，推动建立健全金融监管协调机制的法律法规。目前我国分业监管体制与混业经营本身的矛盾，虽然在一定程度上可以通过建立联席会议制进行缓和，但是在没有合理的金融监管协调的法律法规以及相应的组织机构的前提下，既不能保证联席会议制的顺利执行，也不能形成一套完善的体系内容，无法从根本上解决问题。在无法可依的情况下，监管主体必须具有一定的超前性，及时调整、更新监管理念，推动建立健全金融监管协调机制的法律法规，通过立法对金融集团或者保险金融集团进行修正予以认可。

最后，充分结合现代化信息技术、大数据技术对金融集团或者保险金融集团进行监管。近年来，随着社会科技日新月异的进步，信息化时代由此开启，作为互联网金融模式的核心技术，大数据可以用作风险分散与实施监管的重要工具。第一，大数据金融在化解信息不对称方面的能量远大于传统金融，利用大数据金融的海量数据及云计算能力，可以保证数据获取的更加及时、全面，因而可以降低风险发生的机率，大数据金融的风险管理能力相比传统金融更强。第二，大数据技术的出现也为监管的实施提供了极为便利的平台。充分利用新兴的科学技术，可以实现对规模庞大、组织结构复杂的保险金融集团更加高效、快捷的监管。

参考文献

[1] 徐凤. 论我国金融监管模式及其在混业经营趋势下的选择 [D]. 暨南大学，2008.

[2] 王姝. 主要发达国家保险监管制度比较研究 [D]. 吉林大学，2013.

[3] 徐培华，尹红华，王松岭. 论我国金融运行机制改革的模式选择 [J]. 世界经济文汇，2001 (03)：16-20.

[4] 苏阳. 我国商业银行盈利模式的转型研究 [D]. 中共中央党校博士论文，2014.

[5] 霍炜. 试论我国金融混业经营的必要性 [J]. 上海综合经济，2002 (10)：48-49.

[6] 康华平. 金融控股公司风险控制研究 [M]. 中国经济出版社，2006.

[7] 连平. 新时代中国金融控股公司研究 [M]. 北京：中国金融出版社，2018.

[8] 万峰. 金融集团监管：国际比较与中国选择 [M]. 北京：中国金融出版社，2013.

[9] 赵孟华. 保险（金融）集团金融监管研究 [D]. 厦门大学，2009.

[10] Jan Frederik Slijkerman, Dirk Schoenmaker, Casper G. de Vries. Systemic Risk and Diversification across European Banks and Insurers [J]. Journal of Banking & Finance, 2013, 37 (3)：773-785.

[11] Zhichao Zhang, Li Xie, Xiangyun Lu, et. al. Determinants of Financial Distress in Large Financial Institutions：Evidence from U. S. Bank Holding Companies [J]. Contemporary Economic Policy, 2015.

[12] Taylor J L, Smits, René. Bank Holding Company Regulation in Kenya, Nigeria and South Africa：A Comparative Inventory and a Call for Pan-African Regulation [J]. Journal of Banking Regulation, 2018.

[13] 孔令学. 中国金融控股公司制度研究 [D]. 中共中央党校，2004.

[14] 阎彬. 对金融控股公司若干问题的思考 [J]. 财贸经济，2003 (03)：57-61.

[15] 丁玲华. 金融中介理论的发展及其对中国金融业的启示 [J]. 新金融，2007 (08)：16-19.

[16] 雷兴虎. 论我国金融控股公司的风险防范法律机制 [J]. 中国法学，

2009（05）：74 - 82.

　［17］郑小霞，张春雨．我国金融控股公司特殊风险管理与控制［J］．特区经济，2014（06）：85 - 87.

　［18］徐金麟，王凯．进一步健全金控集团公司治理［J］．中国金融，2020（15）：30 - 31.

　［19］蔡琴．基于复杂网络的保险集团股权网络构建与拓扑特征研究［D］．湖南大学，2019.

考验中国：2020

（代编后语）

彭　非

2020 年，也就是我们国家两个一百年的发展目标中第一个一百年即将到来的时候，中国发展在国内和国际都经历了一系列严峻的考验。

来自国内的严峻考验主要是开始于 2020 年年初的新冠肺炎疫情。

新冠肺炎是一种在 2019 年年底发现的新型冠状病毒引起的急性感染性肺炎，是一个传染性很强的传染病。截至 2020 年 10 月 8 日，我们国家累计确诊的新冠肺炎的病例数有九万一千余人，累计治愈的有八万六千余人，因新冠肺炎累计死亡的有四千七百余人。

新冠肺炎疫情于 2020 年年初在我国湖北省的武汉市爆发，为了防止疫情扩散，2020 年 1 月 23 日，武汉市宣布了实行封城的措施；新冠肺炎疫情对我们国家社会经济的发展产生了严重的影响，为全面控制新冠肺炎疫情，国家采取了一系列有针对性的果断措施。到 2020 年 10 月，我国把这种急性传染病基本控制住了，控制住了它在全国蔓延爆发传染的势头，这显示了我们国家一种强大的制度优越性，也反映了中华民族团结一致、抗击大灾大难的众志成城的精神。据世界银行预测，中国将是 2020 年全球唯一一个有望实现经济增长的主要经济体，中国具有世界上唯一齐全的产业门类，其经济实力和社会动员力量，政府的组织力量与军事力量，都在应对新冠肺炎疫情过程中，让世界印象深刻，体现出了中国强大的综合国力。

本论文集中，张长博士撰写的《新冠肺炎疫情对中国经济的影响研究》一文，对于深入了解新冠肺炎疫情对我国宏观经济的影响很有帮助，值得一读。李丁博士撰写的《新冠肺炎疫情背景下街区制的发展方向与建议》，则从社区管理的角度，对防疫抗疫提出了自己的观点，也是一篇新颖的文章。

2020 年新冠肺炎在世界各地表现出的传染性也非常剧烈，疫情严峻。截至 2020 年 10 月 8 日，全世界累计确诊的新冠肺炎病例有 3 600 余万人，累计因新冠肺炎死亡者超过了 100 万人。其中疫情严重的国家有美国、印度、巴西等，这三个国家的新冠肺炎确诊病例数 10 月 8 日都超过了 500 万人。

与新冠肺炎疫情伴随着的对我们国家的考验还有以下几个方面：

首先是中美关系出现了严重的问题。自 2018 年 1 月以来，美国国会参众两院相继通过了《台湾旅行法》，2019 年 5 月，美国众议院以一致同意的方式，通过众院第 2002 号《2019 年台湾保证法案》；中美关系进入自两国建交以来最为紧张的状态。中国的崛起，引起了美国对自己世界霸权地位受到挑战的担忧。中国对美国所敌视的委内瑞拉、津巴布韦等国的合作，中国促成南美萨尔瓦多与台湾断交，并且中国在东海、南海、香港、台湾及非洲问题上的一系列行动叠加在一起，让美国错误地以为，中国正在对外有意地挑战美国。美国认为中国正在以现代科技武装起来的雄厚实力强势崛起，而这种崛起必将挑战美国在世界的霸主地位。美国民主党和共和党虽然在许多问题上分歧巨大，甚至产生严重的社会撕裂，但在对中国的这一认知上却保持了高度一致。

2020 年，美国在经济、外交、政治及军事等方面对我国采取了系列性的打压动作，且有不断升级、愈演愈烈之势。例如在外交方面，要求我国关闭驻美国休斯敦总领事馆，并撤离全部外交人员；在军事方面，以双航空母舰组成的战斗群反复在我国南海周边水域巡航演习，长期派军用飞机飞抵我国广东沿海地区侦察；在经济方面，对我国以华为公司为代表的一些高科技公司进行疯狂打压，限制其正常的商贸活动……凡此种种，不一而足。

为了遏制中国的发展壮大，由美国幕后"导演"，台湾的"台独"势力大肆进口美国的军火装备，接待美国政府现任高级别官员访台；限制海峡两岸人员的正常交流，造成了海峡两岸的紧张对立，形成了多年来少见的台海问题。

其次是中印边界，在 2020 年夏季也显示出了一种紧张的对峙状态，而且爆发了一些摩擦和冲突。在 6 月 6 日中印双方军长级对话结束后，双方军队原本开始脱离接触，帐篷的数量也在减少。但后来在加勒万河两侧的山脊上由印度军队挑起了冲突，事件中有多名印度官兵伤亡。

上面谈到的中美关系问题、台海问题，以及中印边境的摩擦冲突，当然不是偶然和孤立的事件；其发生和发展，与我国近年来社会经济的迅猛增长有关，与 2020 年席卷全球的新冠肺炎疫情有关，也与我国即将实现的两个一百年的目标有关。这些国际问题，也是机遇，是对我国改革开放 40 余年取得辉煌成就的考验，也是对伟大中华民族民族精神和民族智慧的考验。

2020 年 6 月，媒体报道了山东聊城市冠县陈春秀曾经发生过被他人冒名顶替上大学等事件，此事件严重损害了陈春秀的利益，破坏了教育公平和社会公平正义底线，激起了强烈的社会反响。2020年7月，媒体还披露了担任吉林省公安厅党委副书记、常务副厅长的贺电，其同时还具有大学博导、二级教授头衔，居然撰写了一部名叫《平安经》的书籍，由著名出版社出版发行，全书反复充斥着"平安"二字，也在社会上引起了轩然大波。

我们也记下这些在2020年与中国发展不相和谐的事件，将其昭示，以警后人。

2020年金秋十月，又到《中国发展报告》付梓时，算来已是第14本中国发展指数年度报告了。中国发展指数年度报告的工作分为中国发展指数（2006—2019）、中国发展信心调查（2012—2019）和中国发展报告（2006—2020）三个部分；前两者试图从主观和客观两个方面测量每个年度的中国发展现状，后者则以正式出版物的形式，将上述测量结果和对中国社会经济在年度发展中方方面面的相应研究结集发表。每年的冬季，我们都会向社会公开发布年度的中国发展指数和中国发展信心调查的结果；而每年的秋季则是《中国发展报告》付梓的时刻。

14个寒暑，中国发展迈出了新的步伐；取得了举世瞩目的骄人成果。2011年，中国成为世界第二大经济体；2020年，我们取得了抗击新冠肺炎疫情的全面胜利。我们完全有理由相信，中国的明天一定更加辉煌灿烂。

最后，感谢海关总署研究团队为本报告提供的稿件，感谢我们研究团队小伙伴提供的稿件；感谢中国人民大学为我们研究提供的资金支持，感谢中国人民大学应用统计科学研究中心为本研究提供的支持，也感谢中国人民大学出版社相关人员为本书出版所做出的努力。

本书是集体研究的成果，作者来自不同的学科领域；在多学科的交叉中，研究成果凝聚了不同学科的思想。可以说，本书是多学科集体工作的结晶。这项工作还存在着不足和需要改进的地方，我们欢迎各界对本研究存在的问题提出讨论与批评，以帮助我们把这项研究做得更好。

附表　中国31个省级行政区中国发展指数（2019）功效分值

地区	出生预期寿命	婴儿死亡率	每万人平均病床数	人均受教育年限	大专以上文化程度人口比例	农村居民人均纯收入	人均GDP	城乡居民年人均消费比	城镇居民恩格尔系数	城镇登记失业率	第三产业增加值占GDP的比例	人均道路面积	单位地区生产总值能耗	省会城市空气质量达到及好于二级的天数	单位产值水耗氧量
全国	78.29	88.60	113.86	90.04	79.71	166.65	115.44	95.80	112.46	78.03	88.44	101.92	104.28	88.04	101.25
北京	94.81	102.21	109.15	114.69	168.72	431.77	265.50	96.24	143.70	110.76	116.79	64.64	108.79	81.75	103.02
天津	88.92	96.98	89.39	102.83	108.58	328.08	214.23	99.28	108.52	81.40	87.20	79.31	105.51	78.95	102.64
河北	80.28	92.37	106.70	89.29	75.00	159.00	96.01	99.16	122.17	83.93	74.13	118.72	99.52	71.63	100.18
山西	78.66	94.66	106.99	93.95	82.39	132.42	93.46	95.73	127.48	84.43	81.50	102.48	93.79	74.04	101.63
内蒙古	76.74	93.58	118.05	92.93	89.43	156.11	120.34	99.38	115.28	80.57	78.41	137.79	92.00	88.39	101.59
辽宁	84.99	94.98	135.44	94.72	84.39	167.17	107.45	93.38	115.89	76.45	80.37	93.31	98.88	89.94	101.41
吉林	89.37	96.11	116.35	91.33	78.97	155.43	104.66	97.15	123.19	82.00	77.68	88.22	104.49	96.42	101.15
黑龙江	87.56	101.20	124.34	91.89	79.50	156.12	91.37	100.83	115.92	75.89	85.49	93.00	100.70	94.43	100.88
上海	102.52	102.10	109.09	104.12	116.88	589.55	250.66	93.44	126.01	81.16	101.05	55.70	106.71	92.00	102.69
江苏	85.45	102.51	115.16	90.77	81.30	274.58	201.55	101.89	118.42	88.08	78.92	155.67	107.01	85.23	101.90
浙江	89.03	96.86	109.94	89.82	83.01	460.82	168.04	102.28	114.75	92.96	82.82	109.00	106.32	87.93	102.13
安徽	78.58	98.60	100.70	87.48	76.76	158.55	95.94	103.41	101.37	89.89	73.07	139.18	105.21	86.57	100.06
福建	84.53	96.41	96.31	88.13	78.56	215.46	154.82	100.15	98.27	79.06	73.20	123.72	106.44	98.96	101.21
江西	71.24	92.63	103.37	87.85	72.94	164.56	95.65	99.76	104.56	82.24	72.84	116.42	105.54	97.26	98.83
山东	87.47	96.90	114.33	88.32	77.64	190.68	131.37	95.06	117.54	83.32	77.44	156.26	104.40	76.39	102.15
河南	75.56	98.94	119.10	88.15	72.10	156.46	98.56	97.93	119.80	87.44	73.20	91.67	104.67	73.78	101.82
湖北	79.54	90.50	124.73	91.85	82.43	171.54	118.13	102.87	111.20	93.64	75.49	103.46	105.32	84.93	100.71
湖南	78.05	98.48	131.13	90.76	76.11	159.78	101.64	98.73	113.88	80.57	79.77	103.26	105.54	89.32	100.36

续表

地区	出生预期寿命	婴儿死亡率	每万人平均病床数	人均受教育年限	大专以上文化程度人口比例	农村居民人均纯收入	人均GDP	城乡居民年人均消费比	城镇居民恩格尔系数	城镇登记失业率	第三产业增加值占GDP的比例	人均道路面积	单位地区生产总值能耗	省会城市空气质量达到及好于二级的天数	单位产值污水耗氧量
广　东	79.36	101.59	91.79	92.50	76.99	204.46	146.88	98.14	99.38	95.58	82.34	86.43	107.06	91.84	101.34
广　西	77.34	100.28	100.80	86.68	68.59	139.90	89.59	99.90	102.48	96.56	73.47	116.70	103.86	99.48	97.97
海　南	83.13	91.74	95.08	93.70	84.39	158.46	100.53	96.70	87.54	97.12	84.97	102.45	105.11	102.28	100.09
重　庆	85.45	86.16	133.12	90.00	81.77	155.84	117.25	97.98	99.92	88.20	80.32	86.96	105.12	92.00	101.07
四　川	82.40	101.39	134.78	86.19	77.85	150.32	97.19	100.77	97.47	81.88	79.35	91.92	104.09	85.23	100.13
贵　州	61.46	99.59	127.92	82.52	71.98	112.49	89.35	94.03	115.20	85.67	74.47	86.94	101.19	102.46	99.63
云　南	60.92	93.65	113.88	83.62	72.98	122.39	85.40	92.44	114.95	82.72	75.04	89.58	102.58	103.18	100.15
西　藏	63.18	76.40	96.25	69.58	69.98	129.27	91.50	82.12	78.75	89.89	76.56	81.50	101.64	102.64	100.32
陕　西	74.01	97.47	123.19	91.83	85.81	126.84	114.12	95.36	115.10	85.04	70.83	100.77	103.82	76.26	101.79
甘　肃	62.63	98.55	116.28	84.89	77.30	104.56	80.12	90.58	108.98	90.55	83.11	108.22	97.22	79.78	100.58
青　海	68.83	90.47	121.86	83.77	80.42	118.77	95.92	94.73	112.84	88.08	75.04	99.35	88.63	89.94	99.86
宁　夏	75.49	84.41	112.74	86.58	78.25	131.97	102.93	97.65	124.72	77.01	75.82	139.08	86.28	84.93	98.84
新　疆	71.17	63.24	135.03	90.99	85.46	134.83	97.82	89.49	109.65	96.28	73.73	122.20	88.94	85.82	100.66

资料来源：中国统计年鉴 2019

图书在版编目（CIP）数据

中国发展报告 . 2020 / 彭非主编 . -- 北京：中国
人民大学出版社，2022.5
　（中国人民大学研究报告系列）
　ISBN 978-7-300-29964-8

　Ⅰ. ①中… Ⅱ. ①彭… Ⅲ. ①经济发展－调查报告－
中国－2020　Ⅳ. ①F124

　中国版本图书馆 CIP 数据核字（2021）第 206385 号

中国人民大学研究报告系列
中国发展报告 2020
主　编　彭　非
副主编　吴翌琳
　　　　中国调查与数据中心
Zhongguo Fazhan Baogao 2020

出版发行	中国人民大学出版社			
社　　址	北京中关村大街 31 号	**邮政编码**	100080	
电　　话	010 - 62511242（总编室）	010 - 62511770（质管部）		
	010 - 82501766（邮购部）	010 - 62514148（门市部）		
	010 - 62515195（发行公司）	010 - 62515275（盗版举报）		
网　　址	http://www.crup.com.cn			
经　　销	新华书店			
印　　刷	唐山玺诚印务有限公司			
规　　格	185 mm×260 mm　16 开本	**版　　次**	2022 年 5 月第 1 版	
印　　张	15 插页 1	**印　　次**	2022 年 5 月第 1 次印刷	
字　　数	269 000	**定　　价**	68.00 元	